울산의 프리틴 소비자

서정희, 허은정

울산의 프리틴 소비자

■

- 2015년 6월 10일 초판 인쇄
- 2015년 6월 05일 초판 발행
- **지은이** 서정희·허은정
- **펴낸이** 오연천
- **펴낸곳** UUP(울산대학교출판부) 680-749 울산광역시 남구 대학로 93(무거동) 울산대학교 출판부
- 전화 (052)259-2488 팩스 (052)277-3011 ▪ **홈페이지** http://uup.ulsan.ac.kr
- **출판등록** 제370-1996-000001호(1996.3.13.)
- ₩ 9,000

ISBN 978.89.7868.365.4 (93590)

머리말

최근 우리나라에서는 '프리틴(Preteen)'소비자에 대한 관심이 높아지고 있다. 프리틴소비자는 초등학교 고학년, 즉 10세에서 12세에 이르는 연령의 학생들을 지칭한다. 이들 집단에 대한 사회적 관심이 높아지고 있는 이유는 요즘 초등학교 학생들이 과거와 달리 주체적인 소비집단으로 새롭게 부상하기 때문이다. 이들 프리틴소비자들은 2000년대 이후에 출생한 세대로서 대부분이 맞벌이 가정에서 경제적으로 풍요로운 환경에서 성장하였고, 저출산 시대에 태어나 부모의 큰 관심을 받고 경제적 투자의 혜택을 받기 시작한 세대이다. 이러한 환경에서 성장한 프리틴소비자들은 부모의 구매의사결정에 큰 영향력을 행사하고 있을 뿐만 아니라 부모가 자녀에게 상당한 돈을 줌에 따라 아동 소비자들이 상당한 구매력을 가진 것으로 보고되고 있다. 뿐만 아니라 미래시장의 잠재고객으로서 그 중요성이 커지고 있다.

프리틴소비자들은 어린이와 청소년기의 중간에 위치함에 따라 자신의 정체성을 제대로 정립하지 못하고 어른들을 동경하고 모방하는 심리를 가진다. 또한 또래 친구들과의 유대관계를 위한 동조소비 성향이 강하고 유행에도 민감한 특성을 나타낸다. 그리고 프리틴소비자들은 소비에 대한 욕망의 절제가 부족하여 비합리적인 소비행동을 보이기도 한다. 이에 연구자들은 새로운 소비집단으로 관심을 받기 시작한 프리틴소비자에 대해 연구를 시작하였다. 먼저 이들의 소비행동 특성을 이해하기 위하여 자아개념, 소비에 대한 자기조절능력, 화폐에 대한 태도, 소비합리성, 소비자교육 경험 및 구매 후 후회에 대해 개념을 정리하였고, 구체적인 실태 파악을 위해 2012년 12월 울산에 거주하는 초등학교 5학년과 6학년 300명을 대상으로 직접 자료를 수집하여 분석하였다.

이 책은 전체 7장으로 구성되어 있다. 서정희 교수는 전체 내용 구성과 더불어 제 1장에서 7장까지 각 장의 주요개념에 대한 정의와 더불어 소비행동과 관련된 선행연구들을 정리하였다. 울산에 거주하는 프리틴소비자들의 소비행동을 구체적으로 파악하기 위해 허은정교수는 질문지 자료를 분석하여 자아개념, 소비에 대한 자기조절능력, 화폐에 대한 태도, 소비합리성, 소비자교육 경험 및 구매후 후회에 대한 실태조사, 사회인구학적 변수에 따른 차이분석 및 자기조절능력, 소비합리성 및 구매후 후회에 대한 회귀분석을 통한 영향요인을 분석하였다. 연구결과 울산 프리틴소비자들이 합리적인 소비자로 성장하기 위해서는 소비에 대한 자기조절능력을 향상시키고 화폐에 대한 긍정적인 태도를 가질 수 있도록 가정과 학교에서의 소비자교육이 강화될 필요가 있었다.

이 책은 대학교에서 소비자행동을 연구하는 연구자뿐만 아니라 기업에서 고객관리 및 마케팅분야 종사자들이 참고서적으로 활용할 수 있다. 아울러 이 책은 울산 프리틴소비자들의 자아개념, 소비에 대한 자기조절능력, 화폐에 대한 태도, 소비합리성, 소비자교육 경험 및 구매후 후회에 대한 기초정보를 제공해 주기 때문에 지역 소비자단체나 울산광역시에서 아동소비자들을 대상으로 하는 소비자교육 및 관련정책을 수립하는 데도 도움을 줄 것으로 기대된다.

이 자리를 빌어 통계분석에 도움을 준 전향란박사에게 고마움을 전한다. 마지막으로 이 책을 출판하는데 많은 도움을 주신 울산대학교 출판부 여러분께 고마움을 전한다.

2015년 5월 아름다운 교정에서

저자 일동

목차

제1장
서론

프리틴은 13살(thirteen)부터의 '틴'(teen) 연령대 '이전'(pre)인 12살(twelve) 이하라는 의미로 90년대에 태어나 맞벌이 부모를 둔 경우가 많아 경제적으로 풍요롭게 성장했다. 미국과 유럽, 일본 등 선진국에서는 이미 1990년대 말부터 프리틴산업의 열풍이 불기 시작했고, 우리나라에서는 2000년대 초부터 프리틴 소비자에 관심을 가지게 되었다. 10대 초반의 소년과 소녀를 대상으로 한 미국브랜드 Limited Too는 1998년 이후 매년 200%가 넘는 신장세를 기록할 정도로 폭발적인 인기를 끌고 있다(한국경제신문, 2001). 이 장에서는 신 소비집단으로 크게 부상하고 있는 프리틴 소비자의 의의와 조사 방법과 대상에 관하여 기술하였다.

1. 프리틴 소비자의 의의

박문각의 시사상식사전에서는 프리틴을 10세를 막 넘어선 13세 이하의 초등학교 4~6학년 정도 아이들을 지칭한다고 하였고, 네이버 신조어 사전에 의하면 프리틴은 10~12살 사이의 어린이들로서 초등학교 3~6학년 정도의 아이들을 지칭한다. 아메리칸 헤리티지 사전 2000년판은 프리틴을 9세에서 12세 사이의 어린이로 전 청소년기(preadolescent), 서브틴(subteen), 트윈(tween), 로우틴(lowteen) 이라고도 불린다고 정의하고 있다. 웹스터 사전 1997년판은 프리틴은 10세에서 13세 사이의 소년 소녀를 지칭한다고 풀이했다. 서양에서는 8~14세를 프리틴 세대라고 한다. 우리나라의 경우에는 성장단계나 정서적인 차이를 고려하면 1988년 서울올림픽을 전후해 태어난 1989~1993년생이 처음으로 프리틴 세대라고 할 수 있으며, 10~14세의 나이라고 할 수 있다(김은경, 최혜선, 강여선, 2002). 이처럼 프리틴의 연령대 범위는 문화와 국가에 따라 약간 차이는 있으나, 어린이와 청소년의 중간지대의 나이에 속하는 것으로 정의되고 있다.

프리틴 세대는 남학생은 신장의 증가에 비하여 체중이 더 많이 증가하고, 여학생은 여성으로서의 변화가 시작되는 시기이다. 정신적인 면에서 보면 아동기에서 청소년기로 넘어가는 시기이나, 대중매체의 영향, 편친가정과 맞벌이 가정의 증가로 독립에 대한 욕구가 강해져서 어른이 되기를 갈망한다. 또래집단으로부터 인정을 받고, 또래집단에 속하는 것이 매우 중요하기 때문에 또래와 유사한 행동을 하는데 가장 가시적인 옷차림에서 동조성을 찾으려는 경향이 강하다. 현재 프리틴은 과거에 비하여 성숙하나 내적으로는 아직 어리고 순수한 면이 있다. 미국의 마케팅조사기관인 The U.S. Teen Market(2003)은 프리틴 세대는 아직 어린이이나 틴 에이져(teen ager)처럼 보이기를 원하기 때문에 귀엽게 보이기 보다는 쿨하게 보이기를 원한다고 분석하였다(김찬주와 김용주, 2006).

여학생들의 초경 시작 연령은 평균 11.7세로 과거에 비하여 많이 빨라짐에 따라 프리틴은 신체적으로 더 성숙해지고, 태어나면서부터 인터넷과 접하게 되어 정보력도 뛰어나고 자기주장도 강하게 되었다. 산업화에 따른 경제성장과 좋은 영양상태, 의학의 발전, 대중매체와 같은 환경의 자극과 긴장이 증가함에 따라 사춘기가 시작되는 나이가 점점 더 낮아지고 있는 추세이다(송길연, 장유경, 이지연, 정윤경, 2005).

불황이 계속되면서 틴(Teens)을 중심으로 이루어지던 주니어시장에 대한 관심이 프리틴 시장으로 이동하고 있다. 어린이나 꼬마라고 부르면 기분 나빠하고, 여자 프리틴은 친구의 생일파티에 화장을 하고 가고, 남녀 모두 이성 친구가 있다는 것을 자랑스러워하고 당당하게 밝힌다. MBC 드라마 '왔다! 장보리'

에 출연했던 아역배우 김지영은 예능 프로그램 '현장 토크쇼 택시(택시)'에 게스트로 출연해 남자친구를 당당하게 밝히고, 남자친구가 없는 이영자에게 "자신을 사랑하면 된다"며 10살이라고는 믿기지 않을 만큼 성숙한 조언을 했다. 자기욕구가 강하기 때문에 자신이 원하는 것과 싫어하는 것을 분명히 구분할 수 있고 또 밝힌다. 프리틴은 인구분포와 구매결정력에서 다른 어느 세대보다 영향력이 큰 세대로 평가받으면서 새로운 시장으로 크게 지속적으로 성장하고 있다. 프리틴 세대가 자신의 물건을 살 때 지불은 부모들이 하지만 제품과 브랜드의 선택권은 전적으로 프리틴 세대들이 가지고 있다(권유진과 유태순, 2005).

자신의 물건을 넘어 가족이 함께 사용하는 고가의 내구재를 구매할 때도 프리틴의 영향력이 증가하고 있다. 미국에서 Coffey, Siegel, Livington(2006)의 연구에 의하면 아이들은 자동차, 어른들의 의복, 가구, 방의 장식, 세정용품, 탄산음료 등과 같은 제품을 구매할 때 상당한 영향력을 미치는 것으로 밝혀졌다. 서울 반포에 사는 김모씨는 2005년에 자동차를 사러 갈 때 초등학교에 다니는 두 아이를 데려갔다. 판매원도 굳이 권하고 싶지 않다고 했지만, 두 아이들이 TV와 CD플레이어가 있는 차를 고집해서 260만원을 더 소비했다(조선일보, 2006년 11월 11일).

토요타 자동차는 어머니가 가족용 밴을 살 때 아이들의 만족여부를 매우 중요하게 고려한다는 점을 인식하고, 아이들이 원하는 컵홀더의 숫자와 위치, 여러 가지 소리 및 온도, 좌석, 트렁크에 여자 아이들의 자전거가 들어가는 것과 같은 아이들이 좋아하는 정보를 광고에서 보여주었다. 쉐보레도 2005년 밴에 아이들이 좋아하는 TV 프로그램과 비디오게임을 자동차에 장착하였다(Coffey 등, 2006).

한국 지엠의 쉐보레 슈퍼 세이프티 프로젝트 광고는 자동차의 쓰임새를 확대하고 내 아이를 태울 안전한 차라는 점을 인식시키기 위하여 MBC TV의 가족 오락 프로그램 '일밤-아빠! 어디가?'에 출연하며 유명해진 아이들인 송종국의 딸 지아와 윤민수의 아들 후를 모델로 선정해서 성공하였다. 차의 뒷좌석에 앉아서 대화하는 지아와 후의 광고는 후가 깊은 한숨 뒤에 심각한 표정을 지으며 "지아야, 세상이 너무 험해"라고 말하는 것으로 시작된다. 어린이 안전을 지키기 위해 전국의 유치원, 초·중·고교에 CCTV까지 기증한다는 공익성 광고가 들어있는 뉴스를 보여준다. 이 뉴스를 들은 지아가 "오빠, 이제 마음이 놓이지?" 라고 밝은 표정으로 말한다(한국경제 2013년 12월 19일).

프리틴은 동요 보다 유행가를 더 좋아하고, 자신이 좋아하는 연예인 사진이나 마음에 드는 패션잡지 사진을 매장에 가져와 비슷한 제품이 있는지 요구하기도 한다. 프리틴은 또래 집단에 동조함으로써 소속감을 얻으려고 하고, 또래 집단에게 관심을 얻고 인정받기 위한 수단으로 연예인의 옷차림을 선호한다. 또한 이 시기는 자아 정체감이 형성되기 시작하고 신체가 급성장하면서 외모와 신체에도 관심을 가지기 시작하는데 연예인의 패션을 모방하고 동조하는 성향이 강할수록 자신의 외모와 신체에 대한 만족도는 낮은 것으로 나타났다(윤혜진, 2011). 아동이 취학하여 생활의 장이 학교로 옮겨지고 친구들과 어울리는 시간이 길어지면서 자신의 외모에 더 관심을 가지게 되고 의복에 대한 관심도 증가하게 된다(하선정, 2001).

말랑하면서도 씹을 때 끈적이지 않아서 남녀노소 누구에게나 사랑받는 크라운제과의 '마이쮸'가 출시 10주년을 맞으며 누적매출 3000억 원을 돌파했다. 2004년 처음 출시돼 소프트캔디 시장의 새로운 장을 연 마이쮸는 특유의 부드러운 맛과 치아에 달라붙지 않는 쫄깃한 식감으로 인기를 모아 10년 연속으로 소프트캔디 시장 1위 자리를 수성하며 크라운제과의 대표제품으로 성장했다. 웰빙 트렌드에 맞춰 인공색소를 천연색소로 대체하고 새콤한 천연과즙으로 제품의 맛과 색을 표현하는 등 고급화를 통해 프리틴 세대와 10대 학생들의 러브마크 브랜드로 자리매김했다. 마이쮸는 차세대 CF 유망주의 등용문으로도 유명하다. 1대 마이쮸 걸로 활동했던 아이유가 마이쮸 광고 출연 이후 각종 미디어에서 러브콜을 받으며 국민여동생으로 등극했다. 크라운제과는 최근 아이돌스타 엔씨아를 새로운 2대 마이쮸 걸로 선정하고 신선하면서도 중독성 있는 멜로디에 퓨전국악을 입힌 신개념 CM송을 활용한 TV광고를 찍었다(브레이크뉴스 2014년 9월 18일).

프리틴 세대는 자신의 의상에 관심이 많고, 의상을 구매 할 때는 자신과 스타일의 어울림을 중시하며, 독립적으로 구매결정을 한다. 옷을 선택할 때 컬러와

디자인을 중요하게 생각하고, 신발, 가방과 같은 소품과 의상의 코디네이션에도 관심이 많다. 프리틴 세대가 일상에서 의상을 착용하는 스타일은 전체적으로 편안한 캐주얼인데, 상의 중에서 여학생은 셔링과 리본 장식의 블라우스, 남학생은 편안함을 강조한 셔츠와 T-셔츠, 가벼운 점퍼를 선호하였다. 하의로는 다양한 디자인의 데님 및 카고 팬츠, 트레이닝복 스타일의 팬츠, 7부 정도 길이의 팬츠를 많이 착용하였다.

패턴은 비비드한 인디고 블루 계열과 그레이 계열, 뉴트럴 계열의 컬러와 스트라이프, 체크, 프린트 패턴을 선호하였고 섬세하고 로맨틱한 셔링, 레이스, 개더 등의 디테일과 포켓과 절개를 이용한 디테일로 단순함을 벗어나 재미를 추구하였다. 소재는 활동성이 좋은 면과 빈번한 날씨 변화에 적응하기 쉬운 가벼운 기능성 소재, 데님 등을 선호하였다. 프리틴 세대는 온라인 게임 캐릭터 의상으로 비현실적 의상보다는 이들의 패션 경향을 바탕으로 디자인되고 실제로 입을 수 있는 의상에 더 많은 관심을 갖고 있었다(이상영, 2012).

의류와 액세서리를 비롯하여 화장품, 음반, 선물용품, 가구 등 많은 상품분야에서 프리틴 세대를 겨냥한 자매브랜드를 만들거나 기호에 맞는 상품구성과 서비스를 강화시키고 있다(김찬주와 김용주, 2006). 초등학교 3~6학년 아이들은 사립학교에 다니는 소수를 제외하곤 대다수가 사복을 입기 때문에 프리틴 의류시장이 급성장하고 있다. 한국섬유산업연합회가 2004년 9월에 전국 2,500가구를 대상으로 의류소비 실태를 조사한 결과를 살펴보면 프리틴이 포함된 아동 · 청소년복 소비규모는 7,908억원으로 2003년 상반기보다 20.7% 증가했다. 베이직하우스와 마루, 이랜드 등의 업체가 바로 프리틴을 겨냥한 주니어 라인을 출시했다. 10세 전후 프리틴 여아를 핵심 타깃으로 삼고 있는 이랜드의 프리틴 브랜드 더데이걸은 성인을 흉내내고 싶어 하는 프리틴 심리에 맞춰 디자인은 성인 캐주얼과 거의 똑같이 만들고, 세탁은 쉽도록 기획했다. 더데이걸의 2004년 매출은 110억원, 대리점 수는 60개였다.

게스, 리바이스, 폴로 등 해외 브랜드도 아동 · 청소년 매장을 별도로 운영하며 프리틴 고객을 끌어들이고 있고, 아이들의 신체 성장속도가 국내보다 빠른 외국에서 먼저 자리잡은 프리틴 브랜드의 국내 진출도 활발하다. 미국 마텔사의 10세

전후 타깃 브랜드인 바비 스타일은 경기도 분당 삼성플라자와 서울 압구정동, 동부 이촌동에 매장을 열었다. 어른과 같은 성숙한 스타일을 원하는 아이들을 위해 지방시의 전 수석디자이너 줄리앙 맥도날드가 디자인에 참여했다.

지방 점포 중에서 아동 매장에 대한 호응도가 높고, 서울과 수도권만큼 트렌드 수용도가 빨라 새롭게 론칭하는 아동복 브랜드를 테스트하기에 좋은 시장으로 주목받고 있는 현대백화점 대구점은 '키즈페어'로 초대박을 터뜨렸다. 현대백화점 대구점은 2014년 9월에 5일간 '프리미엄 베이비 & 키즈페어'를 진행하여 4억7600만원의 매출을 기록했다. 이 매출은 3월에 열린 키즈페어에서 3억 5000만원의 매출을 올린 뒤 다시 역대 최고 매출을 올린 것이다. 9월 키즈페어는 국내 최고 아동복 브랜드부터 수입, 라이프스타일 브랜드까지 합쳐져 총 80개 이상의 브랜드가 참가했다. 단일 브랜드뿐 아니라 아동 편집숍, 디자이너 아동복, 슈즈, 아동 매트, 가구 등 다채로운 콘텐츠를 한 자리에서 만나볼 수 있는 장점이 있었다. 아동 프리미엄 편집숍인 치엘로, 티케, 쁘띠마르숑 등이 인기를 끌었고, 디자이너 아동복과 아동슈즈, 스킨케어 브랜드 등도 주목을 받았다(패션비즈 2014년 9월 16일).

그러나 우리나라의 출산율이 급격하게 떨어지면서 아동복 산업은 중국으로 진출하고 있다. 중국 엄마들 사이에서도 한국 아동복 브랜드가 인기를 끌면서 보령 메디앙스의 쇼콜라, 한세실업의 모이몰른 등이 중국에서 론칭됐다. 아가방앤컴퍼니는 2014년 상반기에 중국의 주요 백화점 4곳에 유아복 브랜드 에뜨와 매장을 동시에 개설하였다.

2014년 현재 16세 이하의 중국 아동 수는 3억명에 달하며, 매년 2000만명의 신생아가 태어나고 있다. 중국사회과학원은 단독 두 자녀 정책 시행으로 5년간 베이비붐이 나타나 800만명의 신생아가 추가로 늘어날 것으로 관측했다. 이에 따라 영유아산업은 2013년 1조4305억 위안에서 2017년 2조5803억 위안(약 422조원)까지 급증할 것으로 전망됐다. 현재 중국은 미국에 이은 전 세계 두 번째 영유아제품 소비국으로 특히 0~3세 영아 제품 판매액은 450억 달러(약 46조원)에 달한다고 베이징 아이써우(艾索) 마켓컨설팅은 보고서를 통해 발표한 바 있다. 중국 통가국계국은 아동복 시장 연간성장률이 25~30%씩 달해 오는 2015년 중국 영유아복 시장 규모가 1400억 위안(약 23조원)에 달할 것으로 전망했다(아주경제 2014년 6월 20일).

프리틴이 화장을 하면서 10세 전후를 위한 어린이용 화장품 브랜드가 급증했고, 백화점에서는 어린이용 색조 화장품도 판다. 어린이용 색조화장품을 판매하는 업체 파라코가 영국에서 수입한 브랜드인 미스몰리는 백화점에 입점해 있고, 프리틴 숙녀를 위해 메이크업 시연행사를 열고 있다. 프리틴은 놀이 개념의 연장과 어른을 모방하고 싶은 심리의 결합으로 화장품을 찾고, 부모도 이런 아이들의 마음을 헤아려서 특히 어린이날과 크리스마스 때 어린이화장품 매출은 급등한다. 이밖에도 마크윈, 큐트컬러샵, 제니핑크 등의 프리틴 색조화장품 브랜드가 있다.

백화점에 프리틴을 위한 멀티숍도 등장하고 있다. 롯데백화점 서울 본점은 메조피아노, 엔젤블루, 데이지러버스 등 5개의 일본 브랜드를 한데 모아 파는 쥬니어시티라는 멀티숍을 2004년 2월부터 운영하고 있다. 신세계백화점도 서울 강남점에 파라코의 어린이 색조화장품 미스몰리 매장을 운영한다.

이마트는 2012년에 매장에서 판매하는 주니어란제리 상품군을 전면 개편했다. 가장 큰 변화는 여아용 브래지어의 사이즈를 기존 4단계에서 9단계로 세분화한 것이다. 스누피, 헬로키티 등 아동용 속옷의 단골소재였던 만화 캐릭터를 과감히 버리고, 10대들에게 인기 있는 일본의 곰돌이 캐릭터 리락쿠마를 비롯해 미국의 원숭이 캐릭터 폴프랭크 등을 속옷에 넣었다. 이러한 개편으로 매장 내 주니어란제리 상품 매출이 한 달간 125% 늘었다. 과거에는 대부분 부모가 구매자였지만 요즘 10대들은 직접 속옷을 고르려는 경향이 있기 때문에 그들의 취향을 디자인에 적극 반영한 것이다. 이마트 가든 파이브점은 또한 2011년 8월에 처음으로 10대용 화장품을 판매하는 영스킨존을 만들었다. 여드름 방지용 스팟클리어젤을 비롯해 미스트, 비비크림 등 10대 전용 화장품이 많아졌기 때문이다(동아일보 2012년 2월 27일).

2005년에 만 6~10세의 프리틴으로 결성된 그룹 7공주는 초등학생의 우상으로 떠올랐다. 이때부터 최고의 인기를 얻고 있는 배우 문근영과 아시아의 스타 가수 보아를 닮고 싶어 하는 아이들이 늘어나면서 연예인이 되고 싶어 연기학원의 문을 두드리는 프리틴이 늘어났다. 2005년 어린이 포털의 47%를 점유한 주니어 네이버의 경우 370만명이 등록돼 있었다. 프리틴은 오락과 교육 두 가지 측면을 인터넷에서 모두 얻으려 하기 때문에 다른 연령층에 비해 정보검색을 상당히 많이 하며 토론과 설문조사, 커뮤니티에 대한 관심도 높다. 옷이나 소품을 비롯해 본인의 방 가구까지도 직접 고르려는 프리틴이 늘면서 듀오백코리아는 어린이용 인체공학의자 듀오백키즈를 출시했으며 어린이가 부모에게 요구해서 어린이용 의자를 사는 경우가 꾸준히 늘고 있다(한경비즈니스 2005년 5월 8일).

2006년 10월 일본 도쿄에 들어선 키자니아(KidZania)는 어린이들이 소방관, 스튜어디스, 패션모델, 의사 등 약 70여 개의 직업을 직접 체험해보는 신개념의 직업체험 파크다. 실제크기의 2/3로 축소시킨 50여개의 체험시설에서 참가 어린이들이 여러 가지 재미있는 실제 활동들을 신나는 도시환경 속에서 체험할 수 있다. 직업에 따라서 주어진 임무를 성공적으로 완수하면 놀이공원 내에서 사용가능한 화폐가 지급되고, 어린이들은 이 화폐를 이용해서 다양한 기념품을 구입할 수 있다. 어린이 1인당 입장료가 3150엔(약 4만8600원)으로 싼 편은 아니지만 수개월 이후의 입장권까지 모두 동났을 정도로 큰 인기를 누리고 있다.

키자니아에는 현실적인 직업체험 환경을 조성하기 위해 코카콜라, 존슨앤존슨, 소니, 엡손, ANA항공, 미쯔비시 자동차 등 각양각색의 글로벌 선진기업들이 파트너사로 참여한다. 코카콜라 공장에서는 직접 콜라를 만들고 시음할 수 있는 기회를 제공하고, ANA항공은 체험관을 통해서 비행기를 조종하는 멋진 경험을 선사한다. 키자니아 도쿄는 이들 기업에게 고객접점을 제공하면서 수익을 창출한다. 총 50여개의 참여기업이 건물의 위치와 크기에 따라서 2000만엔부터 1억2000만엔을 스폰서 비용으로 초기 지불했고, 매년 유지비를 추가 지불한다(머니투데이 2009년 3월 28일).

미국에서는 트윈무비의 고전이 된 하이스쿨 뮤지컬이 성공한 이후 제작사들이 속속 트윈세대를 대상으로 한 영화 제작이 붐을 이루었다. 하이스쿨 뮤지컬의 일등공신이자 제2의 브래드 피트로 불리는 잭 에프론을 캐스팅한 17 어게인, 월터 더 파팅 도그와 J.O.N.A.S, 고등학교 록밴드 배틀을 다룬 밴드슬램 등을 예로 들 수 있다. 2002년부터 트윈세대를 위한 드라마와 음반 등을 제작한 디즈니사는 디즈니 채널과 할리우드 레코드를 통한 콘텐츠들이 트윈세대의 인기를 끌면서 과거 어린이용 채널이라는 이미지를 탈피하여 고수익을 올리고 있다(씨네 21, 2009년 3월 31일).

한겨레21이 초등학교 2학년부터 6학년을 대상으로 조사한 바에 의하면 초등학생이 좋아하는 TV 프로그램은 학년별로 큰 차이를 보였다. 2학년 학생들은 개그콘서트를, 4학년 학생들은 런닝맨을, 6학년 학생들은 무한도전을 가장 좋아했다. 아이들이 갖고 싶어 하는 물건은 아이폰과 아이패드, 닌텐도 위, 닌텐도 게임기 등 디지털 기기들이다. 초등학생은 1학년에서 6학년까지 학년이 올라갈수록 취향이 급격하게 변한다는 점에서 마케팅 전문가들은 이들을 카멜레온 소비자라고 분석한다. 어린이의 속성과 어른의 속성이 공존하고, 부모에 대한 의존도와 독립적인 모습이 함께 있어서 하나로 예측하기 힘들다는 의미다. 나이와 상황에 따라 시시각각 변하는 기호를 예측하기 어려운 대상이고, 싫증을 자주 느껴서 브랜드에 대한 충성도가 다른 연령대보다 상대적으로 낮다(한국경제 2010년 8월 19일).

트렌드 정보제공업체인 에이다임은 2010년에 내놓은 소비자 라이프스타일 보고서에서 8~12살을 디지잇셀프(Digi-itself) 소비층으로 정의했다. 디지털원주민이라고 할 수 있는 디지잇셀프는 태어날 때부터 자연스럽게 디지털 환경을 접해 일상생활에 활용하고 있는 어린이 세대로, 인터넷을 통해 글로벌 트렌드를 실시간으로 흡수하고, 사회적인 이슈에도 밝은 편이다. 미국 경제정보지 월릿팝은 어린이 사업가를 위해 투자 계약서, 명함, 사업설계 도구 등이 들어있는 비즈 인 어 박스가 이들을 위한 유망 상품이라고 소개했다(안인용, 2011). 이상민 ㈜식스솔루션 대표는 초등학생도 6분 만에 쇼핑몰 구축이 가능하고, 쇼핑몰 제작을 위해 따로 배우지 않아도 되는 빌더 서비스 식스샵을 오픈했다(CNB저널, 2014년 7월 14일).

프리틴 세대는 스마트폰을 사용하는데 익숙하기 때문에 이메일 뿐 아니라 페이스북이나 유튜브 등과 같은 SNS를 활발하게 사용함으로써 스스로 세계적인 스타가 되기도 하고 스타를 만들 수 있는 힘도 가지고 있다. 2010년 4월 미국의 Edmond 초등학교 6학년 페스티벌에서 한 남학생이 피아노 연주를 하면서 Lady GaGa가 불렀던 파파라치라는 노래를 부른 동영상이 유튜브에 올랐다. 이 동영상은 두달만에 조회수가 2,500만이 넘어 내셔널 TV 프로그램에 출연도 하였다(원명심, 2010)

기본형은 25달러(약 2만5000원)이고, 고급형도 35달러(약 3만5000원)에 불과한 라즈베리 파이(raspberry pi)는 세상에서 가장 저렴하고 작은 양산형 컴퓨터로, 제3세계 아이들에게도 널리 보급할 수 있다. 2012년에 처음으로 출시되어 100만대가 팔렸고, 지금까지 300만대 넘게 팔고, 그중 99%는 아이 교육용으로 쓰였다. 컴퓨터 과학 교육을 진흥한다는 목표로 2009년 설립된 라즈베리 파이라는 공익재단이 이 컴퓨터를 만든다. 이 컴퓨터는 아주 영리하고 하드웨어적으로 확장성이 매우 높아 카메라, 음악 녹음기기, 디스플레이를 쉽게 연결할 수 있다. 아이들이 자유롭게 로봇을 제어하고, 스크린에 화소를 만들어 형태를 표현하고, 소리를 만드는 데 추가적인 비용이 거의 들지 않기 때문에 교육에 최적화됐다고 볼 수 있다. 라즈베리 파이로 컴퓨터에 흥미를 느껴 공부하는 전 세계 아이들 중에서 세상을 바꿀 수 있는 아이들이 더 많아지도록 지원하는 게 회사의 최종 목표다(조선비즈 2014년 10월 15일).

프리틴 세대가 가지고 있는 여러 전자매체를 동시에 사용할 수 있는 멀티태스크 능력은 IT 기술의 급속한 발전을 유도하고 산업과 문화에 심대한 영향을 미치고 있다. 프리틴 세대는 어릴 때부터 컴퓨터나 인터넷과 친밀하고 주로 학업과 여가를 위해 컴퓨터를 이용하였으며, 여가시간에 주로 하는 놀이가 온라인 게임이다. 프리틴 세대가 선호하는 온라인 게임은 Audition, Tales Runner, Free Style 등과 같이 춤추고, 달리고, 운동하는 등 신체를 움직이는 활동적인 게임들로, 일상생활에서 친구들과 어울려 할 수 있는 놀이를 구현한 게임을 많이 선호하고 있었다. 프리틴 세대는 가상공간에서 또 다른 자아를 표현할 수 있는 온라인 게임에 열광하고, 게임의 스토리를 전개하는 등장인물인 캐릭터를 통해 자신을 표현한다. 온라인 게임의 사용자는 캐릭터를 통해 시간적, 공간적 제약을 벗어나 또래들과 사회적 관계를 형성하고, 캐릭터를 최종적으로 완성시키는데 필요한 의상과 아이템에 많은 관심을 보이고 소유하려는 욕구도 크다(이상영, 2012).

2. 프리틴을 대상으로 한 선행연구 고찰

김민지(2000)는 서울시내 초등학교 4, 5, 6학년 학생을 대상으로 매스미디어가 의복행동에 미치는 영향을 조사하였다. TV를 많이 보면 만화책과 잡지를 많이 접촉하고 유행성이 높은 것으로 나타났다. 인터넷을 많이 이용하면 만화책과 잡지를 많이 보고 유행성, 심미성 및 편의성이 높았다. 남자어린이가 여자어린이보다 편의성을 중시하였고, 여자 어린이는 남자 어린이보다 유행성과 심미성을 중요하게 생각하였다. 6학년이 4학년보다 편의성, 심미성, 유행성, 동조성을 모두 중요하게 생각하였다. 용돈이 가장 많은 집단이 적은 집단에 비하여 유행성을 중요하게 생각하였다.

임성민과 김미숙(2001)은 초등학교 고학년 아동과 어머니의 아동복 구매의사결정을 조사하였다. 아동들은 어머니가 산 옷이 너무 평범하고 색상과 디자인에 대하여 불만족하였고, 의복관심도가 높을수록 더 불만족하였다. 아동들은 옷의 편안함을 가장 중요하게 고려하였는데, 의복관심도가 낮을수록 편안함을 더 중요하게 생각하였고, 유행을 덜 고려하였다. 어머니는 아동에 비하여 디자인과 색상에 대한 불만이 적었다. 새옷에 대한 정보는 상점에 진열된 옷을 보고 주로 얻고, 여학생은 잡지를 많이 보았고, 의복관심도가 높을수록 연예인 의상과 잡지에서 정보를 얻고, 백화점에서 주로 구입하였다. 과거에 비하여 재래시장, 대리점 및 할인점에서 옷을 구입하는 경우가 증가하였다. 유명브랜드를 구입하는 이유는 품질이 좋아서가 가장 많았고, 의복관심도가 높은 어머니들은 디자인이 세련되어서 유명브랜드를 구입한다고 하였다.

김경아(2004)는 트윈세대에 속하는 남자 중학생을 대상으로 의복 착용 실태조사를 실시하여 의복 구입 현황 및 치수 만족도를 파악하고, 트윈세대 청소년을 대상으로 하는 의류 업체의 치수 체계와 신체 치수를 비교·분석함으로써 맞음새 문제를 파악하였다. 선호도는 평범한 캐주얼이 가장 높았는데, 12세는 힙합스타일, 14세는 정장스타일이 상대적으로 높게 나타났다. 옷을 가족과 함께 가서 구입한다는 응답이 전체적으로 가장 많았고, 연령이 증가할수록 가족과 같이 가서 구입한다는 비율은 감소하는 반면 혼자 혹은 친구와 함께 가서 구입한다는 응답비율은 증가하는 것으로 나타났다. 의복 구매 장소로는 백화점이 가장 높게 나타났으며, 그 다음으로는 메이커 대리점과 대형 할인점 등의 순서로 나타났다. 13세와 14세의 경우에는 상설할인매장과 패션전문상가에서 의복을 구입하는 비율이 12세에 비해 상대적으로 높게 나타났다. 의복 구매시 주로 방문하는 매장 코너는 전체적으로 영캐주얼복, 스포츠복, 아동복 등의 순으로 나타났으며, 12세의 경우에는 스포츠 복 코너에 대한 응답비율이 영캐주얼 코너에 대한 응답비율보다 높게 나타났다. 인체부위별 치수 불만족 평가에서는 전반적으로 허리둘레, 바지길이 및 팔둘레의 순으로 치수 적합도에 문제가 있는 것으로 나타났다. 만 12~14세 남학생의 경우 성장의 변화량이 매우 크고 성장의 개인차도 심한 시기이고, Drop치의 변화로부터 성장과 함께 가슴이 발달함을 알 수 있었으며, 13세의 경우가 가장 성장률이 크고 성장의 개인차도 큰 것으로 나타났다. 업체 치수의 허리둘레와 엉덩이둘레는 12세의 큰 체형과 13, 14세의 평균 이상의 체형부터 커버가 가능하지만, 가슴둘레 치수의 경우에는 12세는 전혀 커버할 수 없으며, 13, 14세도 아주 큰 체형만 커버할 수 있는 것으로 나타났다.

권유진과 유태순(2005)은 대구광역시에 거주하고 있는 초등학교 4학년부터 중학교 2학년 여학생을 대상으로 하여 프리틴 세대의 라이프스타일과 역할모델에 따른 패션상품구매 행동에 관해서 조사하여 분석하였다. 모든 분야에 관심을 가지고 적극적으로 활발하게 활동하는 적극적 성공지향형은 패션에도 관심이 많고 연예인과 스포츠 스타, 부모, 형제자매, 친구 등의 영향을 가장 많이 받았다. 삶의 질과 정신적 가치를 추구하며 패션에 대한 앞선 감각과 관심이 있어 패션리더역할은 하지만 동조나 유행지향성, 외모에 대한 관여도도 낮고, 취미활동에도 관심이 적은 리틀보보스형은 부모의 영향을 가장 많이 받았다. 하지만 미래의 꿈을 위해 노력하는 모습을 보이는 단정보수형은 외모와 패션에 대한 관심이 적고 보수적인 특성을 가지고 있어 형제자매의 영향을 많이 받았다. 소극적 내향형은 어느 누구에게서도 영향을 받지 않고 모든 분야에 관심은 있지만 행동으로는 실천하지 못하기 때문에 어떠한 역할모델로부터도 영향을 크게 받지 않는 것으로 나타났다.

이진희와 전명숙(2006a)은 트윈세대의 의복 치수적합성에 관한 연구를 하였다. 트윈세대를 위한 연령에 따른 신체부위별 기준으로 자녀 의복구입시 의복치수의 크기는 다음과 같다. 엉덩이 둘레 기준시 허리둘레 크기와 가슴둘레 기준시 소매길이 크기는 초등학생과 중학생의 학부모는 모두 '잘 맞는다', '크다', '작다' 순으로 나타났으나, 허리둘레 기준시 바지 길이 크기는 초등학생의 경우 '크다', '잘 맞는다', '작다' 순으로 나타났으며 중학생은 '잘 맞는다', '크다', '작다' 순으로 연령별로 다르게 나타났다.

김은경, 최혜선, 강여선(2002)은 국민체위조사에 참여한 학령후기 아동과 청소년전기 아동의 체형을 비교 분석하고 현재 아동복 업체와 영캐주얼 업체 치수를 국민체위조사 자료와 비교하였다. 여아는 11세부터, 남아는 13세부터 신체의 표준편차가 심해지므로 사이즈를 설정할 때 나이보다는 키, 엉덩이둘레, 가슴둘레 등에 관한 상세정보가 표시되어야 하고, 치수의 세분화와 남녀의 구분이 이루어져야 한다. 트윈세대가 되면서 아동의 체형에서 청소년기의 체형을 거쳐 성인의 형태로 변화되어 굴곡이 없고 밋밋한 체형에서 굴곡이 뚜렷한 성인의 체형으로 이동되었다. 아동복업체의 신체치수와 계측자료를 비교한 결과 업체 사이즈가 전반적으로 작게 나타났고, 9세 이후 남녀의 체형변화가 다른 양상을 보이기 때문에 남녀구분을 하지 않아서 신체적합성의 문제가 매우 컸다. 중학교 1, 2학년의 경우 감성이나 체형 면에서 영캐주얼을 소화하는데 큰 무리가 없으나, 초등학교 5, 6학년의 경우 아동복을 입기에는 체격이 너무 크고, 영캐주얼을 입기에는 굴곡이 있는 성인체격에 비해 밋밋하기 때문에 양쪽을 모두 소화하기 어려운 실정이었다.

장자문, 김효숙, 강인애(2011)는 과학적인 의복제작과 패턴연구를 위하여 프리틴세대를 대표하는 11-12세 여아의 체형적 특성을 분석하여 유형화한 결과 4개 유형으로 구분되었다. 키가 작고 어깨가 발달한 바른체형, 보통체격에 날씬하고 숙인체형, 보통체격에 상반신이 왜소한 바른체형, 체격이 가장 크고 날

씬한 바른 체형으로 나타났다. 유형별 측면 자세는 모든 유형에서 비교적 안정된 바른체형이 나타나고 있으며, 가슴과 엉덩이의 볼륨이 현저하게 나타나며 측면굴곡이 완만한 성인체형을 엿볼 수 있다.

허남경과 김소라(2006)는 초등학교 5, 6학년을 중심으로 트윈세대 여학생을 위한 토르소 원형을 개발하기 위한 연구를 하였고, 김인숙, 석혜정, 방은영, 김유미, 성은주, 김덕하 외(2002)는 학령전기 아동을 대상으로 아동복 치수 인지도와 맞음새를 조사하였다. 신기영(2009)은 트윈세대 여학생을 위한 슬렉스 패턴을 연구하였고, 정화연과 서미아(2003)는 만11~14세의 의복 맞음새 정도와 불만족 실태를 조사하였다. 최소영(2005)은 트윈세대 아동의 바디스 원형을 설계하기 위한 연구를 하였다. 윤원경(2008)은 프리틴 화장품 패키지 디자인을 중심으로 영 마켓 세분화에 따른 프리틴 타겟 패키지디자인 개발전략을 연구하였다. 이주연(2013)은 유아복 관여 및 패션성향의 조절효과를 중심으로 어머니의 유아복 소비가치, 구매만족, 브랜드 충성도 간의 관계를 연구하였다.

이진희와 전명숙(2006b)은 초등학교 5-6학년과 중학교 1-3학년 학생들을 대상으로 하여 신체치수를 알아보고 이들이 추구하는 의복구매의 가치특성을 조사하였다. 트윈세대는 어머니와 함께 옷을 사고 여학생이 남학생보다 더 적극적으로 옷을 샀다. 남학생이 여학생보다 저관여 요인이 높았고, 신체에 맞는 치수를 덜 선호하였고, 초등학생보다 중학생이 유행을 민감하게 따르는 경향이 있었다. 용돈이 많을수록 유명상표 브랜드와 옷을 사는 경향이 있었다. 여학생은 트렌드, 품질, 가격을, 남학생은 인지도가 높은 브랜드를 더 선호하였다. 옷을 입은 후 가장 표현하고 싶은 이미지가 초등학생은 자연스러움과 활동성을, 중학생은 자연스러움과 개성으로 나타났다. 옷을 새로 사게 되는 가장 큰 이유가 옷이 작아진 것이고, 초등학생이 중학생보다 옷이 작아져서 구입하는 비율이 더 높았다.

김아날리아, 이수경, 고애란(2006)은 서울에 거주하고 있는 남녀 5, 6학년생을 대상으로 하여 미디어관여, 신체만족 및 자아존중감이 남녀 프리틴 세대의 외모관리행동에 미치는 영향을 분석하였다. 여학생이 남학생보다 의복관심과 헤어관리 및 체중관리를 더 많이 하였고, TV, 인터넷, 잡지와 모방을 더 많이 하였고, 신체만족도는 낮았다. 남학생의 경우 연예인을 모방할수록 의복관심과 헤어관리를 많이 하였고, 신체만족과 학교 자아존중감이 높을수록 체중관리를 적게 하였으며 TV 관여를 많이 하였고, 자아존중감이 낮고 연예인을 많이 모방할수록 신장관리를 많이 하였다. 여학생의 경우 연예인을 모방하고 일반 자아존중감이 적을수록 의복에 관심이 낮고 헤어관리를 많이 하였고, 신체에 불만족하고 일반 자아존중감, 연예인 모방 및 TV 관여를 많이 할수록 체중관리를 많이 하였고, 학교 자아존중감과 TV 시청시간이 적고, TV 관여와 일반 자아존중감이 높을수록 신장관리를 많이 하였다.

김찬주와 김용주(2006)는 12-15세의 서울과 경기지역의 트윈세대를 대상으로 하여 면접조사를 통하여 외모와 스타일에 대한 의식을 조사하고 2단계 영역분석을 하였다. 트윈세대는 의복을 통하여 자신의 개성과 취향을 표현하고, 의복이 집단을 구분하는 중요한 단서가 되고, 브랜드명을 자신의 이미지를 표현하고 타인을 판단하는 단서로 인식하고 있었다. 현재 착용하고 있는 스타일은 편한 스타일, 단정한 스타일 및 힙합 스타일로 요약되고, 좋아하는 스타일은 선호 스타일에 귀여운 스타일과 세련된 스타일이 추가되고, 희구 스타일은 현재 스타일과 선호 스타일에 어른스러운 스타일, 여성 이미지 및 특이한 이미지가 추가된다. 기피 스타일에는 신체밀착 스타일, 유아적 스타일, 부적합 스타일이 포함된다. 의복 및 외모인식에 영향을 미치는 요인에는 나이, 거주지, 종교, 여행경험, 관심과 취미 등과 같은 개인변수와, 같은 반 친구, 서클, 부모, 선생님과 같은 준거집단, 유행, 브랜드명 등이 있다.

박선아(2008)는 대구시에 소재한 초등학교 4, 5, 6학년 학생들을 대상으로 새로운 소비계층으로 부각되고 있는 프리틴의 과시소비성향, 충동소비성향, 동조소비성향 수준이 어느 정도 인지 알아보고 이에 영향을 미치는 요인들을 규명하였다. 프리틴의 소비성향은 건전한 편이라고 할 수 있으나, 저학년에서 고학년으로 갈수록 과시소비성향, 동조소비성향이 높았다. 프리틴의 과시소비성향과 동조소비성향은 이성친구가 있는 학생들이 높은 것으로 나타났다. 월평균용돈 액수가 많을수록 과시소비성향과 충동소비성향, 동조소비성향이 높았다. 과시소비성향과 동조소비성향에 가장 큰 영향을 미친 것은 외모관심도였고 충동소비성향은 낮은 자아존중감이었다. 프리틴세대들이 자신에 대해 긍정적인 생각을 가질 수 있도록 부모와 선생님들의 지속적인 관심이 필요하고 자아를 개발하고 존중할 수 있는 교육프로그램이 요구된다. 또한 물질과 외모우월주의인 현대사회에서 자라나는 프리틴이 대중매체에 대한 비판적 의식을 가지고 선별적으로 수용할 수 있도록 하는 소비자 교육이 필요할 뿐만 아니라 프리틴을 자극하는 대중매체의 프로그램에 대해 견제할 수 있는 사회적 제도가 필요할 것이다.

문희강(2010)은 프리틴 여아의 비만도와 신체이미지에 따른 프리틴 여아와 어머니의 의복구매특성과 의복선호 이미지를 분석하였다. 프리틴은 옷을 살 때 부모와 동행하는 경우가 많아 부모의 영향력이 큰 시기이나, 의복구매결정에 미치는 프리틴 여아 본인의 영향력이 점차 커지고 있었다. 친구와 동행하여 의복구매가 이루어지는 경우 주요 의복 구매장소나 브랜드 유형 또한 부모와 동행할 때와는 다르게 나타나서 프리틴 세대의 영향력과 또래집단의 영향력이 점차 중요해지고 있었다.

프리틴 여아의 의복선호 이미지로는 편안하고 단정한 이미지, 귀엽고 소녀적인 이미지, 성숙하고 세련된 이미지의 세 가지 차원이 도출되었으며, 어머니 집단이 여아 집단보다 편안하고 단정한 이미지와 귀엽고 소녀적인 이미지를 더 선호하는 것으로 나타났다. 즐겨 입는 의복아이템의 선호스타일에서도 어머니는 신체적 노출이 적고 착용과 활동이 편한 의복 스타일을 더 선호하였다. 비만도에 따라 신체이미지가 형성되며, 이는 의복선호이미지에 영향을 미치는 것으로 나타났다. 특히 프리틴 여아의 비만도가 증가할수록 외모지향성이 증가하고 의복을 통해 신체를 보완하고자 하는 태도가 증가하는 것으로 나타났다.

손이정(2006)은 게임에 등장하는 캐릭터 의상과 게임이 대중문화에 미치는 영향력 및 게임 캐릭터의 화려한 의상이 대중문화에 미치는 영향을 분석하였다. 아날로그적 가치가 더해진 포스트 디지털 세대에게 게임은 단순히 놀이를 위한 도구를 넘어 인간관계 형성 및 유지를 위한 매개체로서 사회적인 의미를 가지고 있어 포스트 디지털 시대에서는 디지털 시대의 개인주의적 성향이 반영된 혼자서 즐기는 게임과는 다른 온라인을 통해 다수의 플레이어가 접속하여 게임을 하고 이야기도 나눌 수 있는 게임이 인기를 얻고 있었다. 전사적 이미지는 갑옷의 형태로 많이 등장하며, 복고적 이미지는 서양의 중세 복식에서 각 시대별로 특징적인 요소를 응용하는 형태로 나타났다. 초현실적 이미지는 의상의 구조적인 형태를 변형하거나 새롭게 형상화함으로서 일반적인 고정관념을 탈피하는 형태로서 표출되었고, 관능적 이미지는 자유롭고 과감하며 파격적인 의상 형태로서 나타났으며 과다한 노출로서 사용자들의 흥미 유발을 위한 상업적 수단으로 사용되기도 하였다. 양성적 이미지는 남성이 여성만의 것으로 치부되던 스타일의 의상을 입거나 혹은 여성이 남성적인 의상을 입는 형태로 나타났다. 게임의 인기에 힘입어 음악이나 영화, 연극에 게임의 영향이 미침은 물론 게임 캐릭터를 활용한 사업이 계속적으로 발전하고 있었다. 특히 게임 캐릭터 패션의 경우 게임을 즐겨하는 10~20대를 타겟으로 하는 대중 가수들의 패션에도 영향을 미쳐 게임 캐릭터 패션과 대중 가수들의 패션 사이에 연관성이 있었다.

전사적 이미지의 경우 블랙이나 메탈릭한 느낌을 주는 실버 계열의 가죽 소재를 이용하고 여기에 강한 이미지를 더욱 강조하기 위해 펑크적인 요소를 가미하였으며 복고적 이미지의 경우 주로 캐릭터 패션에서 나타나는 변형된 복고적 패션에 한 번 더 변형을 시도하고 현대적 감각과 결합시켜 대중에게 어필할 수 있는 형태로서 표현하고 있음을 확인할 수 있다. 초현실적 이미지는 게임 캐릭터 패션에 비해 대부분 한정된 소재나 디자인으로 표현되고 있으며 현실적이면서 신비로운 이미지를 자아내는 형태로서 나타나고 있는 실정이다. 관능적 이미지의 경우 섹시 코드의 열풍으로 유사한 형태로서 게임 캐릭터 패션과 스타패션에 두드러지게 나타나고 있으며 양성적 이미지 역시 게임 캐릭터 의상과 비슷하게 남성이 여성의 것을, 혹은 여성이 남성의 것을 취하는 형태로서 나타났다.

권민희(2008)는 다중적 의미를 가지고 있는 디지털 미디어의 이론적 배경을 토대로 최근 온라인 게임 캐릭터 패션과 대중스타로서의 가수 패션을 살펴보고, 과거 복식에 나타났던 하위문화 패션 스타일과의 비교분석을 통하여 디지털 미디어 시대 청소년들의 취향을 반영하는 하위문화 패션 스타일을 통해 다양한 양식으로 존재하는 디지털 패션의 흐름을 규명하였다. 하위문화 스타일은 미디어 매체와 더불어 지속적으로 청소년들의 반항 심리와 사회에 대한 불만을 표현하는 수단으로 사용되어 왔으며, 디지털 미디어 네트워크의 확산은 디지털 문화의 소비, 생산자인 청소년의 감성과 의식을 적극적으로 표출하는 매개체 역할을 하고 있다. 또한 모방의 대상으로써 디지털 미디어에 나타나는 패션 스타일은 청소년들과 디지털미디어의 매체 전파력이 청소년문화에 큰 영향력을 행사하고 이러한 문화적 환경은 패션 시장과 유행에 빠르게 접목되고 있다. 하위문화 스타일은 초기 발생 이후 포스트모더니즘의 영향으로 교합, 변형, 공조, 부활 등의 변화를 겪었으며 파편화되고 번성되는 양상을 보여주고 있다.

여러 하위문화 패션 스타일 이미지들이 반영되고 있는 온라인 게임 패션 이미지에서는 온라인 게임의 내용상 전쟁과 전투의 공격적, 폭력적 이미지와 가상의 공간설정에 기인하는 미래적, 기계적 이미지가 나타났으며, 시대 설정에 따른 복고적, 장식적 이미지와, 캐릭터의 능력을 표현하기 위한 관능적, 환상적, 초현실적 이미지가 나타났다. 대중가수 패션에서는 청소년들의 저항 심리를 대변하는 반항적, 폭력적 이미지가 나타났으며, 성적 이미지의 상품화에 따라 관능적이고 섹시한 이미지가 표현되었고, 이미지 메이킹을 통한 스타화 과정에서 과시적 이미지가 나타났다. 또한 패션 트렌드를 반영한 개성 표현의 수단으로 중성적, 장식적 이미지가 나타났으며, 매체 활용에 따른 미래적, 가상적 이미지도 나타났다.

이상영(2012)은 이론 고찰을 통한 문헌 연구, 프리틴 세대의 성향, 선호하는 게임 속 의상을 살펴보는 설문조사 그리고 실제 프리틴 세대들이 선호하여 착용한 의상에 대한 사진 분석을 통한 실증연구들을 병행하였다. 이를 바탕으로 프리틴 세대가 선호하는 이야기 소재를 선택하여 온라인 게임을 기획하고 게임 캐릭터들을 개발하였으며, 캐릭터에 적합한 38세트 의상을 디자인하고, 게임 캐릭터 의상 아이템을 구매 할 수 있는 캐릭터 의상 아이템 숍을 제안하였으며, 각 캐릭터의 의상을 제작하였다.

아동층 인쇄매체 광고의 내용을 분석한 최은섭(2005)은 인쇄광고에 게재된 제품범주가 중소출판 업체들에 의한 학습, 도서에 지나치게 편중되어 있어, 아동들의 직접 구매 품목이자 광고에 대한 정보의존도가 가장 높은 음료, 제과, 전자, 통신 등의 광고들은 상대적으로 저조하게 나타났다고 하였다. 인쇄광고의 소비자정보는 비교적 다양하게 다루어지고 있었으나, 우수성, 안전성, A/S 등의 정보가 절대적으로 부족하였다. 국내 인쇄광고는 양적인 면인 남녀 성별 구성비 등에서 전통적인 성역할 고정관념을 보이고 있으나, TV광고에서는 두드러지게 나타났던 성분리현상과 행동상의 성역할 고정관념이 다소 약하게 나타났다. 아동 행동의 경쟁적, 공격적 묘사가 남자아동에게 두드러지게 나타났으나 여자아동이 눈에 띄게 협조적이거나 순종적이지 않으며, 혼성아동의 경우 상호협조적인 현상을 보이고 있었다.

어린이 색조화장품 사용실태와 구매행태에 대한 인식을 조사한 문영주(2010)는 어린이들의 색조화장품 사용은 증가하고 있다고 하였다. 어린이들은 립글로스를 가장 많이 사용하고 있었고, 네일 컬러에도 관심을 갖기 시작하였다. 호기심과 예뻐 보이기 위해 색조화장을 한다고 했으며 어릴 때부터 미에 대한 관심이 높은 것으로 나타났다. 저 출산으로 인한 공주 키우기, 예쁘게 귀족처럼 키우려는 30대 젊은 부모들은 아이들이 가볍게 하는 화장에 대해서는 찬성하였고, 아동의 정서나 창의적인 사고에 도움이 된다고 생각하는 부모들이 월평균 1~2만원 정도의 화장품을 사주고 있었다. 문방구나 마트를 통해 직접 구매한 어린이들은 부작용도 경험한 것으로 나타났다.

이지연(2006)은 서울에 위치한 초등학교에 다니는 4, 5, 6 학년 여자 어린이 458명을 대상으로 프리틴 세대의 사회 심리적 특성, 외모에 관한 태도, 화장에 대한 태도, 화장품 구매행동을 조사하였다. 프리틴 세대는 보통 정도로 화장에 대하여 관심을 가지고 있었고, 호기심 때문에 화장을 하고, 립글로스만 바르거나 파우더와 립글로스에 눈화장을 하고 있었다. 학교행사 등 대외활동이 있을 때, 1년에 1번 또는 1주일에 1~2번 정도 화장을 하는 경우가 많았다. 자신이 화장을 잘 못한다고 평가하였고, 자신의 화장에 대하여 만족하지도 않았으나 불만족하지도 않았고, 프리틴이 화장을 하는 것에 대하여 긍정적으로 보지도 않았지만 부정적으로 보지도 않았다.

화장품가게와 백화점에서 주로 화장품을 구입했고, 미샤와 같은 중저가 화장품 브랜드를 가장 많이 사용하고 있었다. 화장품의 평가기준은 품질과 색상이고, 자신이 구입한 화장품에 대하여 약간 만족하였고, 화장품을 구매할 때 부모 및 친구와 주로 동행하였다. 4, 5학년이 6학년보다 자신의 화장에 대하여 만족하는 정도가 높았으며, 4학년이 다른 학년보다 색상을 기준으로 하여 선택하는 경우가 많았고, 5학년은 향을 기준으로 선택하는 경우가 더 많았고, 6학년은 가격을 기준으로 선택하는 경우가 더 많았다. 6학년은 4학년에 비하여 전문 화장품 가게에서 화장품을 구입하는 경우가 많았다.

박선애(2007)는 서울에 위치한 강남, 강북 소재 6곳의 초등학교 5, 6학년에 재학 중인 남, 여 학생 324명을 대상으로 설문지를 이용하여 외모만족도와 신체만족도, 화장품 사용실태, 화장할 때 심리적 기대요인을 조사하였다. 외모만족도와 신체만족도는 여학생보다 남학생이, 6학년보다 5학년이 높았다. 남학생은 대부분이 기초화장품만을 사용한다고 하였고, 여학생은 기초화장품만을 사용한다는 학생과 기초화장품과 색조화장품 모두를 사용한다는 학생이 각각 40% 이상으로 나타났다. 화장을 처음 시작한 나이가 기초화장의 경우 남학생은 8세이상-12세미만이고 여학생은 8세 미만으로 나타나, 여학생이 남학생보다 일찍 화장을 시작하였다. 여학생도 색조화장을 시작한 나이는 10세이상-12세미만으로 기초화장보다 늦었다.

기초화장품의 경우 남·여학생 모두 로션을 가장 많이 사용하고 있는 것으로 나타났으며 색조화장품의 경우 여학생은 립글로스를 가장 많이 사용하고 있는 것으로 조사되었다. 남학생은 피부보호를 위해, 여학생은 예뻐 보이기 위해 화장을 하고 있었다. 화장할 때 심리적 기대요인은 여학생이 남학생보다, 6학년이 5학년보다 높았다. 외모만족도가 높을수록 신체만족도가 높았으나, 외모만족도와 신체만족도가 높을수록 화장할 때 심리적 기대요인은 낮았다.

김현진(2013)은 직장 주부와 전업주부의 자녀가 사용하는 화장품 구매양상과 사용실태를 조사하였다. 직장주부와 전업주부 모두 자신의 아이가 사용하는 화장품의 품질이나 안전성을 중요하게 생각하고 있었다. 구매장소의 경우 직장주부만 방문판매경로를 통하여 구매하고 있었고, 전업주부는 자녀가 사용하는 화장품의 효능이 그리 우수하지 않다고 생각하고 있었다. 전체 응답자의 대부분이 제품의 안전성을 중시하고 좋은 제품을 개발해 주길 바라는 응답자들이 많았다.

원명심(2010)은 미국 노스캐롤라이나 주 캐리시 지역의 공립 초등학교와 중학교에 다니는 트윈여아(10세~13세) 15명을 대상으로 한 설문조사, 매장 방문조사 및 플런킷(plunkett) 의류산업체 자료들을 병행하여 미국 트윈세대 어패럴 업계의 니치마켓 전략을 분석하였다. 초기 트윈여아들(10세~11세)과 후기 트윈여아들(12세~13세)은 의복관심 및 기타 관심 분야가 서로 다른 것으로 나타났다. 그러나 초기 트윈여아와 후기 트윈여아 두 그룹 모두 연령 조숙 현상 때문에 자신들 또래나이의 유명 스타들 보다는 나이가 많은 유명 스타들을 더 좋아하는 것으로 나타났다. 초기 트윈여아들이 가장 즐겨 입고 선호하는 브랜드는 져스티스(Justice)로 나타났으며, 이 브랜드는 화려하고 다양한 색상과 스타일, 그래픽 등으로 꿈, 희망, 사랑 및 평화의 메시지를 전달하는 니치전략과 함께 다양한 사이즈를 제공하여 초기 프리틴여아 시장의 공략에 성공하고 있었다. 후기 트윈여아들이 가장 선호하는 브랜드는 에버크롬비 앤 피치(Abercrombie & Fitch)로 나타났으며, 이 브랜드의 마케팅부는 후기 트윈들의 명성에 대한 열망 및 또래의 영향을 극대화한 니치전략과 함께 다양한 사이즈 제공으로 트윈시장을 석권하였다.

한기향(2012)은 프리틴세대를 연구 대상으로 하여 브랜드 인지도, 브랜드 이미지가 브랜드 동일시와 브랜드 충성도에 미치는 영향에 대해 패션브랜드를 중심으로 살펴보았다. 요인분석을 한 결과 트윈세대는 “나이키”와 “빈폴키즈”에 대하여 브랜드 인지도, 브랜드 이미지, 브랜드 동일시 그리고 브랜드 충성도 등 4개의 차원을 인식하고 있었다. 브랜드 인지도는 브랜드 이미지에 유의한 정적 영향을 미치고, 브랜드 이미지는 브랜드 동일시에 유의한 정적 영향을 미치고, 브랜드 동일시는 브랜드 충성도에 유의한 정적 영향을 주고, 브랜드 이미지는 브랜드 충성도에 유의한 정적 영향을 주는 것으로 나타났다. 나이키와 빈폴키즈 모두 브랜드 인지도는 브랜드 충성도에 직접 영향을 미치지 않았으나, 브랜드 이미지는 브랜드 충성도에 직접 영향을 미치는 것으로 나타났다.

또한 브랜드 인지도에서 브랜드 충성도에 이르는 경로 중 브랜드 이미지와 브랜드 동일시를 매개로 한 경우가 브랜드 이미지만을 매개로 한 경로보다 영향력이 높았으며, 브랜드 이미지에서 브랜드 충성도에 이르는 경로 역시 브랜드 동일시를 매개로 한 간접영향이 직접영향보다 높은 것으로 밝혀졌다.

남학생 집단과 여학생 집단 간 브랜드 인지도에서 브랜드 충성도에 이르는 경로의 차이를 비교분석한 결과 나이키와 빈폴키즈 모두 집단 간 경로의 차이는 나타나지 않았다. 또한 남학생 집단과 여학생 집단 간 공통으로 유의한 경로에 대해 조절효과를 검증한 결과, 나이키와 빈폴키즈 모두에서 두 집단 간 조절효과가 나타나지 않아, 트윈세대의 경우 브랜드에 대한 태도에 있어 남학생들도 여학생들과 같음을 알 수 있었다. 그러나 잠재변수의 평균차이를 집단 별로 확인한 결과 나이키는 남학생 집단과 여학생 집단 간 차이가 없는 것으로 나타난 반면 빈폴키즈에서는 브랜드 인지도, 브랜드 이미지 그리고 브랜드 동일시의 3개의 변수가 통계적으로 유의한 차이가 있는 것으로 나타나, 빈폴키즈에 대한 전반적인 인식이 여학생집단에서 더 높았다.

정문성(2001)은 인천지역의 초등학교 5학년 학생을 대상으로 대중스타, 또래집단, 물질주의성향이 초등학생의 현시적 소비성향에 미치는 영향을 분석하였다. 아동들은 비교적 무계획적인 소비 활동을 하고 있었고, 대중 스타나 또래집단의 영향을 많이 받고 있었다. 물질주의적 성향이 강할수록 현시적 소비행동을 많이 하고 있었기 때문에 대중매체와 또래집단의 영향을 많이 받는 초등학교 시기에 물질주의에 대한 비판적이고 합리적인 소비자교육이 필요하다고 하였다.

김정희와 김미경(2004)은 영주시에 거주하고 있는 초등학교 6학년 학생을 대상으로 하여 소비자정보 이용에 관한 연구를 하였다. 연구대상 소비자들이 이용하는 정보원천으로는 부모가 가장 많았고, 그 다음은 친구, 인터넷, 점포내 진열 등의 순서로 나타났다. 이용하는 정보원천은 관여도와 상품에 따라 다르게 나타났다. 컴퓨터, 의류, 신발 등은 부모의 영향이 컸고, 게임기와 게임CD는 친구의 영향력이 컸다. 정보원천 중에서 부모에 대한 만족도가 가장 컸다.

송미애와 이승신(2004)은 아동소비자의 소비생활문제를 조사한 결과 상품사용문제가 가장 높았고, 상품구매문제가 가장 낮았다. 소비자교육을 받은 경험, 학교에서 용돈관리와 절약태도를 배운 경험이 많을수록 소비생활문제가 적었으나, 대중매체를 통한 교육을 많이 받았을수록 소비의식과 소비자태도에 문제가 있었다.

손상희와 천경희(2004)는 초등학교 5학년부터 중학교 2학년을 심층면접 하여 아바타 소비행위를 통해 소비의 상징적 의미를 연구하였다. 조사대상자들은 인터넷 채팅사이트에서 아바타를 통하여 다른 사람들과 대화를 시작하고 유지하고 아바타 꾸미기에 몰입하고 있었다. 또한 아바타를 자신의 분신으로 여겨 자신을 드러내고 싶은 욕망과 일탈의 체험 등을 이룸으로써 아바타를 통해 대리만족을 하고 있었다.

손상희(2008)는 대전의 초등학교 4학년과 6학년 학생을 대상으로 아동소비자가 원하는 크리스마스 선물을 분석함으로써 아동의 상품선호와 브랜드요구를 조사하였다. 아동소비자가 원하는 크리스마스 선물은 다양하나 휴대폰, 게임기/게임CD, 컴퓨터, 동영상재생기/MP3/디지털카메라 등 디지털 미디어기기에 집중되어 있으며, 장난감에 대한 요구는 낮았다. 아동은 크리스마스 선물아이디어의 원천으로 상점, TV광고, 인터넷, 친구, 부모 등을 다양하게 사용하였으나, 무엇을 주로 사용한 여부와 상관없이 선물로 받고 싶은 상품을 결정하는 데에 친구의 영향력이 가장 크다고 응답하였다. 아동소비자는 크리스마스 선물을 요구할 때 특정 브랜드를 요구하는 정도가 다른 나라의 아동에 비해 낮은 편이었으나, 아동의 1/3은 특정 브랜드를 1개 이상 요구하고 있어 한국의 아동소비자도 상당히 브랜드 의식적임을 알 수 있었다.

손상희(2009)는 아동소비자가 물질주의적 소비문화에 얼마나 편입되어 있는지 살펴보고, 소비자사회화 대리자들의 상대적 영향력을 분석하였다. 아동소비자는 소비주의보다는 물질주의 성향이 더 높은 것으로 나타났고, 소비자사회화 대행 변수들의 상대적 영향력은 친구, TV, 부모의 순으로 나타났다. 친구는 물질주의와 소비주의 성향에 강력한 정적 영향력을 미쳤고, TV는 친구 다음으로 물질주의 성향에 강한 정적 영향을 미쳤으나, 소비주의 성향에는 의미있는 영향을 미치지 않았다. 부모의 사회화와 관련된 다양한 변수들은 물질주의 성향에 아무런 영향을 미치지 않았으나, 자녀와 광고에 대한 대화가 많을수록 소비주의 성향에 정적인 영향을 미쳤다.

곽보선과 윤관호(2008)는 한국과 중국의 아동소비자들이 정보원 속성에 따라 상표태도와 구매의도가 어떠한지를 조사하였다. 한국의 아동소비자의 경우 정보원의 속성 중에서 전문성과 호감성이 상표태도와 구매의도에 영향을 미치는 것으로 나타났으며, 중국의 아동 소비자의 경우는 상표의 태도에 대해서는 정보원 속성의 호감성, 전문성과 유사성이 모두 영향을 미쳤으나, 구매의도에서는 정보원의 호감성과 유사성의 영향을 더 많이 받는 것으로 나타났다.

곽현정(2003)은 서울과 경기 지역에 재학중인 초등학생의 구매행동, 사용행동 및 처분행동의 합리성을 조사하였다. 아동소비자들이 학교 소비자교육 경험수준이 높을수록, 또래집단의 영향을 적게 받을수록, 용돈이 적을수록, 가정소비자교육 경험수준이 높을수록, 용돈 지급주기가 정기적인 경우 합리적인 구매행동이 나타났다. 학교 소비자교육 경험수준이 높을수록, 아동의 학년이 낮을수록, 가정소비자교육 경험수준이 높을수록, 또래집단의 영향을 적게 받을수록, 아동의 주관적 가계소비수준이 중위집단보다 상위집단으로 인지할수록 사용행동의 합리성이 더 높았다. 학년이 낮을수록, 가정소비자교육 경험수준이 높을수록, 성별이 남학생보다 여학생이, 학교 소비자교육 경험수준이 높을수록 처분행동의 합리성이 더 높았다.

문정숙(2008)은 아동의 성격유형과 소비생활을 위한 의사결정이 어떤 상관관계를 맺고 있는지를 살펴본 결과 MMTIC 성격유형의 선호지표별(EI/SN/TF/JP)로 몇 가지 항목에서 유의한 차이가 있었다. 또한 심리유형의 네 가지 기능 집단에 따라 아동들의 소비생활은 새 제품에 대한 호기심, 과시구매에서 집단 간 유의한 차이가 있었다. 기질 집단에 따라서는 타인의 이야기나 광고 등 외부요인에 의한 구매의 필요성을 느끼는 외적인식구매, 과시구매, 구매 불만족 표시에서 집단 간 유의한 차이가 있었다.

강진선(2008)은 초등학교 4학년을 중심으로 학생들의 소비 의식과 소비 습관에 대한 실태를 분석하고, 의사결정학습이 합리적인 소비의식을 함양하는데 어느 정도 영향을 미치는가를 분석하였다. 의사결정학습을 적용한 실험집단이

용돈관리, 구매습관, 저축 등에서 유의미한 차이를 보이며 학습효과가 크게 나타났다. 의사결정학습에서 제시하는 문제 상황이 생활과 밀접한 관계를 맺고 있는 내용으로 수업이 전개되면서 아동들이 진지하고 적극적으로 참여해서 의사결정 수업에 대한 관심과 의욕이 높아졌다. 합리적인 소비의식을 함양하기 위해서 의사결정학습을 한 결과 학습자의 관심과 학습동기에 긍정적으로 작용하여 경제 영역의 흥미도 고취와 사회과 교과의 학습 태도에 유의미한 차이를 보였다.

손형전(2008)은 과반수가 넘는 어린이들이 인터넷을 활용하게 되면서 새롭게 주목받고 있고, 보통 2세~13세의 어린이들을 대상으로 한 전문 포털 사이트를 의미하는 키즈포털의 이미지 스토리텔링을 연구하였다. 인터넷을 이용하는 대부분의 어린이가 키즈 포털을 통해 콘텐츠에 접근함에도 불구하고 현재 키즈 포털들은 개별 어린이들의 눈높이에 맞춰져 있다고 보기 어렵기 때문이다. 어린이는 인지발달 단계에 따라 언어기호 및 이미지기호를 이해하는 능력의 차이가 있음에도 불구하고, 현재 인지발달 단계별로 키즈 포털의 인터페이스가 분화되어 있는 곳은 많지 않다. 이러한 문제의식을 가지고 점유율이 총 95% 이상을 차지하는 세 개의 키즈포털인 쥬니어네이버, 야후꾸러기, 다음키즈짱의 인덱스 페이지를 이미지 기호와 그 의미작용이 생성하는 스토리텔링을 집중적으로 분석하고, Piaget의 인지발달 단계 중 전조작기에 해당하는 유아들을 위해 키즈포털의 인터페이스가 어떻게 구현되어야 적합한지에 대한 전망을 제시하였다.

오정현(2010)은 레지오 에밀리아식 프로젝트 접근법 중 상징화 주기를 적용하여 경제교육을 실시함으로써 초등학생들의 경제의식이 어떻게 함양되는지 살펴보았다. 대구광역시의 한 초등학교 4학년 1개 학급 32명을 대상으로 프로젝트 활동 과정에서 참여관찰, 면담, 프로젝트 기록일지, 교사일지, 활동 결과물, 일기, 포트폴리오, 사진, 녹취 등을 통하여 초등학생들의 경제의식 함양과 관련된 자료를 수집하고 분석하였다. 프로젝트 학습활동은 초등학생들에게 돈에 대한 관심을 증대시키고 경제의 중요성을 깨닫게 하였으며, 돈의 소중한 가치를 알게 하고 올바른 경제관을 형성시키는데 효과적이었다. 프로젝트 학습 활동은 초등학생들에게 합리적으로 돈을 쓰고 관리하는 현명한 경제활동을 실천하게 하였고, 소득·소비·저축의 바른 관계를 이해하게 하였으며 자발적으로 저축하는 습관을 형성시키는데 효과적이었다. 프로젝트 학습 활동은 초등학생들에게 신용 관리의 중요성을 알고 돈을 선하게 사용하는 마음을 키우게 하였으며, 직업의 소중함과 고마움을 알고 자신의 장래를 준비하는 바람직한 태도를 형성시키는데 효과적이었다.

박송춘(2011)은 초등학교 6학년생을 대상으로 수도권과 비수도권학생을 대상으로 하여 합리적 소비습관과 경제이해력과는 어떤 연관성을 갖고 있는지를 분석하였다. 합리적인 소비태도는 합리적 의사결정을 전제로 하며 초등학생의 계획적인 구매태도는 경제를 이해하는데 많은 영향을 주는 것으로 분석되었다. 합리적 소비습관은 경제와도 밀접한 관련을 갖고 있으며 이러한 습관은 어린이들의 성장을 주도하는 인격형성이 바탕이 되기 때문에 좋은 소비습관은 계속 유지하도록 하고 나쁜 소비습관은 개선하도록 하는 것이 경제에 대한 이해력에도 많은 도움을 준다는 중요한 결론을 얻었다. 그러나 합리적 소비습관이 경제이해력에 미치는 영향은 수도권학생과 비수도권학생에 따라 달라 질 것이라는 조절효과는 없는 것으로 밝혀졌다.

계선자, 전미영, 이민주, 박다정(2013)은 초등학교 4-6학년을 대상으로 하여 과시소비성향과 자원절약행동을 조사한 결과, 과시소비성향은 평균보다 낮았으며, 자원절약행동은 비교적 합리적인 수준이었다. 과시소비성향은 학년, 용돈액수, 가계소득이 높고, 용돈액수가 많은 집단이 더 높았다. 자원절약행동은 용돈의 액수가 적고, 사회화과정과 가족 응집력이 높고, 부모의 양육태도가 민주적일수록 더 합리적으로 나타났다. 가정 안에서 이루어지는 사회화과정을 통한 부모의 교육적 역할이 무엇보다 초등학생의 자원절약 행동을 하게 하는 중요한 요인으로 입증되었다. 특히 부모의 학력이나 소득 같은 외형적인 부분 보다는 가족 간의 응집력과, 양육태도와 같은 내적인 부분이 더욱 중요하였다.

지미화(2013)은 초등학교 4-6학년을 대상으로 하여 아동소비자의 유료인터넷콘텐츠 사용 특성에 따라 금전태도가 어떻게 달라지는가를 조사하였다. 유료인터넷콘텐츠 사용량이 많은 아동이 적은 아동보다 과시소비적이고 물질만능주의적인 금전태도를 보였다. 또한 모바일 고사용자 집단은 과시소비적인 금전태도, 컴퓨터 고사용자 집단은 물질만능주의적인 금전태도를 더 많이 보였다.

3. 조사방법 및 조사대상자의 일반적 특성

1) 조사방법

프리틴 소비자의 특성을 분석하기 위해 본 연구에서 사용한 조사대상자는 울산에 거주하는 초등학교 5학년과 6학년 학생 300명이다. 자료수집 방법은 질문지법을 사용하였고 설문 항목에 대해 응답자가 직접 기입하는 자기기입식 방법을 사용하였다. 본 조사는 2012년 11월 중순에서 12월 초까지 질문지를 배포하고 직접 회수하였으며, 최종적으로 300부가 분석에 사용되었다.

2) 자료분석

본 연구에서는 울산 프리틴 소비자들의 소비와 관련된 행동을 파악하기 위해 자아개념, 소비에 대한 자기조절능력, 화폐에 대한 태도, 소비합리성, 소비자교육 경험 및 구매후 후회에 대해 실태를 파악하기 위해 평균, 빈도분석, 백분율을 사용하였다. 그리고 자아개념, 자기조절능력, 화폐태도, 소비합리성 변수에 있어서는 하위요인을 파악하기 위해 요인분석을 실시하였다. 또한 사회인구학적 변수에 따른 각 개념의 차이를 분석하기 위해 t-test와 분산분석(ANOVA)을 이용하였다. 아울러 자아개념이 자기조절능력에 미치는 영향, 화폐태도가 소비합리성에 미치는 영향, 소비자교육과 자기조절능력이 구매후 후회에 미치는 영향을 분석하기 위해 다중회귀분석(Multiple Regression)을 사용하였다. 이상의 모든 분석은 SPSS PC 프로그램을 이용하였다.

3) 조사대상자의 일반적 특성

<표 1-1>은 조사대상자의 일반적 특성을 제시하고 있다. 여학생은 51.7%로 남학생 48.3%를 차지한 보다 약간 많은 비율을 보인다. 조사대상자들의 아버지

평균연령은 44.5세로 나타났고, 연령분포를 보면 43세에서 45세가 39.3%로 가장 높은 비율을 보였고 다음이 46세 이상으로 32.1%, 42세 이하은 28.9%로의 가장 적었다. 조사대상자들의 어머니 평균연령은 41.3세이며, 연령분포의 경우 40세 이하가 전체 45%로 가장 높은 비율을 보였고 43세 이상은 34.3%로 두 번째로 많았고, 41세에서 42세는 20.8%로 가장 적었다.

아버지의 학력수준의 경우 61.4%가 초대졸 이상이었고 고졸 이하는 38.6%로 조사되었다. 어머니의 학력수준의 경우 55.2%는 초대졸 이상이었고 44.8%는 고졸이하로 나타났다. 아버지 직업에 있어서는 회사원이 55.6%로 가장 높은 비율을 차지하였고 다음은 전문직 18.3%, 서비스/판매/기타 17.9%, 경영/자영업 8.2%의 순으로 나타났다. 어머니의 경우 직업을 가진 경우가 61.5%로 전업주부 38.5%보다 높은 비율을 보였다.

조사대상자들의 거주형태는 아파트가 69.3%로 가장 높았고 주택과 빌라는 30.7%로 나타났다. 초등학생들이 인식하는 자신의 집에 대한 주관적인 경제수준은 47.8%가 중상층으로 답하였고 36.5%는 중층 이하, 15.7%는 상층 이상이라고 응답하였다.

〈표 1-1〉 조사대상자의 일반적 특성

변수	구분	빈도(%)	변수	구분	빈도(%)
성별	남	145(48.3)	부 직업 구분	회사원	155(55.6)
	여	155(51.7)		전문직	51(18.3)
	계	300(100.0)		경영/자영업	23(8.2)
부 연령	42세 이하	83(28.9)		서비스판매기타	50(17.9)
	43-45세	114(39.3)		계	279(100.0)
	46세 이상	93(32.1)	모 직업 유무	유	184(61.5)
	계	290(100.0)		무	115(38.5)
	평균(SD)	44.5(3.5)세		계	299(100.0)
모 연령	40세 이하	130(45.0)	거주 형태	아파트	208(69.3)
	41-42세	60(20.8)		주택/빌라 등	92(30.7)
	43세 이상	99(34.3)		계	300(100.0)
	계	289(100.0)	주관적 경제 인식	중층 이하	109(36.5)
	평균(SD)	41.3(3.4)세		중상층	143(47.8)
부 학력	고졸 이하	112(38.6)		상층 이상	47(15.7)
	초대졸 이상	178(61.4)		계	299(100.0)
	계	290(100.0)			
모 학력	고졸 이하	129(44.8)			
	초대졸 이상	159(55.2)			
	계	288(100.0)			

제2장
프리틴 소비자의 자아개념

소비자는 자신의 자아개념과 일치하는 브랜드를 구매하려는 경향이 있으며, 자신의 자아개념을 유지하거나 고양시키기 위하여 특정 제품을 구매하며, 새로운 자아상을 만들거나 자신의 이미지를 향상시키기 위해 상품이 가지고 있는 이미지와 상징적 의미에 기초하여 구매를 결정하기도 한다(구승회, 2011). 이 장에서는 자아개념의 정의와 자아개념을 소비행동의 중요한 관련변수로 다룬 선행연구들을 고찰하고, 울산 프리틴 소비자의 자아개념을 분석하였다.

1. 자아개념의 정의

Cooley와 Mead는 개인은 타인들이 자신을 어떻게 대하는가를 관찰함으로써 자아개념을 발전시킨다고 하였다. 어린 시절에는 부모와 형제자매가 자아개념을 결정하는 데 가장 큰 영향력을 행사하고, 성장하면서 친구와 선생님 등의 영향을 받는다(고영복, 2000). 미국의 사회학자인 Cooley는 대인관계 속에서 자리잡아가는 자아의 역동성을 거울자아(Looking glass self)라고 하였다. 우리는 많은 사람과 인간관계를 맺으면서 살아간다. 내가 관계를 맺은 사람의 눈에 비친 나의 이미지를 나 스스로 흡수하여 자아의 일부분으로 삼게 된다. 남들이 바라보는 나의 모습, 남들이 내게 기대하는 그 모습을 나의 실제 모습으로 흡수하는 것이 거울자아이다.

미국의 심리학자인 Arthur Beaman 등은 실제 거울을 갖고 이 가설을 시험해 보았다. 미국의 핼러윈 날에는 아이들이 귀신이나 유령처럼 분장한 후 집집마다 돌아다니면서 사탕이나 쿠키를 받아 가는 풍습이 있다. 연구진들은 실험에 참여한 집 앞에 쿠키가 잔뜩 들어 있는 그릇을 놓은 후, 집주인에게 아이가 오면 이렇게 맞이하라고 지시했다. "이름이 뭐지? 아, 그래. 아줌마가 지금 몹시 바쁘니까 쿠키 딱 한 개만 집어 가렴." 그리고 아줌마는 집 안으로 들어가 버리고, 쿠키를 몇 개 가져갈지는 전적으로 아이에게 맡겼다. 연구자들은 실험에 참여한 18개의 주택 중 9개에만 거울을 설치해서 아이가 자기 모습을 비춰볼 수 있게 하였다.

예상대로 많은 아이들이 지시를 어기고 쿠키를 두 개 이상 집어 갔지만, 거울을 설치해놓은 집에선 이 비율이 절반 이하로 떨어졌다. 지키는 사람도, 지켜보는 사람도 없었지만 아이는 거울에 비친 자신의 모습을 볼 때 쿠키 하나만 집어 가라고 했던 집주인 아주머니의 시각으로 자신을 보았던 것이다. 거울을 통해 아주머니가 자신에게 기대하는 바를 내재화했고, 스스로의 행동을 규제할 수 있었다. Cooley에 의하면 어린 아이는 자신을 둘러싼 주변 사람들에게 비치는 자신의 파편들을 하나하나 주워 모아 내재화함으로써 자아 정체성을 형성해가고, 성인이 되어서도 다른 사람의 시각을 통해 자신을 바라보며, 반은 의식적으로 반은 무의식적으로 주변 사람의 기대에 부합하는 사람으로 살아간다(정성훈, 2011).

Mead와 Touraine는 사회나 구조, 다른 사람의 영향을 받아 형성된 자아를 객관적 자아 또는 목적격 나(me, Moi)로, 사회나 구조, 다른 사람의 영향과 무관한 개인 고유의 자아를 주관적 자아 또는 주격 나(I, Je)로 구분한다. Mead는 주관적 자아를 다른 사람과 구별되는 나로 정의하고, 객관적 자아를 공동체에서 다른 사람들을 대하는 태도들의 집합으로 정의하고 있다. 행위의 우연적인 측면은 주관적 자아에 의해 일어나고 결정된 행위의 측면은 객관적 자아에 의해 일어난다. Mead와는 정반대로 Touraine에게 주관적 자아와 객관적 자아는 인간관계의 상호작용이 아니라, 현대성의 요구에 매몰되어 있는 현대성을 조명하기 새로운 현대성을 창조하기 위한 것이다. Touraine은 객관적 자아는 사회에 의해서 부정적인 영향을 받은 부분이고, 주관적 자아는 객관적 자아에 대한 부정적인 영향을 반성하는 부분이라고 하였다. 객관적 자아는 주관적 자아의 반성에 의해 비판되고 수정되어야 할 부분이다. 이처럼 Mead와 Touraine의 주관적 자아와 객관적 자아의 구성은 서로 대조적이다. Mead에게 객관적 자아는 일반화된 타자를 내면화한 것이고, 주관적 자아는 일반화된 타자를 바탕으로 하되 창조적이고 비판적으로 행동한다. Touraine에게 객관적 자아는 부정적인 사회적 역할을 수용하고 있는 자아의 부분이고 주관적 자아는 객관적 자아의 부정적인 사회적 역할을 반성하는 주체이다(이홍균, 2005).

자아개념은 사람이 자기 자신에 대해 갖는 의미, 느낌, 태도 등을 포괄하는 것으로, 사람들이 자신의 능력이나, 특성, 취약점, 외관, 개성 등에 관한 총체적 인식이라고 정의할 수 있다(Rosenberg, 1979). Purkey(1970)는 개인이 자신에 대해 가지는 신념, 태도, 견해들의 총체로서 한 개인이 자신의 행동, 능력, 신체 등에 대한 태도, 판단, 가치의 집합체로 정의하고 자아개념은 성격형성에도 중요한 부분을 차지한다고 하였다.

James(1980)은 자아는 인간이 자신의 것이라고 할 수 있는 신체 특성과 능력, 물질적 소유, 가족, 친구, 직업, 취미 등을 종합한 것이라고 정의할 수 있다는 점에서 경험적 객체(empirical me)와 동의어가 될 수 있다고 하였다. 그는 자아를 외부의 영향을 받지 않고 자신이 가지고 있는 기질로 현재의 단순한 조합이 아니라 과거의 기억을 통한 사고라고 할 수 있는 순수자아(I)와 외부의 영향, 특히 타인에 의하여 객관적으로 알려진 것들을 종합해서 만들어지는 객관적이고 경험적 자아(Me)로 구분했다(김호경, 2001).

Brown, Mangelsdorf, Neff, Schopper-Sullivan, & Frosch(2009) 등과 같은 아동학자들은 자아개념은 생의 초기에 발달하기 시작하여 유아기에 매우 구체적이고 확고하게 형성하게 되며, 이렇게 형성된 자아개념은 지속적으로 유지된다고 하였다. 그러나 James(1980)는 사람들은 자신이 관계하는 사물이나 사람들로부터 정서적으로 영향을 받고, 사회관계나 물질적 소유관계도 지속적으로 변화하기 때문에 자아개념도 다이아몬드처럼 변하지 않는 것이 아니라 끊임없이 변화한다고 보았다.

자아개념에 관한 연구결과를 종합하면 대부분의 학자들이 소비자는 하나 이상의 자아개념을 가진다는 견해에는 동의하나 학자들마다 주장하는 자아개념의 종류가 다르다는 것을 알 수 있다. Higgins(1987)는 자아불일치이론에서 인간은 실제자아, 이상적 자아, 의무적 자아 사이에서 괴리감을 느끼고 있으며, 이러한 불일치를 줄이려고 애쓴다고 하였다. Sirgy(1982)는 소비자행동과 관련된 자아개념은 현실적 자아, 이상적 자아, 사회적 자아, 이상적/사회적 자아, 기대된 자아, 상황적 자아, 확장된 자아, 가능한 자아 등으로 구분될 수 있다고 하였다.

송인섭(1989)은 자아개념은 개인이 환경과의 경험을 통하여 발달한 자신을 지각한 것이기 때문에 다차원적인 구조를 가진다고 하였다. 일반적인 자아개념은 학문 자아개념, 타인 자아개념, 정의적 자아개념으로 구성되고, 학문 자아개념은 학급 자아개념, 능력 자아개념, 성취 자아개념으로, 타인 자아개념은 사회 자아개념과 가족 자아개념으로, 정의적 자아개념은 정서 자아개념과 신체 자아개념으로 구성된다고 하였다.

청주교대 부설 충청교육연구소는 충북지역 64개 학교 학생 3907명(초등학교 6학년생 1801명, 중학교 3학년생 1134명, 고등학교 2학년생 972명)을 대상으로 한 조사에서 가정의 경제적 지위가 낮을수록 자아개념이 낮고, 이렇게 낮은 자아개념은 학업에도 영향을 미칠 수 있다고 하였다. '나는 즐거운 마음으로 학교공부를 한다'는 문항의 학업 자아개념은 경제적 수준이 상층(3.76)에서 하층(2.94)으로 갈수록 낮아지는 것으로 드러났다. '나는 다른 사람과 어울리기를 좋아한다' 등을 묻는 사회 자아개념은 경제 수준이 높은 학생의 경우 평균 4.12점이었으나, 낮은 학생의 경우 평균 3.67로 나타나, 경제 수준에 따른 차이의 폭이 가장 컸다(동양일보 2015년 1월 7일).

2. 자아개념과 소비행동

소비자에게는 제품의 사용을 통하여 자신을 표현하고자 하는 욕구가 있다. 소비자들은 제품을 통하여 자신의 개성이나 자아, 사회적 지위나 신분 등을 표현하고자 한다. 소비자는 자신이 소유하고 있는 물품을 통하여 자신의 자아 개념을 능동적으로 창조하고 자아정체성을 강화하고 표현하며, 자신을 다른 사람들과 차별화하고, 개인적 특성을 남에게 보이려는 심리적 욕구를 충족시킨다(최낙환과 이창원, 2007).

자아개념은 인간이 처해있는 주변 환경을 해석, 수용, 평가로 사용되는 준거의 틀이자 기준이 되기 때문에 소비자행동에 영향을 미치는 중요한 변수의 하나가 되고 있다. Grubb and Grathwohl(1967)는 소비자는 자아개념이 다를 경우 욕구가 동일함에도 불구하고 다른 제품이나 상표를 선택하거나 사용한다는 점에서 자아개념에 따라 시장세분화를 할 수 있다고 하였다. 소비자들은 자아개념을 유지하고 강화할 수 있는 기업의 제품과 서비스를 구매하는 경향이 있다는 사실이 많은 연구를 통하여 밝혀졌고(Graeff, 1996; Helgeson과 Magne, 2004), 소비자들도 자신의 자아이미지가 반영된 소비행동을 하고 있다고 인지하고 있는 것으로 나타났다(Atman과 Ulengin, 2003).

박양우(2010)는 문화관광축제 관람객을 대상으로 지각되는 축제 이미지와 자아 이미지의 일치성이 만족도와 행동의도에 미치는 영향을 연구하였다. 축제 관람객의 축제이미지-실제적 자아이미지 일치성 중 고전적 요인은 정적으로, 정서적 요인은 부적으로 만족도와 행동의도에 영향을 미치는 것으로 타났으며, 축제이미지-이상적 자아이미지 일치성 중에서는 활력적 요인과 정서적 요인이 만족도 및 행동의도에 모두 부적으로, 고전적 요인이 행동의도에 정적으로 영향을 미쳤다. 축제이미지-자아이미지의 일치성 요인과 관광객 만족도 및 행동의도 간의 관계에서는 축제상품에 대한 개인적 관심 또는 심리상태로 설명되는 관여도가 완전매개효과를 가진다는 결과가 나왔다.

소비자는 다른 사람들에게 특별한 인상을 전달하고 자신의 의도를 알리기 위한 비언어적 신호로 외모관리 행동을 한다(Aune과 Aune 1994). 대중매체에 의하여 만들어진 아름다운 몸은 마른 몸매를 의미하고 있다. 영미권에서 thigh gap이라고 불리는 마른 몸매에 대한 환상은 과도한 다이어트를 유발해 여성들의 건강을 위협한다는 점에서 사회문제가 되고 있다. 2014년 12월 31일에 영국의 광고심의기구 ASA(Advertising Standards Authority)는 다국적 의류판매 업체 얼반아웃피터즈에 "허벅지가 너무 말라 건강해 보이지 않는 모델의 이미지를 사용했다"며 온라인 판매 사이트에 게재된 속옷 모델의 이미지를 삭제할 것을 요구했다(머니투데이 2015년 1월 7일). Higgins 등(1985)는 실제적인 자신의 모습과 타인에게 보이고 싶은 자신의 모습이 일치하지 않을 때 비만관리 행동을 하게 된다고 하였다.

정형식, 김영심(2006)은 소비자를 자아통제감이 높은 집단과 낮은 집단으로 분류하여 비만관리행동과 관련된 자아개념을 통한 자아이미지 일치감 및 주관적 규범이 비만관리의 태도형성과 행동 및 성과에 미치는 인과관계를 일반소비자와 실제 전문비만관리 시설에서 비만관리를 하고 있는 소비자를 대상으로 조사하여 검증하였다. 자아통제감이 높은 집단과 낮은 집단 모두에서 자아이미지 일치감은 비만관리에 대한 태도형성에는 의미있는 영향을 미쳤으나 비만관리 행동에는 의미있는 영향을 미치지 않았다. 자아통제감이 낮은 집단에서는 주관적 규범이 비만관리에 대한 태도와 비만관리 행동에 모두 직접적인 영향을 미쳤으나 자아통제감이 높은 집단에서는 주관적 규범이 비만관리 행동에만 영향을 미쳤다. 자아통제감이 높은 집단에서만 비만관리에 대한 태도가 비만관리 행동에 정적인 영향을 미쳤고, 자아통제감이 높은 집단과 낮은 집단 모두에서 비만관리 행동이 비만관리 성과에 의미있는 영향을 미쳤다. 이들의 상대적 영향력을 비교한 결과, 자기통제감 고집단보다 더 큰 영향력을 나타내 소비자의 비만관리 행동의 성과를 높이기 위해서는 자기통제감의 역할이 크다는 것을 알 수 있다.

류숙희(2003)은 대학생 300명을 대상으로 자아개념, 의복태도, 의복구매행동의 요인을 파악하고 자아개념과 의복태도 및 의복구매행동과의 상호관계를 분석해서 다음과 같은 결론을 얻었다. 자아개념은 자기확신형, 호감형, 주관형, 비관형과 같은 4개 요인으로 분류되었다. 자아개념 요인중 자기확신형, 호감형,

주관형의 경우 성별에 따라 의미있는 차이가 나타났으나, 비관형은 의미있는 차이가 나타나지 않았다. 여자 대학생에 비해 남자 대학생이 자신에 대하여 더 확신과 호감을 갖고 주관적으로 평가하는 것으로 나타났다.

의복태도는 의복관심형, 의복과시형, 합리적 코디형, 타인의식형, 검소형의 5가지 요인으로 분류되었고, 의복구매행동은 브랜드선호형, 쇼핑유희형, 확신결여형, 경제성 추구형, 충동구매형의 5가지 요인으로 분류되었다. 남자 대학생의 경우 자기확신형은 합리적 코디형이 많았으나, 타인의식형은 적었다. 자신에게 호감을 가질수록 의복에 관심을 가지며 만족해했고, 의복을 통해 자신을 과시하는 경향을 보였으며 합리적으로 의복을 코디하는 것으로 나타났다. 주관형은 합리적 코디형은 많았으나, 타인의식형은 적었다. 비관형은 의복에 관심을 많이 가졌고, 의복을 통하여 과시하는 태도를 가지고 있었고, 타인을 의식하는 의복태도를 가지고 있었다. 여자 대학생의 경우 자신에 대하여 확신을 하는 여대생일수록 의복을 통해 자신을 과시하려는 태도를 가지고 있었다. 호감형은 의복을 합리적으로 코디하는 태도를 가지고 있었고 주관형은 의복을 통한 과시경향과 쇼핑을 할 때 가격에 민감한 것으로 나타났다. 류숙희와 이미경(2004)은 성별로 구분해서 자아개념과 의복구매행동간의 관계를 분석하였다. 남학생의 겨우 비관형은 브랜드를 선호하는 구매행동을 하고 있었고, 호감형은 충동구매 성향을 보였다. 여학생의 경우 주관형은 충동구매성향이 적었으나, 비관형은 충동구매성향이 높았다.

권유진(2010)은 부르디외의 문화자본이론을 의복소비 연구에 적용하여 소비자의 의복취향을 이론화하기 위하여 16명의 중류, 중상류층 소비자를 대상으로 하여 심층면접을 하였다. 철학에서는 취미를 예술작품에서 미를 발견하는 미적 능력으로 정의했고, 사회학자들은 취향을 다양한 문화 상품들에 대한 성향, 실제로는 길러졌으나 타고난 듯 보이는 성향이라고 개념화했다. 전반적으로 의복에서의 취향은 길러지는 것으로 소비행동들에 영향을 미치는 것으로 나타났다. 참가자들은 취향이 어떻게 자아 개념과 연관이 있는지, 왜 특정 품목이나 스타일을 좋아하는지를 기술했다. 참가자들은 자신의 취향이 어떻게 집단에 동조하고자 하는 욕구와 자신을 차별화하고자 하는 욕구의 양면성을 보여주고, 시대의 흐름과 같이 가고, 의복에서의 동기를 실현시키는 외모관리 전략들에 관해 기술했다. 문화자본의 원천인 양육, 교육과 자본에 따라, 참가자들은 적합하게 옷을 입는 것에 대한 민감성, 의미를 형성하고 소통하는 능력에 차이를 보였다. 문화자본이 높은 집단은 낮은 집단보다 더 복잡하고, 미적인 의생활소비를 더 하는 것으로 나타났다.

이수철과 이은경(2009)은 Cooley(1902)의 자아개념이론, Bem(1967)의 자기지각이론, Festinger(1954)의 사회비교이론, Tesser(1988)의 자기평가유지이론, Higgins(1987)의 자기불일치이론 등을 통하여 자아개념의 형성에 타인이 상당한 영향을 미친다는 점에서 피복행동이나 패션에 대한 인식, 유명 브랜드 선호 등과 관련된 소비자행동은 자아개념과 밀접한 관련이 있다고 하였다. Graeff(1996)는 소비자의 자아개념과 일치하는 제품, 상표, 이미지를 강조하는 마케팅활동을 통하여 소비자의 구매력을 제고시킬 수 있다고 하였고, Helgeson와 Magne(2004)는 소비자들은 자신의 자아개념, 이미지 또는 개성과 일치하는 제품을 더 선호하는 경향을 보인다고 하였고, Atman and Ulengin(2003)은 소비자행동에는 소비자의 자아이미지가 반영되어 있다고 하였다.

신재욱과 신민철(2012)은 독립적 자아성향, 상호적 자아성향, 보편적 자아성향, 자아존중감, 자아일치성과 같은 다양한 자아개념과 환경변수들을 포함하여 녹색소비자를 자아불분명/회의적, 독립적/녹색소비주의, 상호적/회의적, 보편적/녹색소비주의 등과 같은 4개의 집단으로 유형화하여 각 집단의 특성과 인구통계학적 특성을 밝혔다. 불분명 또는 이중적인 자아를 소유하거나 이타주의적 성향이 강한 사람들에게 활발한 그린마케팅전략을 실행하기 보다는, 개인주의적 성향이 강하거나 생태적 감수성이 높은 사람들을 대상으로 친환경전략을 실행하는 것이 더 효율적이고 효과적이라고 결론을 내렸다.

김다솜, 황춘섭, 황지현(2011)은 대학생들의 사회적 자아개념이 명품 브랜드 모조품 소비행동에 미치는 영향을 조사하였다. 응답자의 57.6%가 명품 브랜드 모조품을 구입한 경험이 없는 것으로 나타났으며, 사회적 개념이 높을수록 구입경험이 더 낮은 것으로 나타났다. 대학생의 명품 브랜드 모조품에 대한 태도는 사회적 부정, 정서적 부정의 두 가지 요인으로 구성되었으며, 사회적 자아개념이 높을수록 명품 브랜드 모조품에 대한 사회적 부정 태도가 더 높아지는 것으로 나타났다. 사회적 자아개념이 높을수록 모조품의 구매만족도와 모조품의 구매의도가 낮았다.

Markus와 Kitayama(1991)는 자신을 스스로 어떻게 인식하는 가를 의미하는 자아해석은 독립적 자아해석과 상호의존적 자아해석으로 구분된다. Triandis 등(1988)은 개인적 자아개념의 수준에서 보면 독립적 자아해석은 자기본위(idiocentricity)라고 할 수 있고, 상호의존적 자아해석은 객상본위(allocentricity)라고 할 수 있다고 주장했다. 자기본위는 자아정체성과 사생활을 중시하고, 객상본위는 집단소속감, 상호의존 및 타인의 시각을 더 중요하게 여긴다(Triandis, 1994).

심성욱, 김대희, 신일기(2008)은 집단본위 성향은 높고, 자기본위 성향은 낮은 문화적동화인(culturally congruent), 객상본위 성향은 낮고, 자기본위 성향은 높은 문화적 상이인(culturally deviants), 객상본위 성향과 자기본위 성향이 모두 높아 균형감이 있고, 특별히 융통성이 좋으며 긍정적 성향을 지닌 양문화인(bicultural) 및 객상본위 성향과 자기본위 성향이 모두 낮은 양쪽의 문화적 측면을 모두 반대하는 양문화소외인(culturally alienated)으로 자아개념을 유형화하고, 광고태도, 브랜드태도, 구매의도가 자아개념 유형에 따라 어떠한 차이를 보이는지를 실험연구를 통하여 분석한 결과 광고태도, 브랜드태도, 구매의도는 자아개념 유형에 따라 의미있는 차이가 있었다. 개인주의의 특성과 집단주의의 특성이 동시에 높게 나타난 양문화 동화인 집단의 광고태도와 브랜드태도가 가장 긍정적으로 나타났다.

박소영, 정기한, 박귀정(2012)는 소비자의 자아개념과 기업개성의 동일시가 개별브랜드에 대한 소비자의 브랜드 애착과 충성도에 미치는 영향을 실증적으로 검토하였다. 연구결과를 보면 기업개성의 4차원 가운데 선도와 공헌요인이 소비자와 기업 간의 동일시에 통계적으로 유의미한 영향을 미치는 것으로 나타났다. 이러한 결과는 소비자들이 기업의 전문적이고 발전적인 능력과 사회공헌활동을 의사결정과정에서 중요한 단서로 고려하기 때문에 이에 대한 기업의 전략적 관심이 필요함을 시사한다. 다음으로 기업에 동일시를 느끼는 소비자는 해당 기업의 개별브랜드에 대해서도 애착관계를 형성하고, 형성된 애착은 브랜드 충성도로 이어지는 것으로 나타났다.

신수경과 최경남(2014)은 유치원에 재원 중인 만 5세 유아 228명을 대상으로 하여 유아의 자아개념 및 자기조절능력이 휴대폰중독에 미치는 영향을 분석하였다. 유아의 자아개념이 긍정적일수록 휴대폰 중독에 덜 걸리는 것으로 밝혀졌다. 자아개념의 하위영역별로 보면 친구 관계자아와 일반자아가 긍정적일수록 휴대폰 중독에 덜 걸리는 것으로 나타났다. 또한 자기를 조절할 수 있는 능력이 클수록 휴대폰 중독에 덜 걸리는 것으로 나타났는데, 특히 자기조절능력의 하위영역인 자기평가 및 정서성이 휴대폰중독과 부적 상관관계가 있는 것으로 나타났다.

구승회(2011)는 우리 사회에 불고 있는 명품브랜드의 모조품 열풍이 소비자의 소비성향과 어떻게 연결되어 있으며, 소비성향이 모조품 구매의도에 어떠한 영향을 주고 있는지를 분석 하였다. 특히 소비자들의 과시적 성향, 물질주의, 준거집단의 영향, 자아개념과 같은 소비성향들이 모조품 구매의도에 미치는 영향을 알아보았다. 또한 소비자가 가지는 자아존중감의 정도에 따라 소비성향과 모조품 구매의도간의 관계가 어떻게 조절되는지도 알아보았다. 젊은층일수록 구매행동에 있어 준거집단의 영향력이 크고, 저학력 집단일수록 모조품 구매의향과 보이기 위한 과시적 소비성향이 강하게 나타났다. 소비유형에 따른 구매의도와의 연결고리에서는 4가지 소비자의 소비유형 중 준거집단의 영향력만이 명품브랜드 모조품 구매의도에 영향을 미치는 요인으로 나타났다. 자아존중감의 조절효과를 살펴본 결과 자아존중감이 낮은 집단일수록 상대적으로 명품브랜드 모조품의 구매의도가 높은 것으로 나타났다.

현실에서 자아는 가족과 사회의 역할 기대 속에서 성장하기 때문에 정체성이 기존의 규범을 벗어나기가 쉽지 않다. 현실 공간 보다 여러 가지 제약이 적은 가상공간에서 소비자는 자아를 자신이 원하는 방향으로 사회의 규범보다는 자신만의 기준으로 만들 수 있다. 따라서 기존의 사회 규범에 순응되어 있는 자아를 가진 소비자도 가상공간에서는 현실과 전혀 다른 행태를 보이는 자아를 생성할 수도 있다(김난도·박상희, 2005).

개인적 소유물로서 미니홈피나 게임 아이템의 의미와 가치는 현재의 자아를 표현할 뿐 아니라 또 다른 자아를 형성하는 것을 돕는다. 즉 구매가 자아표현을 위한 매체가 되기 때문에 소비자는 자아개념에 맞는 상품을 소비하게 되며, 아바타나 게임 아이템 소비도 소비자 개인에게는 '확대된 자기'와 같은 의미를 가지게 된다는 인식이 확산되면서(박유진, 2007), 자아개념과 아바타 소비의 관계를 밝히는 연구들이 이루어졌다.

아바타 꾸미기의 소비경험을 연구한 유창조(2003)는 소비자의 자아개념과 관련하여 아바타는 자신의 현실적인 모습으로, 평소 표현하지 못했던 모습으로, 또는 이상적인 모습으로 표현될 수 있다고 보고, 현실에서 소비자가 인지하는 자아이미지와 가상공간에서 표현되는 아바타의 이미지를 비교해 봄으로써 소비자들의 자아개념이 아바타를 통하여 어떻게 반영되는가를 분석하였다. 그 결과 인간은 타인과의 관계 속에서 자신의 모습을 조명하며 따라서 인간은 자기자신의 본래의 모습과 타인을 의식한 모습을 끝없이 연출하게 되는데 가상공간에서 아바타는 자신의 또 다른 모습으로 존재하게 된다고 하였다. 아바타를 통하여 이상적 자아의 모습과 평소 표현하지 못했던 모습의 연출이 시도되기도 하고 타인의 시선을 확보하기 위한 표현이 시도 되기도 한다고 하였다.

김호경(2001)은 세이클럽 이용자들을 대상으로 아바타에 대한 자아개념과 아바타와 현실의 자신과의 관계, 아바타에 대한 자아표현, 자신의 아바타에 대한 타인의 의식에 대하여 10대와 20 · 30대 집단이 서로 다른 성격을 가진다고 하였다. 10대의 경우 20 · 30대 집단에 비해 아바타를 자신의 분신, 즉 현실의 자아와 동일시하는 경향이 큰 것으로 나타났다. 또한 자신이 꾸민 캐릭터에 대한 다른 이용자들의 반응에 민감하며 다른 사람들이 인정하면 자신의 아바타에 대하여 더 만족하고 애착도 더 강하게 가지는 경향이 있었다.

박유진(2007)은 소비자들의 인터넷 아이템 이용 동기가 자아개념에 따라 어떻게 차이가 나는지를 분석하였다. 현실적 자아와 이상적 자아가 일치하는 사람의 경우 자기표현 동기가, 일치하지 않는 사람의 경우는 동조 동기가 아이템 소비의 만족에 영향을 주는 것으로 나타났다. 또한 지속적인 아이템 이용의도의 경우에 자기표현동기와 재미추구동기가 영향을 미치는 것으로 나타났는데, 이는 자아개념을 표현하는 수단으로 아이템을 지속적으로 이용하고자 한다는 것을 의미한다고 하겠다.

디지털음악 소비자들은 단순히 음악을 감상하기 위해서가 아니라 자아를 표현하기 위한 수단으로 음악을 소비하고 있을 뿐 아니라, 음악을 통하여 다른 사람들의 자아도 판단하고 있었다. 특히 다른 사람이 꾸며 놓은 배경음악을 통해 그 사람에 대해 판단하고, 자신이 꾸미기 음악을 사용할 때도 다른 사람이 어떻게 판단하고 평가할 것인가를 의식한다고 하였다. 다시 말하면 온라인 음악을 소비할때도 과시적 면이 나타나고 있었다(박유진과 채지영, 2005).

서은주 · 박상희 · 이은희(2008)는 구매의 또 다른 공간인 인터넷 공간에서 초등학생들의 아이템구매행동을 알아보기 위하여 아이템구매행동의 중요한 심리적 변수인 자아개념을 이용하여 그에 따른 아이템 구매 행동 및 자기평가를 분석하였다. 초등학생들은 자신의 정서, 신체적 측면에서, 학교생활을 비롯한 친구관계 측면에서, 성적과 관련된 학업 측면에서, 가족 간의 사랑, 가정에서의 자신의 중요도등 가정생활측면에서 자아개념을 형성하고 있었다. 자아개념이 높은 유형, 중간인 유형, 낮은 유형으로 나누어 조사대상자의 특성을 살펴본 결과 자아개념은 4학년이 6학년보다, 용돈이 많을수록 높았다. 성적은 자아개념이 높을수록 좋았으며 하루 인터넷 사용시간은 자아개념이 높은 유형이 가장 짧았다.

용돈의 경우 용돈을 많이 주면 풍족한 삶을 누릴 수 있어 긍정적 자아개념을 가질 것이라는 예상과 달리 용돈이 많을수록 자아개념은 낮게 나타난 결과는 자아개념이 물질적인 풍요로만 이루어지지 않는다는 것을 보여주며 이러한 결과는 물질만능주의에 젖어있는 부모세대에서 시사하는 바가 크다. 또한 성적이 낮으면 자아개념도 낮게 나타나 자아개념 형성에 성적이 중요한 변수로 작용하였다. 이는 개인의 장점이나 특성을 떠나 성적으로 모든 것을 평가는 학교현실을 반영한 것으로 생각되며 따라서 앞으로는 성적외에 학생들이 지닌 장점을 인정해주고 높이 평가함으로서 모든 학생들이 긍정적 자아개념을 가질 수 있는 분위기 조성에 학교와 가정의 많은 관심과 노력이 필요함을 시사한다.

비합리적 구매행동은 자아개념과 부적관계를 갖는 반면 비합리적 구매행동일지라도 자신의 행동에 대한 평가인 자기평가와는 정적관계를 갖는다는 점이다. 이는 자아개념이 높은 학생들이 비합리적 구매인 충동구매와 모방구매를 덜 하며, 대신 비합리적 구매에 대한 자기평가는 높아 후회를 덜 하고 구매 후 부조화를 덜 경험함을 의미한다.

자아개념이 높을수록 비합리적 구매행동에 대한 자기평가도 높은 이유는 자신을 신뢰하기 때문에 자신의 행동이 비합리적이라 할지라도 자신의 행동을 바람직하게 평가하기 때문이라고 해석할 수 있다. 즉 자아개념이 낮은 학생보다 높은 학생이 비합리적 구매행동을 했을 경우 오히려 더 위험할 수 있다. 따라서 자아개념을 높게 형성해 합리적 구매행동을 유도하는 것도 중요하지만 자아개념이 높은 학생들이 비합리적 구매행동을 했을 경우에 자신의 행동을 합리화하지 않도록 소비자교육이 필요하다.

3. 울산 프리틴 소비자의 자아개념

1) 자아개념의 실태

초등학생들의 자아개념에 대해 16문항으로 측정하였다. 각 문항은 4점 리커트 척도로 특정되었고, 몇몇 문항의 경우 역코딩(reverse coding)을 하였기 때문에 점수가 높을수록 해당 문항에 대해 긍정적 자아개념을 가지는 것을 의미한다. 여기서 자아개념은 정의적 자아, 사회적 자아, 학업적 자아, 가정적 자아로 분류되었다.

<그림 2-1>은 정의적 자아개념의 각 문항에 대한 조사대상자들의 평균점수를 제시하고 있다. 자아개념 문항은 4점 리커트 척도로 측정되었기 때문에 3점의 경우 '그렇다'는 의미를 나타낸다. 정의적 자아개념 5 문항 모두 평균점수가 3점을 넘기 때문에 조사대상 학생들은 각 문항에 대해 비교적 긍정적으로 생각하고 있음을 알 수 있다. 특히 '나 자신을 믿을만한 사람이라고 느낀다'의 경우 평균점수가 3.29점으로 가장 높게 나타났으며, '앞으로 훌륭한 사람이 될 수 있다'와 '나 자신을 괜찮은 사람이라고 생각한다'의 경우에도 3.2점 이상으로 나타났기 때문에 조사대상 학생들은 자신에 대해 긍정적인 자아개념을 가지고

있다고 볼 수 있다.

<그림 2-2>는 사회적 자아개념의 평균점수를 제시하고 있다. 사회적 자아개념의 경우에도 평균점수가 3.33점으로 조사대상 학생들은 비교적 긍정적으로 평가하였음을 알 수 있다. 사회적 자아개념 4 문항 중 '친구들은 나와 함께 놀기를 좋아한다'의 경우 평균점수가 3.44점으로 가장 높았고, '사람과 잘 어울린다'와 '학교생활에 매우 자신 있다'의 경우에도 평균점수가 3.3점 이상이

〈그림 2-1〉 정의적 자아개념 평균점수

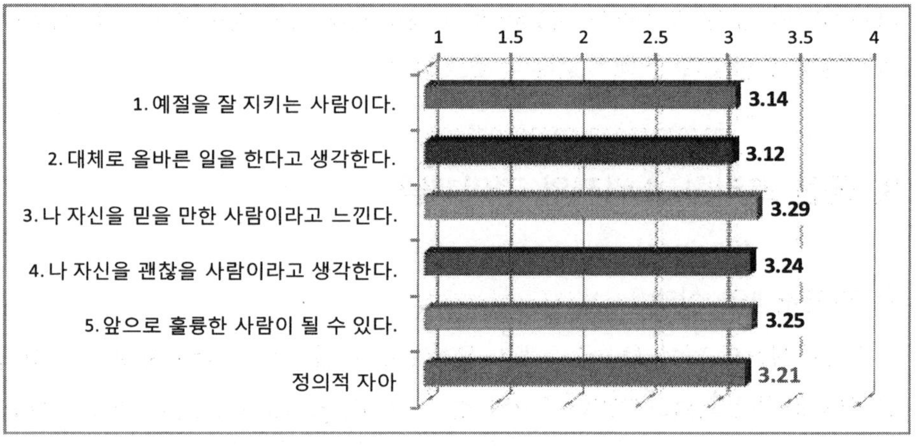

〈그림 2-2〉 사회적 자아개념 평균점수

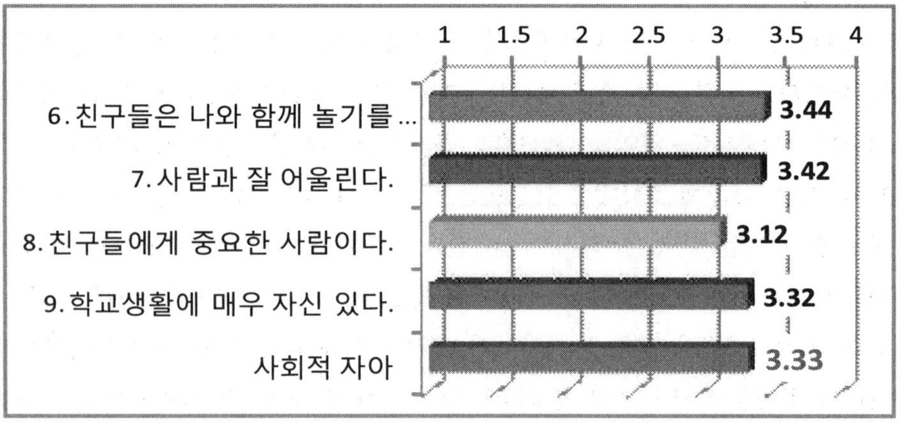

므로 조사대상 학생들은 사회적 자아개념도 긍정적으로 평가하고 있음을 나타낸다.

<그림 2-3>은 학업적 자아개념의 평균점수를 제시하고 있다. 앞의 정의적 자아개념 및 사회적 자아개념과 달리 학업적 자아개념의 점체평균은 2.86점으로 3점이하로 나타나서 조사대상 학생들은 학업적 자아개념에 있어서 긍정적이지도 않고 부정적이지도 않은 중간적으로 평가하였음을 나타낸다. 개별문항에 있어서 '학교에서 좋은 성적을 받고 있다고 생각한다'와 '다른 아이들보다 공부를 더 잘 할 수 있다'에서 평균점수가 2.9점이상으로 상대적으로 높은 반면 '공부를 잘 한다' 문항의 경우 2.73점으로 상대적으로 평균점수가 낮게 나타났다.

〈그림 2-3〉 학업적 자아개념 평균점수

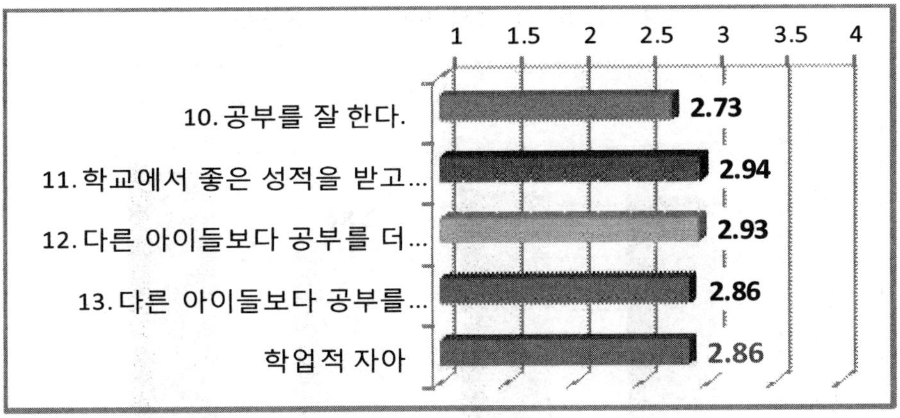

<그림 2-4>는 가정적 자아개념의 평균점수를 보여주고 있다. 가정적 자아개념의 경우 평균점수가 3.55점으로 앞의 세 가지 자아개념 평균점수보다 상대적으로 높음을 알 수 있다. 문항 14번과 15번은 역코딩을 하였기 때문에 해석에 주의할 필요가 있다. 조사대상 학생들은 '나는 행복한 가정에서 산다'와 '집에서 나에게 관심을 가져준다'의 문항에서 3.58점으로 긍정적으로 응답하였기 때문에 전반적으로 조사대상 학생들은 긍정적인 가정적 자아개념을 가지고 있다고 판단된다.

〈그림 2-4〉 가정적 자아개념 평균점수

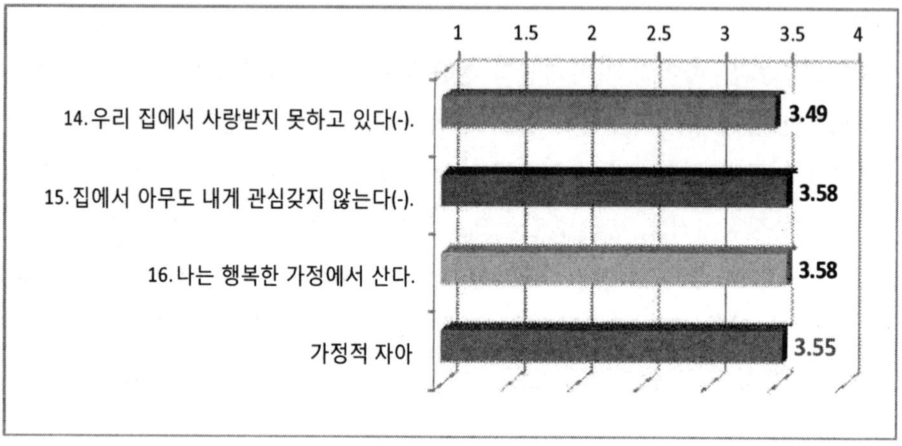

〈그림 2-5〉 네 가지 자아개념의 평균점수

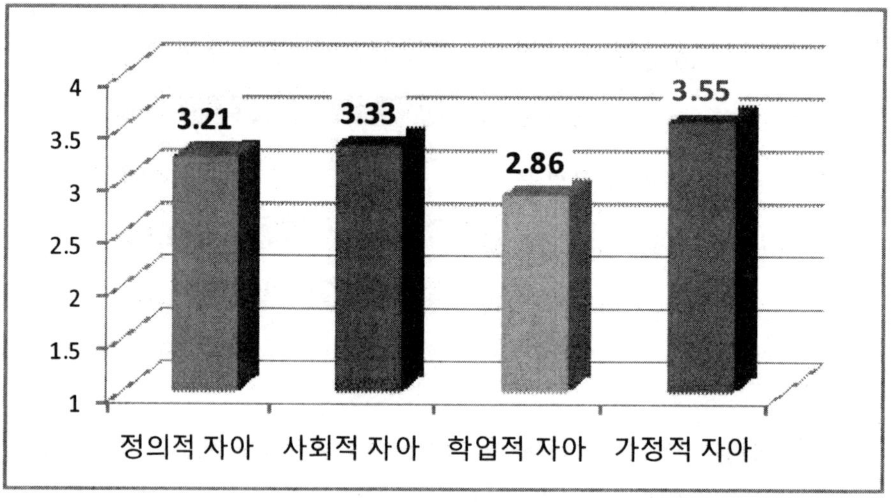

<그림 2-5>는 네 가지 자아개념의 평균점수를 보여주고 있다. 울산 프리틴 소비자의 경우 가정적 자아의 평균점수가 3.55점으로 가장 높았고 다음이 사회적 자아(3.33점), 정의적 자아(3.21점), 학업적 자아(2.86점)의 순으로 조사되었다. 학업적 자아개념을 제외한 나머지 3가지의 자아개념 평균이 3점 이상이므

로 조사대상 학생들은 자신이 가정에서 사랑받고 있고 행복하다고 느끼며, 자신에 대해 믿고 괜찮다고 생각하며, 친구들과 잘 어울리는 사회적 관계를 형성하고 있다고 생각하고 있는 것으로 나타났다. 이에 근거해 볼 때 조사대상 학생들의 자아개념은 긍정적으로 바람직한 결과를 보여준다고 할 수 있다.

2) 자아개념의 차원

<표 2-1>은 자아개념에 대한 요인분석 결과를 제시하고 있다. 자아개념 전체 16문항은 4가지의 요인들로 분류되었고, 각 요인들은 아이겐값 1 이상의 값을 가지며, 4가지 요인들은 전체 분산의 67.36%를 설명하는 것으로 나타났다. 첫 번째 요인은 예절을 잘 지키고, 올바른 일을 하고 있다고 생각하고, 자신을 믿을만 하고, 괜찮은 사람이라고 생각하고, 앞으로 훌륭한 사람이 될 수 있을 것이라고 생각한다는 점에서 '정의적 자아'라고 명명하였다. 두 번째 요인은 친구들이 나와 함께 놀기를 좋아하고, 사람과 잘 어울리고, 자신이 친구들에게 중요한 사람이고, 학교생활에 자신이 있어한다는 점에서 '사회적 자아'라고 명명하였다.

세 번째 요인은 공부를 잘 하고, 학교에서 좋은 성적을 받고 있고, 다른 아이들보다 공부를 더 잘 할 수 있고, 다른 아이들보다 공부를 못하지 않는다는 점에서 '학업적 자아'라고 명명하였다. 네 번째 요인은 집에서 사랑을 받고 있고, 집에서 자신에게 관심을 가지고 있고, 행복한 가정에서 살고 있다는 점에서 '가정적 자아'라고 명명하였다. 정의적 자아개념의 경우 5문항, 사회적 자아개념의 경우 4문항, 학업적 자아개념의 경우 4문항, 가정적 자아개념의 경우 3문항으로 구성되었다. 그리고 4가지 자아개념의 신뢰도 측정을 위한 크론바하 알파값도 .78~ .84로 나타나서 척도로서 신뢰할 만하다고 판단된다.

〈표 2-1〉 자아개념에 대한 요인분석 결과

문항(나는......)	요인1	요인 2	요인 3	요인 4	공통성
1. 예절을 잘 지키는 사람이다.	.82	.05	.06	.15	.69
2. 대체로 올바른 일을 한다고 생각한다.	.79	.06	.25	.08	.69
3. 나 자신을 믿을 만한 사람이라고 느낀다.	.68	.36	.17	.01	.63
4. 나 자신을 괜찮을 사람이라고 생각한다.	.66	.35	.10	.08	.57
5. 앞으로 훌륭한 사람이 될 수 있다.	.62	.33	.30	.06	.59
6. 친구들은 나와 함께 놀기를 좋아한다.	.13	.83	.04	.08	.71
7. 사람과 잘 어울린다.	.21	.82	.06	.14	.73
8. 친구들에게 중요한 사람이다.	.13	.73	.24	.15	.63
9. 학교생활에 매우 자신 있다.	.34	.71	.24	.08	.68
10. 공부를 잘 한다.	.28	.14	.83	-.04	.79
11. 학교에서 좋은 성적을 받고 있다 생각한다.	.25	,19	.80	-.02	.74
12. 다른 아이들보다 공부를 더 잘할 수 있다.	.30	.20	.71	.04	.64
13. 다른 아이들보다 공부를 못하는 거 같다(-).	-.09	.01	.68	.29	.55
14. 우리 집에서 사랑받지 못하고 있다(-).	.06	.06	.10	.89	.82
15. 집에서 아무도 내게 관심 갖지 않는다(-).	.02	.09	.10	.88	.78
16. 나는 행복한 가정에서 산다.	.23	.24	-.01	.65	.53
아이겐 값	3.06	2.92	2.63	2.17	
분산(%)	19.15	18.24	16.44	13.53	
전체 분산(%)	19.15	37.39	53.83	67.36	
요인명	정의적 자아	사회적 자아	학업적 자아	가정적 자아	
Cronbach' s α	.84	.84	.80	.78	

3) 사회인구학적 변수에 따른 자아개념

<표 2-2>는 사회인구학적 변수에 따른 자아개념의 차이를 분석한 결과이다. 정의적 자아개념의 경우 조사대상자의 성격성향과 주관적 경제인식에 따라 통계적으로 유의한 차이를 나타내었다. 자신의 성격이 외향적이라고 응답한 학생이 내향적이라고 응답한 학생보다 정의적 자아개념이 유의하게 높았다. 주관적 경제인식에 있어서 자신의 가정이 경제적으로 여유있다고 생각할수록 정의적 자아개념 점수가 높은 것으로 나타났다.

사회적 자아개념의 경우도 정의적 자아개념과 마찬가지로 조사대상자의 성격유형과 주관적 경제인식에 따라 유의한 차이를 보였다. 자신이 외향적 성격이라고 응답한 학생이 내향적이라고 응답한 학생보다 사회적 자아개념 점수가 유의하게 높았다. 또한 자신의 가정이 경제적으로 윤택하다고 인식할수록 학생들의 사회적 자아개념이 높게 나타났다.

학업적 자아개념의 경우 아버지 학력, 어머니 학력, 거주형태, 주관적 경제인식에 따라 유의한 차이를 나타내었다. 아버지의 학력과 어머니의 학력이 초대졸 이상인 경우 고졸이하인 경우에 비해 학생들의 학업적 자아개념이 유의하게 높았다. 이는 학생들의 학업과 관련하여 부모들의 교육수준이 큰 영향을 미치고 있기 때문으로 해석할 수 있다. 거주형태의 경우 아파트에 거주할 경우 주택이나 빌라에 거주하는 경우보다 학업적 자아개념이 유의하게 높았으며, 주관적 경제인식에 있어서도 학생들이 자신의 가정이 경제적으로 윤택하다고 생각할수록 학업적 자아개념이 유의하게 높았다. 이러한 결과는 학생들의 학업에 경제적인 요인이 영향을 미치기 때문에 가계의 자산을 나타내는 주관적 경제인식이 영향을 준 것으로 볼 수 있다.

청주교대 부설 충청교육연구소가 충북지역 64개 학교 학생 3907명(초등학교 6학년생 1801명, 중학교 3학년생 1134명, 고등학교 2학년생 972명)을 대상으로 한 '충북 초 · 중 · 고 학생의 생활과 의식 조사'에서도 가정의 경제적 지위가 자아개념에 영향을 미치는 것으로 나타났다. '나는 즐거운 마음으로 학교 공부를 한다'는 문항의 '학업 자아개념'의 경우 경제적 수준이 상층(3.76)에서 하층(2.94)으로 갈수록 낮아지는 것으로 드러났다. '나는 다른 사람과 어울리기를 좋아한다' 등을 묻는 '사회 자아개념'의 경우, 경제 수준에 따른 차이의 폭이 가장 컸다. 경제 수준이 높은 학생의 경우 평균 4.12점이었으나, 낮은 학생의 경우 평균 3.67로 나타났다(동양일보 2015년 2월 6일).

〈표 2-2〉 인구사회학적 변수에 따른 자아개념의 차이

변수	구분		정의적 자아	사회적 자아	학업적 자아	가정적 자아
성별	남	145	15.98(2.66)	13.35(2.32)	11.55(2.79)	10.38(2.13)
	여	155	16.09(2.38)	13.25(2.07)	11.37(2.62)	10.88(1.65)
	t-value		-.38	.39	.57	-2.25*
부 연령	42세 이하	83	16.06(2.50)	13.12(2.37)	11.69(2.41)	10.46(1.98)
	43-45세	114	16.24(2.30)	13.34(2.13)	11.42(2.63)	10.85(1.74)
	46세 이상	93	15.72(2.78)	13.48(2.67)	11.54(2.97)	10.73(1.94)
	F		1.09	.60	.24	1.04
모 연령	40세 이하	130	15.90(2.48)	13.02(2.24)	11.34(2.57)	10.47(2.00)
	41-42세	60	16.17(2.43)	13.63(2.12)	11.92(2.76)	10.95(1.65)
	43세 이상	99	16.05(2.62)	13.49(2.10)	11.56(2.77)	10.90(1.75)
	F		.25	2.13	.95	2.08
부 학력	고졸 이하	112	15.80(2.40)	13.21(2.30)	10.77(2.86)	10.44(2.07)
	초대졸 이상	178	16.12(2.60)	13.36(2.13)	11.97(2.52)	10.82(1.74)
	t-value		-1.03	.59	-3.60***	-1.68
모 학력	고졸 이하	129	15.97(2.58)	13.20(2.22)	10.98(2.90)	10.50(2.08)
	초대졸 이상	159	16.04(2.50)	13.35(2.20)	11.96(2.49)	10.80(1.69)
	t-value		.23	.55	-3.01**	-1.35
부 직업 구분	회사원	155	16.28(2.56)	13.45(2.09)	11.68(2.66)	10.65(1.97)
	기타	124	15.79(2.49)	13.24(2.30)	11.32(2.72)	10.80(1.69)
	t-value		1.62	.83	1.09	.68
모 직업 유무	유	184	15.98(2.51)	13.15(2.23)	11.35(2.60)	10.63(1.93)
	무	115	16.13(2.54)	13.55(2.13)	11.66(2.84)	10.68(1.90)
	t-value		.49	-1.51	.96	.25

성격성향	외향적	227	16.18(2.53)	13.68(1.94)	11.53(2.67)	10.77(1.81)
	내향적	68	15.46(2.43)	11.97(2.50)	11.31(2.80)	10.16(2.18)
	t-value		2.09*	5.90***	.58	2.08*
거주형태	아파트	208	15.96(2.56)	13.31(2.24)	11.68(2.77)	10.70(1.86)
	주택/빌라 등	92	16.21(2.42)	13.29(2.09)	10.97(2.48)	10.51(2.02)
	t-value		.78	.07	2.11*	.79
주관적 경제인식	중층 이하	109	15.31(2.65)	12.49(2.22)	11.05(2.72)	10.48(1.92)
	중상층	143	16.37(2.07)	13.77(1.91)	11.52(2.58)	10.77(1.93)
	상층 이상	47	16.72(3.05)	13.85(2.39)	12.26(2.88)	10.70(1.85)
	F		7.86***	13.24***	3.40*	.73

* $p< .05$, ** $p < .01$, *** $p< .001$

가정적 자아개념에 있어서는 조사대상자의 성별과 성격성향에 따라 유의한 차이를 보였다. 여학생이 남학생보다 가정적 자아개념 점수가 유의하게 높았고 자신의 성격이 외향적이라고 생각하는 경우가 내향적이라고 답한 경우보다 가정적 자아개념 점수가 높았다.

연구결과를 정리해 보면 인구사회적 변수 중에서 다른 변수들보다 성격유형과 주관적 경제적 인식이 상대적으로 중요하게 나타났다. 성격이 외향적인 경우 정의적 자아, 사회적 자아, 가정적 자아개념이 유의하게 높았는데 이는 외향적 성격을 가진 학생일수록 자신의 생각을 잘 표현하기 때문에 이러한 결과가 나타났다고 해석할 수 있다. 또한 학생들이 자신의 가정이 경제적으로 윤택하다고 생각할수록 정의적 자아, 사회적 자아, 학업적 자아개념이 높게 나타났는데 이는 학생들의 자아개념에 경제적 영향이 중요하다는 것을 의미한다.

제3장
프리틴 소비자의 소비에 대한 자기조절능력

자존감에 민감한 개인주의 사회의 스트레스와 지나친 자기애에서 비롯된 현대병으로 볼 수 있는 충동조절장애가 급증하고 있다. '땅콩 회항'이나 '백화점 갑질 모녀' 등 순간적인 화를 참지 못해 지도층 인사들이 사회 문제를 일으킨 경우도 있다. '무시당했다'는 자신만의 기분에 사로잡혀 쉽게 분노하는 등 감정을 조절하지 못하는 충동조절장애 환자들은 명백한 동기가 없는 상황에서도 과도한 행동을 반복하는 특징을 보인다. 건강보험심사평가원에 따르면 지난 2009년 3720명이던 충동조절장애 환자 수는 2010년 4375명, 2011년 4470명, 2012년 4937명, 2013년 4934명으로 5년 새 1214명 즉, 32.6%가 늘었다. 성별, 연령별 환자 수는 2013년 기준 10대 남성이 1106명으로 가장 큰 비중을 차지했고, 20대 남성 986명, 30대 남성 745명, 40대 남성 454명, 10대 여성 366명 등 순이었다(MBN 2015년 1월 15일).

1. 소비에 대한 자기조절능력의 개념

자기조절(self-regulation)에 대한 개념은 사회학, 심리학, 교육학 등 인간행동과 관련된 행동과학분야에서 비교적 오랜 기간 동안 관심의 대상이 되어 왔다. 따라서 자기조절에 대한 각 학문별 연구동향을 살펴보면 다음과 같다(남수정, 2006; 2007).

심리학에서는 자기조절을 인간발달에서 반드시 성취해야 하는 하나의 능력으로 간주하고 있으며 이러한 자기조절 능력을 획득하기 위한 부모나 교사의 역할을 강조하고 자기조절능력이 높은 유아의 경우 성공적인 사회화 및 성숙이 가능하다고 보고 있다(Broson, 2000; Brownell et al., 1997; Kopp, 1982; Perry, 2001).

사회학에서는 주로 범죄와 비행의 원인으로 자기조절 능력 상실을 지적하고 있는 연구가 대부분을 차지하고 있다. 이러한 범죄와 비행과 관련하여 가장 대표적인 이론으로 각광받고 있는 것은 Gottfredson과 Hirschi(1990)의 "low self-control theory"이다. 낮은 자기조절이론에서는 대체로 자기조절력이 범죄행위 및 범죄유사행위의 주요한 예측인자로 간주하고 있으며 다양한 대상들로부터 자기조절의 효과에 대한 검증을 확인한 바 있다(고정자, 2005; 민수홍, 2005; Chapple, 2005; Costello et al., 2006; Shiri et al., 2000; Tittle et al., 2004; Vazsonyi et al., 2001).

교육학에서는 자기조절이론을 학습방법에 도입하여 일반적으로 자기조절학습에 대한 연구가 활발하게 진행되고 있다. 자기조절학습은 자신의 학습에 적극적으로 참여하면서 목적지향적인 행동을 보이는 현상을 설명하고자 고안된 개념이다. 연구자들은 효과적인 학습이 외적 환경에 의해 발생하기 보다는 학습자 스스로 자신의 학습과정을 조절함으로써 이루어진다고 보고 효과적인 학습자가 어떤 방식으로 학습을 진행해 나가는지를 탐구하고자 하였다(Shunk, Zimmerman, 1994;, Pintrich et al., 1993).

소비자학에서의 자기조절에 대한 연구는 통합적으로 이루어지기 보다는 자기조절의 구성요인인 만족지연, 충동성, 자기관리 등의 측면에서 접근하고 있는 것으로 보인다. 먼저 Hoch와 Loewenstein(1991)의 연구에서는 자기조절을 목표를 달성하기 위해 즉각적인 욕구를 자제할 수 있는 만족지연(delay of gratification)의 측면에서 접근하여 욕구와 자제력의 관계로 이해했다면, Piron(1991)의 경우는 자기조절을 직접적으로 언급하고 있지는 않지만 자기조절의 중요한 구성요인 중 하나인 충동성의 개념을 심층적으로 분석하고 있음을 알 수 있다. 또한 의사결정의 자기조절 모형에서는 의사결정 과정에서 적응목표를 설정하고 그런 목표를 달성하기 위하여 적합한 조치를 취하는 것을 자기조절능력으로 간주하고 있어 목적지향적인 행동을 하기 위한 자기관리의 측면을 강조하고 있다(Byrness, 1998).

김기옥 외(2006)의 연구에서는 Deci와 Ryan의 자기결정성 이론(Self-Determination Theory: SDT)을 토대로 구매동기가 자율성 혹은 자기결정적 기능을 나타내는 정도에 따라 조절되며 그 조절의 수준에 따라 내재적 동기와 외재적 동기로 유형화될 수 있다고 보고 체계적으로 구매동기를 측정할 수 있는 척도를 개발하였다.

자기조절능력은 자기 자신의 감정을 인식하고 그것을 조절하는 능력으로써 스트레스 상황에 처했을 때 부정적인 영향에서 자신을 지켜낼 수 있게 한다. 다시 말하면, 어려운 상황이 닥쳤을 때 사람들은 자기조절능력을 통하여 스스로 자신의 부정적 감정을 감소시키고 긍정적인 자세로 다시 시작할 힘을 얻고, 기분에 휩쓸려 충동적으로 행동하지 않으며 자신이 처한 상황을 객관적이고 정확하게 파악해서 대처방안을 찾아낼 수 있다. 자기조절능력이 높은 사람은 역경 속에서도 긍정적인 의미를 발견하고 잘 적응함으로써 긍정적으로 변화를 한다(유성경, 홍세희, 최보윤, 2004).

성상희, 홍창희, 김귀에(2014)는 자기조절능력은 자신이 세운 계획이나 목적에 도달하기 위하여 자신의 행동을 기능적으로 조직화하는 것으로, 행동조절, 정서조절, 인지조절의 세 가지로 분류될 수 있다고 하였다. 행동조절은 정서, 행동, 주의 등과 같은 외적 행동을 통제하는 것 뿐 아니라 관련된 행동들을 억제하고 만족을 지연하고 순응행동을 하도록 하는 것이다. 정서조절은 유혹에 저항하고 좌절하지 않고 스트레스에 대처하고 만족을 지연시킬 수 있는 것이고, 인지조절은 스스로 자신의 행동을 상황에 맞게 적절하게 조절하고 자율적으로 융통성 있게 문제를 해결하는 것이다.

남수정(2006; 2007)은 소비에 대한 자기조절 개념은 단순히 구매에 대한 욕구를 통제한다는 충동억제의 개념이나 검약과 절약을 강조하는 관점에서 벗어나 소비자 스스로 자신의 소비패턴이나 의사결정에 대한 확신과 신념을 가지고 소비생활에 대해 계획을 세워 점검하며 스스로의 구매욕구를 통제 할 수 있는 능력이라고 정의하였다. 이러한 자기조절능력을 통해 소비자는 지속적이며 자연발생적으로 나타나게 되는 소비에 대한 요구를 스스로 조절하여 외적조건들에 의해 압도되지 않고 각자 삶의 목표를 향해 끊임없이 노력할 수 있게 된다. 남수정(2006)은 소비자가 보다 주체적으로 소비의 모든 과정을 합리적으로 조절, 관리할 수 있는 능력을 체계적으로 측정할 수 있는 소비에 대한 자기조절 척도(Consumption self-regulation scale)를 개발하였다.

2. 관련연구

임선아(2014)는 부모의 양육태도가 아동의 자기조절능력과 학교적응력 및 학업성취에 영향을 미치는 경로와 그 영향력을 밝히고자 연구모형을 설정하고 종단적 자료인 한국아동 · 청소년 패널조사 자료를 사용하여 모형을 검증하였다. 그 결과는 다음과 같다. 첫째, 부모의 민주적 양육태도는 자기조절학습능력과 학교적응력에 정적인 영향을 미친 반면, 부모의 비민주적 양육태도는 자기조절학습능력에는 통계적으로 유의미한 영향을 미치지 않고 학교적응력에는 부정적인 영향을 미치는 것으로 나타났다. 둘째, 부모의 민주적 양육태도는 자기조절학습능력과 학교적응력을 매개해 학업성취에 영향을 미치는 결과를 보인 반면, 비민주적 양육태도는 자기조절학습능력과 학교적응력을 매개하는 효과를 보이지 않았다. 또한 자기조절학습능력은 학교적응력에 통계적으로 유의미한 영향을 미치는 것으로 나타났을 뿐 아니라, 자기조절학습능력이 학교적응력을 매개해 학업성취에 영향을 미치는 결과를 보였다. 본 연구의 결과는 아동의 자기 조절학습능력을 키워주는 개입과 더불어 학교적응력을 높여주기 위한 교육적 개입이 필요함을 시사함과 동시에, 부모가 민주적인 양육태도를 갖도록 돕는 부모교육 프로그램을 실시함으로써 결과적으로 아동의 학업성취력을 높일 수 있다는 교육적 시사점을 제공하고 있다.

허균(2013)은 중학생의 학년변화에 따라 휴대폰 의존도 변화를 분석하고, 이에 영향을 주는 자기조절능력 및 주의집중과의 구조적 관계를 분석하였다. 중학생의 휴대폰 의존도는 1학년 때 부터 3학년까지 계속 증가하였다. 자기조절능력이 높은 학생은 휴대폰 의존도가 낮았다. 즉 자기조절능력이 휴대폰 의존도 초기값에 부적인 영향을 주었다. 1차년도의 자기조절능력은 휴대폰 의존도 변화율에는 유의한 영향을 주지 않는 것으로 나타났다. 이는 중1 때 휴대폰 의존도가 높았던 학생은 중3 때도 계속 높다는 의미가 될 수 있어 초기의 휴대폰 의존도를 낮출 수 있는 교육적 방안이 모색되어야 함을 시사한다. 휴대폰 의존도가 높은 학생은 주의집중도가 낮았으나, 자기조절능력이 높은 학생은 주의집중도가 높았다. 휴대폰 의존도 변화의 초기값과 변화율 모두가 3차년도의 주의집중도에 부적인 영향을 주는 것으로 나타났으며, 1차년도의 자기조절능력은 3차년도의 주의집중도에 정적인 영향을 주는 것으로 나타났다.

이세원(2006)은 경제동화를 활용한 역할놀이와 토의활동이 유아의 경제기본개념과 자기조절능력에 미치는 효과를 분석하였다. 연구대상은 G시의 S 유치원 두 학급의 유아 40명을 선정하여 실험집단 20명, 비교집단 20명으로 임의배정하였다. 실험처치는 주 3회씩 5주 동안 총 15회를 실시하였다. 실험집단 유아에게는 경제동화를 들려주고 역할놀이를 실시하였고, 비교집단의 유아에게는 경제동화를 들려주고 토의활동을 실시하였다.

경제동화를 활용한 역할놀이를 실시한 실험집단의 유아는 토의활동을 실시한 비교집단의 유아보다 경제기본개념이 향상되었다. 경제기본개념의 하위요인별로는 희소성, 기회비용, 화폐가치, 가격과 교환 개념에 있어서는 유의미한 차이가 있었으나 선택개념에 있어서는 두 집단 유아간의 차이가 없었다. 경제동화를 활용한 역할놀이를 실시한 실험집단의 유아는 토의활동을 실시한 비교집단의 유아보다 자기조절능력이 향상되었다. 자기조절능력의 하위요인별로는 충동성감소와 자기통제 능력에 있어서는 유의미한 차이가 있었으나 주의집중능력에 있어서는 실험집단 비교집단 유아간의 차이가 없었다. 그러므로 유아교육기관에서 경제동화를 활용한 역할놀이가 보다 적극적으로 활용되어진다면 유아는 일상에서 직면하게 되는 경제문제를 보다 더 잘 이해하고 갈등상황에서 자신의 욕구를 조절하여 보다 효과적으로 문제를 해결할 수 있을 것으로 본다.

소비자는 보다 성공적인 소비생활에 적응해 나가기 위하여 자기조절을 하는

데, 자기조절의 성패는 바로 의사결정에 달려 있다. 따라서 의사결정을 잘 내리는 소비자가 자기조절을 잘하게 되고, 자기조절을 잘하는 소비자가 성공적인 소비경험과 바람직한 구매행동을 할 것이라고 가정하였다. 그 다음에, 대부분의 소비자가 경험하면서도 제대로 연구되지 않은 충동구매행동을 소비자 자기조절모형과 관련지어 재검토하였다. 그 결과, 소비자 자기조절 모형은 의사결정오류 요인과 의사결정의존 요인을 포함하는 역기능적 자기조절과 정보인식활용 요인과 의사결정확신 요인을 포함하는 순기능적 자기조절로 구성되었다. 그리고 자기조절을 잘하는 사람들은 그렇지 않은 사람들보다 충동구매행동을 덜 하는 경향이 있었다(남승규, 2005a).

어떤 영역에서 성공한 사람들과 더불어 성공적인 소비생활을 향유하는 사람들은 적응목표를 달성하기 위하여 자기조절을 잘하는 사람들이다. 대부분의 소비자들은 자기조절을 잘 할뿐만 아니라, 자기조절을 잘 하는 소비자들은 유쾌하고 성공적인 소비경험을 하게 될 것이다. 왜냐하면, 대부분의 소비자들이 추구하는 것은 최고의 제품이나 서비스가 아니라 만족을 주는 제품이나 서비스이기 때문이다. 소비자는 최적의 상품을 선택하는 것이 아니라 만족한 상품을 선택한다. 소비자는 가장 품질이 우수하고 가장 가격이 저렴한 상품을 구매하는 것이 아니라, 가장 품질이 우수하지 않아도 가장 가격이 저렴하지 않아도 충분히 좋은 만족스런 상품을 선택한다. 따라서 마케팅전략을 구사함에 있어서 이것이 충분히 반영되어야 할 것이다. 자기조절 수준에 따른 광고카피에 대한 선호는 자기조절을 잘하는 사람들이 그렇지 않은 사람들보다 만족추구 광고카피를 더 선호하고 극대추구 광고카피를 덜 선호하는 경향성은 있었지만, 유의한 차이를 보이지는 않았다. 이런 결과가 나온 이유를 몇 가지 원인에서 찾을 수 있다. 첫째, 너무도 유명한 광고를 사용함으로써 이미 형성된 광고태도의 영향을 배제하지 못했을 수 있다. 둘째, 차량의 가격차이 등과 같은 가외적인 변수들의 영향을 통제하지 못하였다. 고가격 고품질로 이어지는 심리가 선호등위에 영향을 미쳤을 수 있다. 끝으로, “대한민국 1%”라는 광고카피가 일부 참가자들에게 ‘1등’이라는 최고를 지향하는 극대추구 기준이 아니라 만족추구 기준으로 작용하였을 수 있다. 앞으로 연구에서는 이런 문제점들을 충분히 보완하고 실제적이거나 잠재적인 구매자와 사용자를 대상으로 다시금 검토해 볼 필요가 있을 것이다. 의사결정에서 선택오류를 범하는 정도에 따라서 자기조절을 잘하는 사람과 자기조절을 못하는 사람이 자기조절 양극단에 위치하는 형태로 구분할 수 있다. 그리고 자기조절수준에 따라서 성공적인 소비경험과 광고카피에 대한 반응이 달라지는 경향을 확인할 수 있었다. 사람들은 천성적으로 한계를 갖고 태어나지만, 합리적인 방식으로 성공을 달성할 수 있기 위하여 참여하는 어떤 행동들과 전략들 중의 하나가 바로 의사결정의 자기조절 과정일 수도 있다(남승규, 2005b).

최자영과 최윤식(2011)은 소비자는 이성적 광고소구가 아닌 감성적 광고소구의 공익연계 마케팅 메시지에 더 긍정적인 반응을 보인다고 하였다. 공익연계 마케팅 메시지가 제품 평가에 미치는 영향력은 소비자의 조절초점성향에 따라 달라짐을 알 수 있었다. 향상 초점성향을 가진 소비자는 공익연계 마케팅 메시지를 포함한 제품을 그렇지 않은 제품보다 더 호의적으로 평가하였으나 방어적 초점성향의 소비자는 이와 같은 영향을 받지 않았다. 즉 향상 초점의 소비자는 즐거움과 기쁨과 같은 감성적 요소를 성취하는데 초점을 맞추기 때문에 공익연계 마케팅 메시지가 포함된 제품을 구매함으로써 얻어지는 따뜻함, 뿌듯함, 기쁨과 같은 감성적 이점에 호의적인 반응을 보였다. 하지만 방어초점의 소비자는 기대되지 않은 결과를 회피하려는 행동을 통해 실용적 속성에 더 많은 가중치를 두기 때문에 공익연계 마케팅 메시지에 특별한 반응을 보이지 않았다. 또한 방어초점의 소비자는 향상초점의 소비자보다 제품 특성이외의 외재적 단서에 대한 경계심 수준이 높기 때문에 공익연계 마케팅 메시지가 제품태도 형성에 중요한 단서로 보지 않는 것으로 판단할 수 있다. 광고소구유형, 공익연계 마케팅 메시지 여부, 조절초점성향 간의 관계에 대한 연구가설은 지지되었다. 방어초점의 소비자는 광고소구유형과 공익연계 마케팅 메시지의 직접적인 영향을 받지 않았지만 향상초점의 소비자는 이성적 소구유형의 공익연계 마케팅 메시지보다는 감성적 소구유형의 공익연계 마케팅 메시지의 제품에 대해 더 긍정적인 평가를 보였다. 이와 같은 결과는 방어초점의 소비자가 의사결정을 통한 손실에 대해 더 민감한 것과 달리 향상초점의 소비자가 감성적 소구유형과 공익연계 마케팅 메시지를 통해 얻어지는 감성적 이점에 대해 더 긍정적으로 반응하고 이 요소들 간의 조절적 적합성이 구매결정에 큰 역할을 한다는 것이 검증되었다.

이지은과 유동호(2010)는 기업이 행하는 가격 변화의 원인이 소비자의 공정성 지각에 미치는 영향에 있어 가격 변화 유형과 자기조절초점의 역할을 살펴보는 것이었다. 구체적으로 비용 상승과 수익성 추구라는 가격 변화의 원인이 제시되었을 때, 이득 감소와 손실 발생으로 설명할 수 있는 변화 유형과 자기조절초점에 따라 소비자의 고정성지각이 어떻게 달라지는지 살펴보았다. 기업이 수익성 추구보다 비용 상승을 원인으로 가격을 변화하였을 때 소비자는 가격 변화를 더 공정하게 생각하였다. 비용 상승에 의한 가격 변화는 비록 기업이 소비자의 권한을 위배하였지만 준거수익을 보존할 권한에 의한 것이므로 소비자가 이를 공정하게 생각한 것이라 설명할 수 있다. 이러한 결과는 가격공정성에 대한 선행연구들의 결과와도 일치한다. 또한 비용 상승으로 인한 가격 변화 시에는 가격 변화 유형이나 소비자의 자기조절초점이 공정성 기각에 큰 영향을 주지 않는 것으로 나타났다. 하지만 한 가지 흥미로운 것은 기업의 가격 변화 유형이 손실 발생(가격 인상)이었을 때보다 이득감소(용량감소/다운그레이드)일 때 촉진-점화 집단과 방어-점화 집단의 차이가 더 크다는 것이다. 이는 기업의 가격 변화 원인이 비교적 공정하다고 판단되는 비용 상승일지라도 이득의 감소상황에선 촉진초점을 가진 소비자와 방어초점을 가진 소비자의 차이가 나타났다고 볼 수 있다.

이정수, 김성민, 이소정, 이경옥 (2007)은 유아의 경제생활습관이 유아의 기본생활습관, 자기조절능력, 부모의 경제교육행동과 어떠한 관계가 있는지 알아보고 이들 간의 구조적 관계를 분석하였다. 부모의 경제교육행동, 자기조절능력 및 기본생활습관은 유아의 경제생활습관에 직접적으로 영향을 미치고 있었고, 성별은 부모의 경제교육행동, 자기조절능력 및 기본생활습관을 통하여 간접적인 영향을 미쳤다. 자기조절능력도 기본생활습관을 통하여 경제생활습관에 간접적인 영향을 미쳤다. 즉 부모가 유아에게 경제교육을 많이 할수록, 자기조절능력이 뛰어날수록, 기본생활습관이 바람직할수록 건전한 경제생활습관을 가지고 있었다. 여자아동이 남자아동보다 자기조절능력이 뛰어났고, 절제하는 기본생활습관을 더 많이 가지고 있었고 결과적으로 더 건전한 경제생활습관을 가지고 있었다.

윤재영과 이지은(2014)은 컨버전스 제품의 추가기능 수에 따른 소비자의 제품가용성 지각에 영향을 미치는 소비자의 자기조절초점 유형과 프리어나운싱의 시간적 거리 효과를 집단 간 실험설계를 통하여 검증하였다. 연구 결과, 제품의 추가기능 수가 많을수록 소비자의 제품가용성 지각은 더 높게 나타났으며 예방초점의 소비자보다 향상초점의 소비자들이 컨버전스 제품의 추가기능 수에 따른 제품가용성을 더 높게 지각하는 것으로 나타났다. 또한 프리어나운싱의 시간적 거리에 따른 제품가용성 지각효과는 향상초점의 소비자보다 예방초점의 소비자에게서 유의미하게 나타났다. 즉 예방초점의 소비자는 컨버전스 제품의 추가기능 수가 많은 경우 프리어나운싱의 시간적 거리가 가까운 미래일 때 제품가용성을 더 높게 지각하였다. 즉 컨버전스 제품에 있어 자기조절초점과 프리어나운싱의 시간적 거리간의 상호작용이 소비자의 가용성 지각에 중요한 변수임을 보여 주었다.

남수정(2007)은 소비에 대한 자기조절과 소비생활 만족도의 관계를 실증적으로 살펴보기 위하여 경제수준과 소비에 대한 자기조절이 소비생활 만족도에 미치는 영향에 대해 살펴보았다. 인구통계적 특성에 따라 소비에 대한 자기조절과 소비생활 만족도가 달라지는 것으로 나타났다. 구체적으로 연령이 많고 교육년수가 길수록 자기조절을 잘 하는 것으로 나타났으며 학력이 높을수록 소비생활 만족도가 높은 것으로 나타났다. 소비생활 만족도는 주관적 경제수준과 소비에 대한 자기조절에 의해 영향을 받는 것으로 나타났으며 특히 소비에 대한 자기조절의 영향력이 주관적 경제수준의 영향력 보다 상대적으로 높은 것으로 나타났다. 단순히 자신의 소비생활에 안분지족하는 생활보다는 소비에서 발생되는 보상으로부터 자유로워지고, 어떻게 소비의 보상을 스스로 조절할 수 있으며 더 나아가 자신의 삶을 계획하고 조정하여 삶의 질을 스스로 결정할 수 있도록 하는 과정을 통해 소비생활 만족도는 극대화된다. 궁극적 만족과 행복은 객관적인 수치보다는 자신의 소비생활을 어떻게 인지하며 스스로 자신의 욕구를 조절하고 진정한 만족에 대해 냉철히 인지하도록 함으로써 자기조절적 삶의 주체가 되는 것에서 비롯된다고 할 수 있다.

박찬옥과 최순덕(2012)은 교육과학기술부에서 개발한 「유치원 기본과정 내실화를 위한 유아경제, 소비자교육 프로그램」을 만 5세 유아들에게 적용하고, 이러한 경험이 유아의 경제 기본개념 및 자기조절력에 미치는 영향을 분석해봄으로써 프로그램의 효과를 살펴보았다. 「유치원 기본과정 내실화를 위한 유아경제, 소비자교육 프로그램」은 유아의 경제기본개념에 긍정적인 영향을 미치는 것으로 나타났다. 경제, 소비자교육의 개념 요소를 '기회비용, 희소성, 의사결정, 선택, 생산, 소비, 분배, 절제, 재활용'으로 선정하고, 이들을 '자원', '시장', '공유'의 세 가지 차원에서 구성한 「유치원 기본과정 내실화를 위한 유아경제, 소비자교육 프로그램」은 유아들이 실생활에서 다양하게 적할 수 있는 직접적인 경험 중심의 교수-학습 방법을 적용하여 게임, 극 놀이, 견학, 동작, 조형, 음악, 이야기나누기, 토의, 토론, 동화, 동시, 조작, 조사 등 다양한 교육활동으로 이루어져 있다. 이러한 경제, 소비자교육활동을 경험한 실험집단 유아들의 경제기본개념 점수가 비교집단 유아들의 경제기본개념 점수보다 유의하게 향상되었으므로 「유치원 기본과정 내실화를 위한 유아경제, 소비자교육 프로그램」이 유아의 경제기본개념 증진에 긍정적인 영향을 주는 것으로 해석할 수 있다. 「유치원 기본과정 내실화를 위한 유아경제, 소비자교육 프로그램」이 경제기본개념의 하위영역별로 미친 영향을 살펴보면, 실험집단 유아들의 선택과 희소성, 기회비용, 소비, 상품과 서비스, 화폐, 가격과 교환, 그리고 시장 영역 점수가 비교집단 유아들의 점수보다 유의하게 높은 것으로 나타났다. 교육과학기술부에서 개발한 「유치원 기본과정 내실화를 위한 유아경제, 소비자교육 프로그램」은 유아의 자기조절력에 긍정적인 영향을 미치는 것으로 나타났다. 「유치원 기본과정 내실화를 위한 유아경제, 소비자교육 프로그램」은 유아가 기초적인 경제 현상에 대한 이해를 바탕으로 다양한 문제해결을 위한 지식, 기술, 태도를 형성하고, 합리적인 소비를 위한 의사결정능력을 기르도록 게임, 극 놀이, 견한, 동작, 조형, 음악, 이야기나누기, 토의, 토론, 동화, 동시, 조작, 조사 등 다양한 교육활동으로 구성되어 있다. 이러한 활동들은 계획적인 소비생활을 위해 기초가 되는 절제의 필요성을 인식하고, 절약과 저축하는 습관 형성뿐만 아니라 개인의 만족을 추구하는 소비자의 입장에서 한걸음 나아가, 소비자의 역할과 책임을 알고 실천하며, 현명한 소비와 투자, 기부를 경험해볼 수 있도록 이루어져 있다. 이러한 경제, 소비자교육활동을 적용한 실험집단 유아들의 자기조절력 점수가 비교집단 유아들의 자기조절력 점수보다 유의하게 향상되었다. 「유치원 기본과정 내실화를 위한 유아경제, 소비자교육 프로그램」이 자기조절력의 구성요인 및 하위요소별로 미친 영향을 살펴보면, 실험집단 유아들의 계획하기, 점검 및 평가하기의 인지조절능력, 정서억제하기, 정서대처하기의 정서조절 능력을 증진시키는 것으로 나타났다.

3. 울산 프리틴 소비자의 소비에 대한 자기조절능력

1) 소비에 대한 자기조절능력의 실태

<표 3-1>은 조사대상자들의 소비에 대한 자기조절능력의 평균점수를 제시하고 있다. 각 문항은 4점 리커트 척도로 측정되었기 때문에 2점은 '그렇지 않다', 3점은 '그렇다'를 의미하며, 2.5점의 경우 긍정도 부정도 아닌 중간상태를 나타낸다.

먼저 결과지향 자기조절의 경우 평균점수가 2.90점으로 결과지향적 자기조절은 긍정적 수준으로 하는 것으로 나타났다. 구체적으로 '나는 돈을 쓰는 데에나 자신만의 원칙을 가지고 있다'와 '자신의 행동에 대한 결과를 고려하여 행동하는 편이다'의 문항에서 각각 2.9점 이상을 보였으며, '내 자신이 내린 결정 이후에 나타날 결과에 대해 자신이 있다'는 문항에 대해서도 2.89점으로 나타나서 전반적으로 조사대상자들은 소비와 관련한 결과지향적 자기조절을 하고 있다고 보여진다.

과정지향적 자기조절의 경우 평균점수는 2.36점으로 결과지향적 자기조절 평균점수보다는 낮은 수준이었다. 과정지향적 자기조절의 경우 역코딩을 하였기 때문에 해석을 할 때 주의해야 한다. 구체적으로 문항을 살펴보면, '나는 순간적인 감정에 의해 물건을 사지 않는다'의 경우 평균점수가 2.41점, '나는 종종 아무생각 없이 물건을 사지 않는다'의 경우 평균점수가 2.31점으로 나타나서 조사대상자들은 소비에 대한 과정지향적 자기조절은 중간보다 잘하지 못하고 있는 것으로 나타났다.

〈표 3-1〉 소비에 대한 자기조절능력의 일반적 경향

구분	문항	평균(SD)
결과지향 자기조절	1. 나는 계획한 일을 끝까지 완성하는 편이다.	2.79(0.79)
	2. 자신의 행동에 대한 결과를 고려하여서 행동하는 편이다.	2.94(0.72)
	3. 내 자신이 내린 결정 이후에 나타날 결과에 대해 자신이 있다.	2.89(0.80)
	4. 나는 돈을 쓰는 데에 나 자신만의 원칙을 가지고 있다.	2.98(0.81)
	4점 변환점수	2.90(0.56)
과정지향 자기조절	5. 나는 순간적인 감정에 의해 물건을 산다.	2.41(0.98)
	6. 나는 종종 아무생각 없이 물건을 산다.	2.31(0.92)
	4점 변환점수	2.36(0.87)
전체(4점 변환점수/5,6문항 record)		2.81(0.52)

2) 소비에 대한 자기조절능력의 차원

<표 3-2>는 소비에 대한 자기조절능력에 대한 요인분석 결과를 제시하고 있다. 자기조절능력은 전체 6문항으로 이루어져 있고 요인분석 결과 2가지 요인으로 분류되었다. 각 요인의 아이겐 값은 1이상이며 2가지 요인은 전체 분산의 62.9%를 설명하고 있다.

첫 번째 요인은 계획한 일을 끝까지 완성하고, 자신의 행동에 대한 결과를 고려하여서 행동하는 편이고, 자신이 내린 결정 이후에 나타날 결과에 대해 자신이 있고, 돈을 쓰는 데에 나 자신만의 원칙을 가지고 있다는 점에서 '결과지향 자기조절능력'으로 명명하였다. 이 요인은 4 문항으로 구성되며, 신뢰도

는 크론바하 알파값이 .69로 신뢰할 수 있는 수준이었다. 두 번째 요인은 순간적인 감정이나 아무 생각없이 종종 물건을 산다는 점에서 '과정지향 자기조절능력'으로 명명하였다. 이 요인은 모두 2 문항으로 구성되며, 크론바하 알파값은 .80으로 신뢰할만하다고 할 수 있다.

〈표 3-2〉 소비에 대한 자기조절능력에 대한 요인분석 결과

문항	요인1	요인 2	공통성
1. 나는 계획한 일을 끝까지 완성하는 편이다.	.76	-.14	.59
2. 자신의 행동에 대한 결과를 고려하여서 행동하는 편이다.	.75	-.02	.56
3. 내 자신이 내린 결정 이후에 나타날 결과에 대해 자신이 있다.	.68	-.08	.48
4. 나는 돈을 쓰는 데에 나 자신만의 원칙을 가지고 있다.	.68	-.05	.47
5. 나는 순간적인 감정에 의해 물건을 산다.	-.05	.92	.84
6. 나는 종종 아무생각 없이 물건을 산다.	-.12	.91	.84
아이겐 값	2.08	1.69	
분산(%)	34.72	28.19	
전체 분산(%)	34.72	62.91	
요인명	결과지향 자기조절	과정지향 자기조절	
Cronbach' s α	.69	.80	

3) 사회인구학적 변수에 따른 소비에 대한 자기조절능력

<표 3-3>은 사회인구학적 변수에 따른 소비에 대한 자기조절능력의 차이를 보여주고 있다. 결과지향 자기조절능력의 경우 조사대상자들의 성별에 따라 유의한 차이를 보였다. 즉 남학생들이 여학생들보다 결과지향 자기조절능력이 높은 것으로 분석되었다.

〈표 3-3〉 인구사회학적 변수에 따른 소비에 대한 자기조절능력 차이

변수	구분		결과지향 자기조절	과정지향 자기조절	자기조절능력A
성별	남	141	11.92(2.25)	5.54(1.77)	17.43(2.97)
	여	153	11.31(2.20)	5.03(1.67)	16.33(3.11)
	t-value		2.36*	2.57*	3.09**
부 연령	42세 이하	82	11.57(2.28)	5.48(1.75)	17.02(3.05)
	43-45세	110	11.96(2.13)	5.32(1.81)	17.25(2.92)
	46세 이상	93	11.26(2.35)	5.15(1.64)	16.41(3.36)
	F		2.48	.80	1.88
모 연령	40세 이하	127	11.61(2.32)	5.50(1.89)	17.07(3.28)
	41-42세	60	11.34(2.42)	5.23(1.47)	16.55(2.96)
	43세 이상	99	11.79(2.07)	5.20(1.68)	16.91(2.99)
	F		.70	1.38	.55
부 학력	고졸 이하	109	11.40(2.43)	5.16(1.77)	16.51(3.27)
	초대졸 이상	176	11.76(2.14)	5.39(1.75)	17.11(3.00)
	t-value		-1.24	-.97	-1.59
모 학력	고졸 이하	127	11.48(2.23)	5.15(1.76)	16.61(3.03)
	초대졸 이상	155	11.75(2.29)	5.39(1.77)	17.12(3.20)
	t-value		-1.01	-1.17	-1.38
부 직업 구분	회사원	151	11.67(2.20)	5.44(1.69)	17.09(3.14)
	기타	143	11.53(2.29)	5.10(1.77)	16.61(3.03)
	t-value		.52	1.71	1.33
모 직업 유무	유	180	11.49(2.24)	5.14(1.80)	16.61(3.20)
	무	113	11.81(2.24)	5.49(1.62)	17.27(2.89)
	t-value		-1.18	-1.77	-1.78

성격성향	외향적	223	11.71(2.28)	5.40(1.74)	17.08(3.10)
	내향적	67	11.19(2.11)	4.97(1.68)	16.15(3.04)
	t-value		1.65	1.78	2.17*
거주형태	아파트	206	11.73(2.27)	5.49(1.77)	17.20(3.15)
	주택/빌라 등	88	11.31(2.16)	4.78(1.54)	16.03(2.79)
	t-value		1.48	3.31**	3.16**
주관적 경제인식	중층 이하	108	11.21(2.14)	5.28(1.65)	16.49(2.81)
	중상층	141	11.82(2.23)	5.27(1.77)	17.09(3.20)
	상층 이상	44	11.93(2.40)	5.30(1.86)	17.09(3.30)
	F		2.82	.01	1.30

* $p< .05$, ** $p< .01$

A: 과정지향 자기조절에 해당하는 문항을 역코딩한 후, 전체 문항을 합한 점수를 사용함

과정지향 자기조절능력은 성별과 거주형태에 따라 유의한 차이가 나타났다. 결과지향 자기조절능력과 마찬가지로 남학생이 여학생보다 과정지향 자기조절능력이 높은 것으로 나타났다. 거주형태에 있어서는 아파트에 거주하는 학생들이 주택이나 빌라에 거주하는 학생들보다 과정지향 자기조절능력이 높은 것으로 나타났다.

결과지향 자기조절능력과 과정지향 자기조절능력을 합한 자기조절능력의 경우 조사대상자들의 성별, 성격성향 및 거주형태에 따라 유의한 차이가 발견되었다. 전반적으로 남학생이 여학생보다 자기조절능력이 높은 것으로 나타났다. 성격성향의 경우 외향적 성격을 지닌 학생이 내향적 성격 학생들보다 자기조절능력이 높았으며, 거주형태에 있어서는 아파트에 거주하는 학생들이 주택이나 빌라에 거주하는 학생들보다 자기조절능력이 높게 나타났다.

4) 자아개념이 소비에 대한 자기조절능력에 미치는 영향

〈표 3-4〉 자아개념과 사회인구학적 특성이 소비에 대한 자기조절능력에 미치는 영향

변수		과정지향		결과지향		자기조절능력	
		b	β	b	β	b	β
자아개념	정의적 자아	.013	.022	.163	.214**	.170	.162*
	사회적 자아	-.036	-.054	.100	.115	.061	.051
	학업적 자아	.038	.059	.198	.237***	.233	.201**
	가정적 자아	.077	.082	-.033	-.026	.068	.040
인구사회학적 변수a	성별	.578	.165**	.650	.143*	1.225	.195**
	부연령	-.042	-.085	-.006	-.010	-.045	-.051
	부학력 (고졸1/대졸이상)	.003	.001	.004	.001	.000	.000
	부직업 (회사원1/그외)	.288	.082	.039	.009	.328	.052
	모직업유무 (유1/무)	-.290	-.081	-.082	-.018	-.404	-.063
	성격성향 (외향적1/내향적0)	.417	.100	.103	.019	.529	.070
	거주형태 (아파트1/그외0)	.493	.125	.174	.034	.740	.104
	경제적 지위인식도	-.124	-.054	-.146	-.049	-.270	-.065
상수			5.616		5.065		10.414
F			2.381**		7.056***		6.410***
R^2			.098		.246		.229
수정된 R^2			.057		.211		.193

a. 독립변수의 상관관계결과 부모의 나이와 학력 간 상관관계지수가 높아(.60이상) 변수로 투입하지 않음

* p<.05, ** p<.01, *** p<.001

<표 3-4>는 자아개념과 사회인구학적 변수가 자기조절능력에 미치는 영향을 살펴보기 위해 회귀분석한 결과를 제시하고 있다. 먼저 과정지향 자기조절능력의 경우 사용된 독립변수들이 종속변수를 9.8% 설명하는 것으로 나타났다. 과정지향 자기조절능력의 경우 4가지 자아개념은 유의한 영향을 미치지 않았고 인구사회학적 특성 중에서 성별만이 유의한 영향을 미치고 있었다. 즉 여학생에 비해 남학생의 경우 과정지향 자기조절능력이 높은 것으로 나타났다.

결과지향 자기조절능력에 있어서는 정의적 자아개념과 학업적 자아개념 그리고 성별이 유의한 영향을 미치는 것으로 분석되었고, 사용된 독립변수들이 종속변수를 24.6% 설명하는 것으로 나타났다. 구체적으로 조사대상 학생들의 정의적 자아개념이 높을수록, 그리고 학업적 자아개념이 높을수록 결과지향 자기조절능력이 높게 나타났다. 또한 여학생에 비해 남학생이 결과지향 자기조절능력이 높은 것으로 조사되었다. 종속변수에 대한 독립변수의 영향력에 있어서는 학업적 자아개념이 가장 큰 영향을 주었고 다음이 정의적 자아개념, 성별의 순으로 나타났다.

과정지향 자기조절능력과 결과지향 자기조절능력을 합한 자기조절능력의 경우 정의적 자아개념과 학업적 자아개념 그리고 성별이 유의한 영향을 미치는 것으로 나타났고, 분석에 사용된 독립변수들이 종속변수를 22.9% 설명하는 것으로 분석되었다. 조사대상 학생들의 정의적 자아개념이 높을수록, 학업적 자아개념이 높을수록 자기조절능력이 높게 나타났고, 여학생에 비해 남학생이 자기조절능력이 높은 것으로 조사되었다. 종속변수에 대한 독립변수의 설명력에 있어서는 학업적 자아개념이 가장 큰 영향을 미치고 있었고 다음이 성별, 정의적 자아개념으로 나타났다.

제4장
프리틴 소비자의 화폐에 대한 태도

A타입: 돈은 정당하게 벌어 정당하게 쓴다는 생각을 가지고 있으며 돈에 대한 관심도 많지만 빚지고는 못 사는 타입

B타입: 돈은 목적이 아니라 수단이라고 여기면서 많으면 좋겠다는 생각을 갖고 있으며 알뜰살뜰 아껴 쓰는 타입

C타입: 기분 좋을 땐 친구한테 주머니 사정 무시하고 한턱을 내기도 하지만 근본적으로 꼼꼼하게 비교하면서 돈을 쓰는 타입

D타입: 수입과 지출을 맞추는 데 별로 관심이 없으며, 소비성향이 높거나 집이 부자라 돈 쓰는 데 인색하지 않지만 그래도 내 인생은 내가 책임져야 한다는 생각을 가진 타입

E타입: 돈에 관해 부모나 주위 사람들에게 많이 의존하는 편이며, 자신이 사고 싶은 게 있으면 수중에 돈이 없어도 빌려서라도 꼭 사고 말며 1만 원을 벌기 위해 얼마나 노력해야 하는지를 잘 모르는 타입

F타입: 돈이 인생에서 가장 중요하다고 생각하지만 막상 열심히 일해서 돈을 모을 생각은 하지 않고 갑자기 공돈이 생기기만을 기다리고 남을 위해 돈을 쓰는 데도 인색한 타입

만약 여러분이 A나 B타입에 해당한다면 돈에 대한 바람직한 가치관을 갖고 있는 것이므로 금융에 대한 지식을 갖추면 아무런 문제가 없다. C나 D타입에

해당한다면 정상적인 사회생활에는 별 문제가 없지만 돈에 대한 올바른 가치관을 갖기 위해 좀 더 노력을 기울일 필요가 있다. E나 F타입에 해당한다면 돈에 대한 균형 감각에 상당한 문제가 있으므로 돈과 관련된 생활태도와 습관을 바꿔야 한다(아하경제신문, 2014년 12월 30일).

1. 화폐의 의미

화폐는 물물교환의 수단으로 생겼지만 경화가 등장하면서 물물교환을 대체하게 되었다. 최초의 경화는 기원전 7세기 중동 고대국가의 하나인 리디아에서 등장하였는데, 강의 모래 밑에서 나온 금과 은의 자연합금인 호박금으로 만들어졌다. 알렉산더대왕은 마케도니아 제국을 건설하면서 그리스의 경화인 드라크마를 흑해에서 이집트까지, 그리스에서 인도 국경까지 유통되는 국제통화로 만들었다. 그의 군대는 페르시아를 정복하고 거기서 앞면에 귀금속으로 대왕의 모습을 새긴 수천의 드라크마를 만들었다.

돈은 또한 권력과 밀접한 관계가 있다. 예로부터 동서양을 막론하고 돈에는 당대 권력자들의 얼굴과 후대에 그들을 기념하는 얼굴이 실려 있었다. 로마시대에는 시저의 얼굴을 담았고, 삼두정치를 할 때는 안토니우스와 옥타비아누스의 얼굴이 실렸다. 우리나라에서는 권력의 상징도 되었고 후세를 위한 교육용으로 사용되기도 했다. 예를 들면 세종대왕, 이율곡, 이황, 박정희, 선덕여왕, 이순신, 유관순 열사의 얼굴을 돈에서 볼 수 있었다(이두송, 1986).

고대 인도의 돈은 소머리였기 때문에 소돈은 소머리를 뜻하는 capitu라고 불렀다. 오늘날 일인당 국민소득을 말할 때 쓰는 일인당을 뜻하는 per capita나 자본을 의미하는 capital이라는 capitu에서 유래했다. 2차 세계대전 때 포로수용소에서는 담배가 포로들 사이에서 돈으로 자연스럽게 대체되었다. 돈은 그 자체를 소비할 수 없다. 미래 시점에서 종이를 받아주지 않으면 그 지폐는 아무 소용이 없고, 금 또한 미래 시점에서 누군가 받아주지 않으면 아무 소용이 없다는 점에서 미래시점까지 가치가 보존되지 않으면 그 돈은 아무 쓸모가 없다.

2차 세계대전 직후에 독일의 마르크화가 급락한 경우를 예로 들 수 있다.

우리나라에서는 고려 성종 때 처음으로 철전이 사용되었다. 그 후 1101년에 고려 숙종 6년에 은병으로 불리던 은화가 만들어졌고 그 다음 해에 현존하는 돈 가운데 가장 오래된 해동통보가 만들어졌다. 해동통보는 후에 동국통보, 동국중보, 삼한통보, 삼한중보로 이름이 바뀌면서 계속 주조되었다. 조선 말기인 고종 초기에는 당백전이라는 돈이 통용되다가 백동화를 마지막으로 조선의 돈이 자취를 감추게 되었다(김학은, 1994; 김도일, 1999).

18~19세기에 조선조 사회는 아직 본격적인 자본주의로 진입하지 못했지만, 자본주의의 맹아가 발생하고 상품화폐경제가 나타났다. 이에 대한 조선조 사람들의 태도를 비합리적 도덕주의자, 합리적 축재자, 비합리적 축재자, 합리적 도덕주의자의 네 유형으로 범주화할 수 있으며, 이는 당시 향유된 가사 텍스트에 재현되었다. <(草野農夫의) 五倫歌>의 시적 화자는 비합리적 도덕주의자다. 초야농부는 당시 나타나기 시작한 상품화폐 경제에 맞서서 三綱五倫과 형제의 우애를 '교조적'으로 수호하는 인간 유형이다. 그는 물욕에 어두워 仁義를 배반하는 세태를 비판하고 삼강오륜과 형제간의 우애를 욕망한다. 安貧樂道를 추구하기에 이들에게 가난은 장애가 아니라 오히려 주체가 자기실현하는 방편일 뿐이다. 형제 등 타자의 시선은 이들을 규율하는 권력으로 작용하며, 이들은 물욕과 육체적 쾌락을 도덕으로 억제한다. <덴동어미화전가>의 덴동어미는 합리적 축재자다. 덴동어미는 상품화폐경제 관계를 이해하고 이용하면서 계산이 가능한 합리적인 방식으로 축재와 治産에 진력하는 인간유형이다. 덴동어미는 잘 사는 것, 그 중에서도 물질적으로 풍요로운 삶을 욕망한다. 이들은 상품화폐의 속성을 인식하고 타자의 시선, 도덕이나 체면치레를 적당히 무시해야 축재가 가능하다고 생각하여 법을 어기지 않는 범위에서 적극적으로 합리적인 축재와 치산을 행한다. <愚夫歌>의 개똥이는 비합리적 축재자다. 개똥이는 상품화폐 경제에 종속되어 인간성과 도덕성을 저버리고 비합리적인 방법과 수단으로 축재를 하여 이를 육체적 향락에 소비하는 인간 유형이다. 이들은 사적 욕망을 위하여 돈을 버는 행위를 하며, 이를 행하는데 타자의 시선을 전혀 의식하지 않는다. <孝婦歌>나 <福善禍淫歌>류의 가사에서 새색시나 김씨 부인은 합리

적 도덕주의자다. 새색시가 욕망하는 것은 공적 욕망인 가문의 흥성이다. 이들은 상품화폐 경제를 어느 정도 인식하고 조선조의 유교 윤리와 도덕이 허용하는 범위에서 축재와 치산을 행하지만 도덕과 돈이 맞설 때 도덕을 선택하는 인간유형이다. 이들은 욕망과 타자의 시선 사이에서 갈등하기에 타자의 인정을 받는 범위에서 소극적으로 축재와 치산을 행한다. 18~19세기엔 비합리적 도덕주의자들이 헤게모니를 획득하였으나 합리적 축재자들이 서서히 헤게모니를 강화하면서 맹아 상태의 자본주의 발전을 이끌었고, 1910년 이후 식민지의 강제에 의해 비/합리적 축재자들이 헤게모니 투쟁에서 승리하여 식민지적 자본주의의 발전을 도모한 것으로 보인다(이도흠, 2008).

Simmel은 돈이 중세에서 근대로 이행하는 과정에서 결정적인 역할을 했다고 주장했다. 중세는 인간이 공동체나 토지, 봉건적 연합체 또는 길드에 매여 있었기 때문에 인격은 실제적 또는 사회적 이해관계 집단에 용해되어 있었고, 집단에 직접 참여하는 사람들에 의하여 이해집단의 특성이 결정되었다. 그러나 근대는 실제적인 삶의 내용에 객관성을 부여했고, 기술, 조직, 기업과 직업은 사물의 내재적 법칙에 의하여 지배를 받았고 개별 인격체의 영향을 받지 않게 되었다. 중세에서 근대로 이행하는 과정에서 화폐경제는 인간과 일정한 특성을 지니는 사물 사이에 매 순간 완전히 객관적이며 그 자체로는 아무런 특성도 없는 돈과 화폐가치를 삽입시킴으로써 결정적인 역할을 했다(신응철, 2009).

현재의 가치를 미래로 이전시키는 궁극적인 수단이 바로 화폐다. 아무리 가격이 비싼 주식이나 채권도 최종적으로 화폐로 전환되지 않으면 전혀 쓸모가 없다. 화폐는 또한 분업을 촉진하고 시장을 확장시키는 수단이 되었다. 역사적으로 화폐의 가치를 보장하기 위한 여러 장치가 고안됐는데, 가장 많이 사용되었던 것이 지배자의 초상이다. 화폐에 새겨진 지배자의 초상은 지배자의 권위가 돈의 가치를 보장한다는 암묵적인 의미를 가지고 있다. 하늘을 향해 무릎을 꿇고 앉아 있는 모습은 하늘이 화폐가치를 보장한다는 상징이 포함되어 있다. 돈의 명칭인 Money도 그리스의 여신 Moneta에서 유래됐다는 점을 감안한다면 여신 Moneta가 돈의 가치를 보존한다는 의미를 가진다(김학은, 2002).

김신용은 자신의 시 '전어'에서 생선 전어를 다음과 같이 錢魚로 묘사했다.

가을 전어 한 마리가 비단 한 필 정도였음에도 맛이 좋아 돈 생각하지 않고 사먹었다고 해서 '錢魚'라고 했다는 것이다.

불 위에서 노릇노릇 익어가는 냄새는, 헛헛한 속을 달래주던
장바닥에 나앉아 먹는 국밥 한 그릇의, 그런 감칠맛이어서
손바닥만 한 것이, 그물 가득 은빛 비늘 파닥이는 모습이
그래, 빈 호주머니 속을 가득 채워주는 묵직한 동전 같기도 했겠다.
흔히 '떼돈을 번다'라는 말이, 강원도 아오라지쯤 되는 곳에서
아름드리 뗏목 엮어 번 돈의 의미를, 어원으로 가지고 있다는 것을 알면
바다 속에서, 가을 벌판의 억새처럼 흔들리는 저것들을
참, 동전 반짝이는 모습처럼 비쳐 보이기도 했겠다.
錢魚,
언제나 마른 나뭇잎 한 장 같던 마음속에
물고기 뼈처럼 돋아나던 것

전국시대 거상 여불위는 3천여명의 지식인들을 식객으로 두어 <여씨춘추>를 편집해 천하의 학문과 사상을 집대성하고 민심을 모아 진시황을 통해 중국 천하를 통일했다. 기독교 선교사로서, 동서를 관통하는 지식인이자 거부였던 쑹자수는 쑨원에게 링컨의 국민에 의한, 국민을 위한, 국민의 정부란 명연설을 들려줘 민족 · 민권 · 민생 삼민주의를 주창하게 하였고, 딸들은 쑨원과 장제스의 부인이거나 마오쩌둥의 후견인으로 현대 중국을 쥐락펴락 하였다.

이탈리아 피렌체를 기반으로 한 메디치가는 귀족이 아닌 상공인 집안임에도 교황 3명에, 프랑스 왕비 2명을 배출하며 권력을 누렸고, 14세기부터 16세기에 이르기까지 유럽 문명을 바꾼 르네상스를 열었다. 메디치가는 방직 노동자 길드의 반란을 지지할 정도로 평민과 함께하며 성장해 350년 번영을 구가하며 세상을 변화시켰다. 메디치가를 개창한 코시모 데 메디치는 마키아벨리가 <군주론>에서 "대단한 실력을 지니고도, 사려 깊고, 예의가 바르고, 관대하고, 검소하고 소탈하다"며 이상적 군주상으로 그렸다. 그의 손자 로렌초 데 메디치는 미켈란젤로와 레오나르도 다빈치, 보티첼리 등을 후원해 르네상스 문명을 찬란하게 꽃피웠다. 미켈란젤로는 메디치가의 고마움을 잊지 못해 사후 메디치

가의 인물들을 진정한 부자는 행동력뿐 아니라 심사숙고하는 삶의 모습을 지닌다는 의미를 담아 '숙고하는 삶, 행동하는 모습'으로 조각했다(한겨레신문, 2014년 12월 29일).

배우자를 고를 때 한국 여성은 경제력을, 남성은 외모와 성격을 더 중시하는 것으로 나타났다. 이 같은 결과는 글로벌 결혼정보 사이트 커플닷넷(Couple.net)이 2008년 8월부터 이달까지 한국 등 전 세계 121개국 싱글 남녀 8만2천417명을 대상으로 배우자 선택 시 남녀 조건을 조사한 데 따른 것이다. 커플닷넷이 경제력, 외모, 가정환경, 성격 등 4가지로 각각의 배우자 선호도를 조사해 응답자가 30명 이상인 국가를 대상으로 순위를 산출한 결과 한국 여성은 경제력을 가장 중시하고, 외모를 가장 적게 본다고 응답했다. 배우자의 경제력을 중시한다고 답한 한국 여성은 36.2%로 중국(2위 32.6%), 프랑스(3위 32.5%), 미국(4위 32.0%)을 따돌리고 1위를 차지했다.

이에 반해 외모를 중시한다고 답한 한국 여성은 13.8%로 조사 대상 국가 여성 중 가장 낮았다. 외모는 독일(29.1%) 여성이 가장 선호했고 이어 가나(27.3%), 나이지리아(26.5%), 영국(26.0%) 등의 순이었다. 한국 남성의 배우자 조건은 여성과 정반대 양상을 보였다. 배우자의 경제력을 중시한다고 답한 한국 남성은 21.4%로 상대적으로 낮았다. 반면 외모(31.4%)와 성격(28.4%)은 비교적 높았다. 27일 커플닷넷 조사를 공개한 결혼정보회사 선우는 "이 같은 결과는 한국 싱글 남녀들은 여전히 전통적 가치관을 중시한다는 점을 보여준다"고 설명했다(매일신문 2012년 9월 28일).

이처럼 돈이 삶의 가장 중요한 목표가 되고 있고, 돈이 가지는 사회적 위력이 점점 더 증가하면서 중고등 학생들 까지도 돈을 가장 중요하게 생각하고 있다. 많은 학생들이 대학이나 전공을 선택할 때 졸업하면 연봉을 얼마나 받을 수 있는가를 중요한 기준으로 생각한다. 보험금을 노리고 아내를 살해하거나, 부모를 살해하는 사건도 보도되고 있는 실정이다. 흥사단 투명사회운동본부가 2013년에 초·중·고교생 각각 2천명을 대상으로 설문조사한 결과 '10억원이 생긴다면 1년간 감옥행도 무릅쓰겠다'는 응답자의 비율이 고등학생 44%, 중학생 28%, 초등학생 12%로 나타났다(포커스신문사 2013년 1월 7일).

경제위기가 되풀이 되면서 돈이 우리사회에서 차지하는 비중이 점점 더 증가하고 있다. 돈이면 무엇이든지 할 수 있다는 것을 보여주는 막장드라마가 인기를 끌고 있고, 재테크 관련서적이 베스트셀러가 되고 있다. “부자 되세요” 라는 광고, “머니 머니 해도 money가 최고야” 라는 유행어도 생겼다. 안정된 직장에 대한 선호가 해가 갈수록 증가하고 있고, 돈을 많이 버는 연예인에 대한 동경도 증가하고 있다. 돈 때문에 가족을 살해하는 경우도 등장하고 있는 실정이다.

경제학자들은 돈은 지불수단, 가치 저장 수단, 가치 척도의 기능을 가지고 있다고 한다(이말남, 2002). 지불수단의 기능은 우리가 만원이라고 적혀있는 음식을 먹으면 만원을 지불하면 된다는 것을 의미한다. 가치저장 수단의 기능은 우리가 지금 가지고 있는 돈은 언제나 그 액수의 가치를 가지고 있다는 것을 의미하고, 가치 척도의 기능은 돈이 물건의 가치를 재는 척도가 될 수 있다는 것을 의미한다(김학은, 1994). 이러한 관점에서 보면 돈은 일상적이고 세속적이며 다른 목적을 추구하기 위하여 편리한 수단이고 단지 양적인 의미만을 갖는다(Belk & Wallendorf, 1990).

돈은 양적 의미 이상의 심리적인 의미도 갖는다. 화폐는 그 화폐를 보는 사람의 시각에 따라 의미가 달라지고, 화폐의 의미에 따라 사람들이 화폐를 사용하거나 세상을 이해하는 관점도 달라진다(Belk & Wallendorf, 1990, 김영신, 2001 재인용). 오늘날에도 희귀성이 있거나 기념이 되는 화폐는 투자의 대상으로 보게 되고, 액면가의 몇 천배에 해당되는 가치를 가질 수 있다.

최근에 주관적인 복지나 삶의 질에 대한 연구들이 많이 이루어지면서 어떤 사람이 행복한지, 무엇이 사람들을 행복하게 하는지에 대한 연구들이 많이 이루어졌다(Myers & Diener, 1995; Myers, 2000; Ahuvia, 2008). 돈과 행복과의 관계를 밝힌 연구들은 대부분이 사람들이 물질적인 부를 추구하기는 하지만 돈이 많다고 더 행복해하지는 않는다고 하였다. 기본적인 생활을 충족시킬 수 있는 수준의 돈은 필요하지만 어느 정도로 생활수준을 보장해 주는 물질적 부가 충족된 후에는 돈에 비례해서 행복해지는 것은 아니다(안서원, 박수예, 김범준, 2012). 심리학자들은 돈보다는 성격이나 행복관 같은 심리적 요인이 훨씬 더 중요하다고 밝혔다(서은국과 구재선, 2011). 가장 가난한 국가인 부탄 국민들의 행복도가 높다는 조사결과도 있다.

강희선(2002)은 예비연구를 통하여 서울시내의 직장인과 전업주부 200명에게 돈에 대한 의미를 자유롭게 기술하게 하여 빈도수가 많은 문항을 뽑아 내고, 기존의 돈에 대한 의미척도에 포함되지 않은 새로운 항목들을 문항으로 추가하였다. 본 연구에서는 돈의 의미척도의 요인들과 사람의 소비성향, 자기 존중감, 동기, 돈에 대한 올바른 판단, 주관적 삶의 질, 그리고 제품의 선택간의 상관관계를 검증하기 위해 서울시내의 직장인과 주부 359명을 대상으로 설문을 실시하여 다음과 같은 연구결과를 밝혔다.

돈의 의미구조는 경제적 의미를 함축하는 수단적 의미와 심리적 의미를 함축하는 상징적 의미, 돈에 대한 집착 및 돈에 대한 자유감 등과 같이 4개의 요인으로 구성되어 있었다. 돈에 대해 수단적인 의미를 많이 가질수록 외적 동기는 높지만 내적동기와 삶의 만족도가 낮고 가격정보에 의존해서 제품을 선택하는 경향이 있었다. 그러나 상징적 의미를 많이 가질수록 외적 동기를 많이 가지며, 돈에 대한 건전성이 낮은 것으로 나타났다. 돈에 대한 집착요인이 클수록 외적 동기가 높고, 내적 동기와 자존감은 낮았다. 돈에 대한 자유감이 클수록 내적 동기와 외적 동기가 모두 높았다. 사람들이 돈에 대해 갖는 의미의 유형은 무관심형, 상징형, 수단 및 상징형, 수단형으로 구분되었다. 상징형이 강할수록 자존감, 내적 동기 및 외적 동기가 높았고, 무관심형이 강할수록 돈에 대한 건전성이 높았다.

돈과 문화, 개인과의 관계를 밝힌 철학자 Simmel은 돈이 현대문화와 현대인에게 이중성을 지닌다고 분석했다. 돈은 자체로는 아무런 성격이나 특성을 가지지 않고 수량적 대소 관계가 유일한 기준이 된다. 이러한 점에서 돈은 가장 객관적이고 비개성적이며 비인격적이고 가장 비천한 존재이다. 이러한 의미를 가진 돈은 개인의 주관적 인격적 특성을 무시하고 모든 인간을 단순한 수량적 관계로 환원시킴으로써 수평화하고 평준화하고 평균화한다. 돈은 현대인을 탈개체화하고 탈인격화 함으로써 궁극적으로 인간적 본질로부터 멀어지게 한다. 다른 한편 돈은 현대인의 사회적 삶과 문화적 삶의 물적 경제적 토대가 된다.

돈의 양적 논리는 일정한 수준을 넘어서면서 질적 논리로 비약한다. 돈을 가진 개인은 생존을 위한 노동과 투쟁의 유물론적 단계를 벗어나 사회적인 것과 문화적인 것, 개인적이고 주관적인 삶의 양식에 관심을 가지게 하고 이를 발전시킬 수 있게 한다. 개인을 자신의 영혼으로부터 멀어지게 만든 돈이 개인을 자신의 영혼으로 돌아가게 만들어서 돈과 영혼을 결합하게 하는 역할을 하는 것도 돈이다. 다시 말하면 돈의 물질적 경제적 논리에 구속되고 강제된 개인의 영혼이 돈에 힘입어 자기 자신에게 돌아간다(신응철, 2009).

인간은 화폐를 이용한 거래를 통하여 분리와 소외를 경험하는 동시에 결합도 경험한다. 돈을 지불하고 그 대가로 일정하고 구체적인 가치를 받게 됨으로써 돈은 동일한 경제권의 구성원들을 매우 강력하게 연결시킨다. 돈은 직접 소비되지 않는다는 이유로 실제로 소비하고자 하는 것을 제공해 줄 수 있는 다른 사람들을 연결시켜 준다(안중섭, 장영배, 조희연 역, Simmel 저, 1983). 현대 사회에서는 돈을 대체한 신용카드가 원거리에 있는 물건을 가상공간에서 구매할 수 있게 해주고, 한국의 자신의 집이나 사무실에서 컴퓨터나 스마트폰을 이용하여 미국이나 중국, 유럽의 주식을 사고 팔 수 있고, 가상공간에서 해외직구도 할 수 있다. 서울의 강남에 살고 있는 젊은이들은 결혼을 위한 소개팅을 할 때 강북에 살고 있는 사람과는 안 한다는 말도 회자되고 있다.

이유섭(2007)은 겉으로 드러난 인간의 다양한 행위들의 내면적 원인의 근원에 돈이 작동하고 있는 경우가 많다고 하면서 정신분석학적으로 돈과 돈의 사용에 관한 의미를 분석했다. 개개인이 간직한 돈에 대한 무의식적 사고가 일상적인 인간관계, 돈거래 또는 상행위에 매우 밀접하게 연결되어 있다는 증거들이 많다. 돈에 대한 무의식은 가족관계와 우리의 욕망과 반응에 영향을 주고, 우리의 의식적이고 무의식적인 행위에도 영향을 준다. 개개인들이 드러내는 돈의 상징적 내용들은 부모의 영향과 교육을 받은 주체의 입장과 대중매체를 포함하여 자신이 체험한 경험에 따른 주체의 입장과 서로 밀접하게 관련되어 있다. 인간 주체의 분리와 결핍을 낳게 한 장본인으로써 욕망의 원인인 특정 대상은 다양한 형태의 물질 소유와 소비의 환타즘(fantasme)을 통해 그 잃어버린 대상을 확인하려 한다. 다시 말해서 물질의 소유와 소비의 환타즘은 잃어버렸다고 가정하는 특정 대상의 상상적 재현이라 할 수 있다.

돈이 삶의 중심수단이 되면서 삶의 방식은 자급자족경제에서 교환경제로 바뀌게 되었고, 이러한 상업적 교환방식은 소설의 양식도 변화시켰다. 전통적 소설양식은 전달방식에 의존하고 있었으나, 리얼리즘소설에서는 교환방식이 중심적 서술양식으로 채용되었다. 농경사회에서 도시사회로 전환한 시기인 1920-30년대의 우리 소설에서 돈에 대한 인식도 주변부에서 중심부로 이동하는 과정에서 중심부적 삶을 긍정하고 그 삶에 적응하려고 하지만 물신주의에 빠져 파멸에 이르는 삶을 묘사하고 있다. 주변부적인 삶을 지키기 위하여 중심부적 삶을 의도적으로 외면하면 현실에서 소외되기 때문에 어쩔 수 없이 중심부로 들어가 보지만 그것이 지닌 한계를 인식하고 다시 주변부로 귀환하는 삶을 묘사하고 있다. 처음부터 중심부에서 살아가는 도시인의 삶을 다룬 소설에서도 진정한 가치를 외면하고 끊임없는 욕망을 추구하려는 현대적 삶이 비판적으로 제시되고 있다(조진기, 2001).

시장조사 전문기업인 마크로밀 엠브레인이 5월 성인 1000명을 대상으로 정치성향과 소비행태에 대한 설문조사에서 정치성향에 따라 돈에 대한 태도가 다르다는 사실이 나타났다. 보수는 진보와 비교할 때 집에 대한 소유의식이 강했고, 보수는 돈을 인생의 성공 여부를 판단하는 중요한 척도로 여겼으나 진보는 돈으로 성공한 삶을 평가할 수 없다고 응답했다. 보수는 자신보다 더 좋은 학교를 졸업한 인재를 선호했다. 또 강하고 권위를 가진 리더가 한국에 더 잘 어울린다고 생각했다. 반면에 진보는 자신과 비슷한 경험을 하거나 더 어려운 환경을 경험했던 리더를 원했다(동아일보 2014년 8월 14일).

영국의 정신건강학자 Roger Henderson은 돈 걱정 신드롬(Money sickness syndrome)이라는 말을 처음으로 사용했다. 이 말은 돈 걱정 때문에 정신적 스트레스를 받는 이들에게 나타나는 증상을 의미한다. 돈 걱정으로 인한 증상은 호흡곤란 · 두통 · 구역질 · 발진 · 식욕 부진 · 이유 없는 분노 · 신경질 · 부정적인 생각 등으로 나타난다. 그에 따르면 2008년 글로벌 금융위기 이후 수많은 사람들이 이 질환으로 고통을 겪고 있다고 한다(더 스쿠프 2014년 8월 28일).

2. 관련연구

화폐에 대해 사람들이 어떠한 태도를 갖고 있는가를 이해함으로써 사람들의 전반적인 소비생활을 이해하고 예측하는데 도움이 되며, 비합리적이거나 역기능적인 소비생활을 바로 잡기 위한 소비자교육의 방향을 설정하고 프로그램과 정책을 제안하는데 중요한 단서가 된다는 점에서 화폐태도에 관한 많은 연구들이 이루어지고 있다(김정훈, 이은희, 2002). Tang(1995)은 화폐태도가 사람들의 일생을 점검하는 창고의 틀이 될 수 있으므로 화폐에 대한 소비자태도는 소비와 관련된 연구의 중요한 변수가 될 수 있다고 보았다(김영숙과 이신정, 2005).

화폐태도와 관련한 해외연구들은 1960년대부터 이루어지기 시작했으며, 1980년대에는 화폐태도를 측정하기 위한 척도개발과 관련된 연구들이 등장하였다. 화폐의 태도와 관련된 국내 연구는 1990년대에 이르러 외국척도를 변형하여 연구되기 시작했으며 2000년 이후 보다 다양한 주제로 연구되기 시작했다. 많은 연구들이(김정훈, 2002a; 2002b; 김정훈과 이은희, 2002; 박정숙과 차경옥, 2003, 백은영과 정순희, 1998; 우석봉, 2006; 장재윤, 2002; 서은숙과 장윤옥, 2008; 홍은실, 2005; 홍은실, 황덕순, 한경미, 2001) Yamauchi와 Templer(1982)의 Monney Attitude Scale, Furnham(1984)의 Money Beliefs and Behaviors Scale, Tang(1993)의 Money Ethic Scale과 Tang(1995)의 Short Money Ethic scale등을 우리 경제생활에 맞게 수정한 척도를 사용하였다(유수현과 문숙재, 2010).

Wihelm, Varcoe & Fridrich(1993)은 화폐태도를 강박적으로 화폐의 지위와 중요성에 몰두하는 유형, 화폐를 사용하는데 어려움을 가지고 있는 유형, 기분전환을 위해 화폐를 사용하는 유형, 화폐를 노력의 결과로 보는 유형과 같이 4가지로 나누었다. 여성은 기분전환을 위해 화폐를 사용하는 태도와 노력의 결과로 보는 태도를 가지고 있을 때 재정적인 만족감이 높았으며, 화폐를 사용하는데 어려움을 가진 사람들은 만족도가 낮은 것으로 나타났다. 남성은 돈을 노력의 결과라고 생각하는 사람들이 재정에 대하여 더 만족하고 있었다.

Roberts & Jones(2001)는 화폐를 권력, 명예, 지위의 도구로 지각하고 있는 소비자들은 충동구매를 더 많이 하였고, 가격에 대하여 민감하거나 가격을 불신하는 태도를 가진 소비자들은 충동구매를 덜 한다고 하였다. Christopher 와 Schlenker(2004)도 물질주의가 강한 소비자일수록 돈이 부족하다고 생각하고 있었고, 화폐에 대하여 덜 보수적으로 접근하고 있었으며, 자신의 권력을 강화하기 위하여 돈을 더 많이 사용하고 있었다. Hallowell와 Grace(1991)은 화폐에 대한 사람들의 태도를 광신자(enthusiasts), 지출자(spender), 미관여자(uninvolved), 회의론자(skeptics)로 나누어, 각 태도의 수준에 따라 몇 가지 유형으로 세분하여 화폐에 대한 의미와 특성을 서술하고 그에 따른 금전관리유형을 분석하였다.

김정훈, 정혜정(1996)은 Furnham의 MBBS를 이용하여 화폐에 대한 태도를 강박적 태도, 지출경향, 재정상태에 대한 자신감, 화폐의 사회적 힘 인식, 폐쇄적 태도, 비공격적 태도의 6개로 분류하여, 화폐의 심리적 역할이 사회, 경제, 문화적 차이를 반영하게 되고 그에 따라 화폐에 대한 서로 다른 태도를 가져올 수 있음을 지적하였다. 화폐태도와 소비와의 관계를 논의한 박은아(1994)는 화폐태도가 현시적 소비와 직접적인 관련이 있다고 하였고(김정훈, 동환숙, 2002 재인용),

백은영(1997)은 화폐태도 유형을 감정충족의 도구로 여기는 유형, 안전의 도구로 여기는 유형, 인색한 태도를 가지고 있는 유형, 성공의 척도로 여기는 유형, 불안감을 지니고 있는 유형의 5개로 나누어 화폐에 대한 태도 유형별 가계의 지출행동에 차이가 있음을 나타냈다. 김영신(2001)의 연구에서는 화폐태도가 대학생소비자의 강박적 구매행동에 영향을 미치는 중요변수로 나타났고, 박정숙(2001)의 연구에서는 의복구매행동에 있어 의사결정단별로 집단 간의 유의한 차이를 나타냈다.

홍은실과 황덕순(2001)는 화폐태도 척도를 성공의 척도, 감정충족의 도구, 불안의 원천, 인색한 태도, 안전의 도구인 5가지로 나누었고, 바람직한 금전사용행동을 유도하는 태도는 화폐를 안전의 도구, 불안의 원천으로 여기는 태도이며 화폐를 감정충족의 도구로 여기는 태도를 지닐수록 바람직한 금전사용행동의 경향이 낮은 것으로 나타났다. 김정훈(2002a)은 화폐태도 유형을 인식형, 정서형 2개로 나누었는데, 인식형은 주부들이 많고 부정형의 신용에 대한 태도 유형이, 정서형은 대학생들이 많고 허용형의 신용에 대한 태도 유형이 많은 것으로 나타났다. 화폐태도는 개인의 기질이나 인생경험 혹은 주어진 환경여

건에 따라 다양하게 나타나며, 이에 따라 사람마다 각기 다른 심리적 가치를 부여한다 (Hollowell & Grace, 1991). 이러한 화폐태도는 복잡, 다차원적이며 화폐에 대해 긍정적(자유, 사랑, 품질)인 면과 부정적(불신, 부적합성, 실패)인 면을 다 가지고 있다(김영신, 2001).

홍은실(2004; 2005)는 청소년 단계(중, 고, 대)와 성별에 따른 돈에 대한 태도의 유의한 차이를 검증하기 위해 이원분산분석을 한 결과, 돈의 태도 차원 가운데 '선'과 '성취'에서 단계와 성의 상호작용 효과가 발견되었다. 즉 돈을 선한 것으로 보는 태도는 고등학교 여학생과 중학교 여학생에게서 높게 나타났고 고등학교 남학생과 중학교 남학생에게서는 상대적으로 낮게 나타났다. 돈을 성취나 성공으로 보는 태도는 중학교 남학생과 고등학교 여학생에게서 상대적으로 높게 나타났으며, 남녀 대학생에서는 낮게 나타났다. 돈의 태도 차원 가운데 '악'과 '존경', '자유/권력'에서는 단계와 성의 유의한 상호작용이 발견되지 않았다. 즉 남학생보다 여학생이, 중학생과 대학생보다 고등학생이 돈이 악하다는 태도점수가 높게 나타났으며, 중학생보다 고등학생과 대학생이 돈을 존경을 얻는 수단으로 보는 경향이 있었다. 또한 남학생보다 여학생이, 중학생보다 고등학생과 대학생이 돈을 자유와 권력의 수단으로 보는 경향이 높았다. 둘째, 4가지 소비행동 모두 청소년 단계와 성별의 상호작용효과가 발견되지 않았다. 남학생보다 여학생이, 중 · 고등학생보다 대학생이 계획소비 점수가 더 높았으며, 과시소비는 남학생보다 여학생이, 고등학생, 대학생, 중학생 순으로 높은 점수를 보였다. 충동소비의 경우 단계에서만 유의한 차이가 나타나서 대학생보다 중 · 고등학생의 점수가 높게 나타났으며, 과소비에서는 성별에서만 유의한 차이가 나타나서 여자의 점수가 높게 나타났다. 셋째, 5차원의 돈 태도에 대한 학년(1~10)과 성별, 자아존중감, 재정적 태도의 중회귀분석 결과, 돈을 선하게 보는 태도는 여자에게서, 자존감이 높을수록 높게 나타났고, 자존감이 낮을수록 돈을 악하게 보는 것으로 나타났다. 학년이 낮을수록 돈을 성취나 성공으로 보는 경향이 높으며, 학년이 높을수록 돈을 존경을 얻는 수단으로 보았으며, 여자의 경우와 학년이 높을수록 돈을 자유/권력의 수단으로 보는 경향이 높게 나타났다. 넷째, 4가지 소비행동에 대한 학년과 성별, 자아존중감, 재정적 태도의 중회귀분석 결과, 학년이 높을수록 여성에게서 자존감이 높을수록 긍정적인 재정적 태도를 지닐수록 돈을 선하게 볼수록 계획소비 점수가 높게 나타났다.

김영숙과 이신정(2005)은 성인 소비자들의 화폐태도를 요인분석한 결과, 성공의 상징, 감정충족의 도구, 미래안전의 도구, 인색과 불신, 불안의 원천, 인정받기 위한 수단의 총 6개 요인이 추출되었고, 군집분석해서 화폐를 미래안전의 도구로 여기는 집단, 불안의 원천으로 여기는 집단, 성공, 인정의 도구로 여기는 집단, 인색과 불신하는 집단, 감정충족의 도구로 여기는 집단의 5개 유형이 나타났다. 화폐태도유형에 따라 가족 수, 월평균 가계소득, 학력이 의미있는 차이를 보였다. 화폐태도유형에 따라 여가활동의 하위영역인 관람활동, 스포츠 활동, 여행은 참여정도, 참여시간, 참여비용, 참여만족에서 모두 유의한 차이가 나타났고, 자기개발, 기타활동에서는 참여정도, 참여시간, 참여비용에서 유의한 차이가 나타났다.

화폐태도 유형별 여가만족도의 차이는 한 달 여가비용 만족도에서 유의한 차이가 나타났다. 화폐태도 유형별 여가만족도의 영향변인들을 살펴본 결과, 미래안전의 도구로 여기는 집단에서는 성별(여성), 소득, 직업(판매직/서비스직/자영업), 직업(단순노무직) 가족생활주기(막내자녀 취학 전), 여가참여정도, 관람활동 참여시간, 스포츠 활동 참여비용, 자기개발 참여만족, 기타활동 참여민족이 영향을 주는 변인으로 나타났고, 불안의 원천으로 여기는 집단에서는 가족 수, 여가참여비용, 여가참여 만족이, 성공, 인정의 도구로 여기는 집단에서는 자기개발 참여시간이, 인색과 불신하는 태도 집단에서는 성별(여성), 직업(교원), 여가참여비용, 기타활동 참여만족이, 감정충족의 도구로 여기는 집단에서는 스포츠 활동 참여시간이 영향변인들로 나타났다.

박정화(2009)는 경제적으로 여유 있는 계층이 주된 시장인 여가산업에서 그 자체로 고급상품인 해외여행상품을 구매하는 여행객들의 경제적 지위와 화폐태도 유형에 따른 일반적인 특성, 해외여행 행태, 고가품 소비성향 및 해외여행상품 선택속성의 차이를 파악하였다. 경제적 지위에 따라 성별, 연령, 최종학력, 가족구성원의 수는 모두 유의한 차이가 있는 것으로 나타났으며, 해외여행

행태의 경우 해외여행빈도, 항공좌석등급, 특급호텔 숙박빈도, 호텔객실등급, 해외여행 경비부담자, 해외여행 소비비용, 해외관광형태, 해외여행기간에 유의한 차이가 있는 것으로 나타났다. 경제적 지위에 따른 화폐태도의 경우 화폐를 '미래안정의 도구', '인색과 불신', '감정충족의 도구', '인정받기 위한 수단'으로 여기는 요인이 유의한 차이가 있는 것으로 나타났으며, 고가품 소비성향의 경우 '가치추구성향', '감성추구성향'의 요인만이 유의한 차이가 있는 것으로 나타났다. 해외여행상품 선택속성의 경우 5가지 요인 중 '숙소'와 '옵션상품' 요인만이 유의한 차이가 있는 것으로 나타났다.

화폐태도 유형에 따라 연령, 연소득, 총자산은 유의한 차이가 있는 것으로 나타났으며, 해외여행 행태의 경우 해외여행빈도, 항공좌석등급, 특급호텔 숙박빈도, 해외여행목적, 해외여행 계획자, 해외여행 소비비용, 해외여행형태, 해외여행기간이 유의한 차이가 있는 것으로 나타났다. 화폐태도에 따른 소비성향의 경우 4가지 요인 중 '감성추구성향'을 제외한 모든 요인이 유의한 차이가 있는 것으로 나타났으며, 화폐태도에 따른 해외여행상품 선택속성의 경우 5가지 요인 중 '인적관계', '쇼핑', '옵션상품' 요인만이 유의한 차이가 있는 것으로 나타났다.

성인을 대상으로 한 박영신과 김이철(2009)의 연구에서도 월평균 수입이 행복에 영향을 미치기는 하나 자기효능감, 직업성취감 같은 다른 관계적, 심리적 변수보다는 적게 영향을 미치는 것으로 나타났다. 서은국과 구재선(2011)의 연구에서도 소득이 높을수록 더 행복해 하기는 했지만, 소득 보다는 행복관과 같은 심리적 변수의 영향력이 더 큰 것으로 나타났다.

2010년 우리나라 성인 1,000명을 대상으로 한 조사에서도 84.4%가 돈이 많이 있으면 나쁠 것이 없다고 생각하였고, 84.3%는 돈을 가질수록 권력이 증가한다고 하였고, 78.4%는 얼마만큼 수입이 있는가에 따라 능력이 결정된다고 하였다. 응답자의 66.6%가 돈이 있는 사람은 행복하게 될 가능성이 높다고 생각하고 있었다. 즉 돈과 행복이 실제로 관련이 없다고 하더라도 사람들은 돈이 생기면 어떤 변화가 생길 것이고 그 변화로 인하여 행복해질 수 있다고 믿으며, 이 믿음 때문에 돈을 더 많이 벌려고 노력하게 된다. 조사결과 사람들은 돈을 많이 벌면 옷이나 자동차, 여가활동과 같은 외적 요인과 태도나 가치관, 자존심과 자존감 등과 같은 내적 요인, 자기계발, 마음의 여유, 진로와 직업 같은 미래요인, 타인의 태도나 시각과 같은 대인관계 요인, 기부요인 등에서 변화가 있을 것이라고 생각하고 있었다(안서원, 박수애, 김범준, 2012).

김정훈(2002a)은 돈에 대한 태도와 그 유형들은 다양한 재정관련 태도와 구매행동과 관련이 있다고 하였는데, 특히 돈에 대한 태도가 인식형 집단은 신용에 대하여 부정적이었고, 정서형 집단은 신용에 대하여 보다 허용적인 경향을 보였다. 박정숙(2001)은 돈에 대해 인색하고 불신하는 집단은 의복을 구매하는 비용이 현저하게 적었고, 디자인이나 유행, 상표 등에 관심이 적었고 의복구매에 매우 소극적인 반면, 성공이나 미래 안전도구로 보는 집단은 월평균 의복구매 비용도 많았고, 세일 기간을 자주 이용하는 등 의복구매에 보다 적극적이었다.

홍은실과 황덕순(2001)은 금전사용행동과 화폐에 대한 태도의 관계를 조사했는데, 돈을 성공의 척도, 감정충족 도구로 인식하는 태도가 강할수록 부정적인 금전사용행동을 하고 있었고, 인색한 태도 및 안전 도구로 인식하는 태도가 강할수록 긍정적인 금전사용행동을 하고 있다고 밝혔다. 장재윤(2002)은 돈에 대한 지향성이 강하면 직무관련 영향이 약화되는 경향을 보인다고 하였고, 김영숙과 이신정(2005)은 화폐태도 유형에 따라 여가 비용을 포함하여 여가 참여도가 차이가 난다고 하였다.

화폐태도 유형 별 지출행동을 연구한 백은영과 정순희(1998)는 화폐를 감정충족 도구로 여기는 유형과 성공척도로 여기는 유형은 다른 유형들에 비해 의복이나 신발, 외식비 같은 비목에 지출을 많이 하는 것으로 나타났고, 화폐를 미래의 안전도구로 여기는 유형은 식비와 교육비를 제외한 전 비목에서 전체평균 이하의 지출비율을 보인다고 하였다. 화폐에 대해 인색한 태도를 가진 유형은 식비지출 비율이 낮고, 선택재에 대한 지출 비율이 가장 낮았다. 불안감을 지닌 유형은 교육비를 상대적으로 많이 지출함으로써 물질적 자원에 대한 투자보다 인적 자원에 대한 투자에 높은 비중을 두고 있었다.

주소현과 김정현(2011)은 우리나라 다양한 세대별 가계재무관리행태를 비교하기 위해 한국투자자교육재단의 '2007 투자자조사'를 이용하여 전체응답자

3,500명을 출생연도에 따라 N세대, X세대, 베이비부머세대, 전쟁세대로 구분하여 연구하였다. 돈에 대한 태도는 긍정적 태도와 부정적 태도로 구분하여 살펴보았는데, 분석결과 N세대가 베이비부머와 전쟁세대보다 그리고, X세대는 전쟁세대보다 돈을 긍정적으로 보는 경향이 높았다. 돈에 대한 부정적 태도는 집단간에 유의미한 차이를 보이지 않았다.

김정훈(2011)은 돈에 대한 태도유형이 기부에 대한 태도에 미치는 영향을 조사하였다. 요인분석 결과, 돈에 대한 태도는 소비적 관리형, 강박적 소비형, 강박적 관리형으로 유형화되었다. 돈에 대한 태도 유형은 기부의 내면적 측면인 필요성과 동기의 이타성에서는 차이가 없었고 실천적 측면인 냉소성과 기부단체에 대한 태도에서 차이가 있었다. 특히 기부에 대한 냉소적 경향에는 상당히 큰 차이가 있었는데, 강박적 소비형들이 기부에 대해 가장 냉소적이었으며, 강박적 관리형, 소비적 관리형 순이었다. 또한 기부단체에 대해서는 소비적 관리형, 강박적 소비형, 강박적 관리형 순으로 부정적으로 인식하고 있었다.

박명숙(2012)은 중고등학생을 대상으로 돈에 대한 태도와 과시소비성향이 비윤리적 소비행동에 미치는 영향을 조사하였다. 중학생보다 고등학생이, 용돈을 많이 사용하는 학생일수록 비윤리적인 소비행동을 많이 하는 것으로 밝혀졌다. 돈을 삶의 수단적인 도구가 된다고 생각하는 학생일수록 그리고 과시소비성향이 강한 학생일수록 비윤리적인 소비행동을 많이 하고 있었다.

서정희와 허은정(2013)은 울산에 거주하고 있는 기혼여성 소비자들을 대상으로 긍정적 요인, 부정적 요인, 신중한 태도로 구성하여 돈에 대한 태도의 일반적 수준을 살펴보았다. 울산 기혼여성 소비자들은 중간보다 약간 높은 수준으로 돈에 대해 긍정적 태도를 가지거나 신중한 태도를 가지고 있었고, 돈에 대해 부정적 태도를 갖는 것에 대해 중간수준을 보인 것으로 나타났다. 돈을 긍정적 태도로 보는 경우에는 종교에 따라 차이가 나는 것으로 나타났지만, 각 종교별 차이는 통계적으로 유의하지 않았다. 전문대졸이상 소비자보다는 고졸이하 소비자들이 돈에 대해 부정적 태도를 가지고 있는 것으로 나타났다. 연령이 30세 미만의 소비자들이 30세 이상의 소비자들에 비해 돈에 대해 신중한 태도를 가지고 있는 것으로 분석되었다. 이는 30세 미만 소비자들의 경우

30세 이상 소비자들에 비해 소득이나 자산이 적기 때문에 돈에 대해 더 신중한 태도를 가진다고 해석할 수 있다.

총자산이 3억에서 4억 5천만원 미만이거나 이상인 집단이 3억에서 4억 5천만원 사이인 집단보다 그리고 주택을 소유하지 않은 집단이 소유한 집단보다 돈에 대해 더 긍정적인 태도를 가지고 있었고 주택을 소유하지 않은 집단이 소유한 집단보다 돈에 대해 더 부정적 태도를 가지고 있었다. 총자산이 1억 5천만원 미만으로 제일 적은 집단이 다른 집단보다 그리고 주택을 소유하지 않은 집단이 소유한 집단보다, 부채가 없는 집단이 부채가 있는 집단보다 돈에 대해 신중한 태도를 가지고 있었다. 총 부채액의 경우에는 부채액이 4,000만원에서 8,000만원 사이인 집단이 부채액이 그 이하 집단과 그 이상 집단보다 돈에 대해 덜 신중한 태도를 보였다.

장재윤(2002)은 내외동기 지향성과 돈에 대한 태도변인이 직무특성과 직무관여, 그리고 직무특성과 조직몰입간의 관계를 조절할 것이라는 가설을 검증하고자 하였다. 국내 S그룹의 종업원 430명을 대상으로 설문조사를 통하여 관련 변인들의 측정 자료를 수집하였다. 인구통계변인들의 효과를 제거하고 상호작용 효과를 조사하기 위해 위계적 회귀분석을 실시하였다. 분석 결과에 따르면, 돈에 대한 태도는 직무특성과 조직몰입간의 관계를 유의미하게 조절하는 효과를 보였다. 또한, 내동기 지향성은 직무특성과 직무관여간의 관계를, 그리고 외동기 지향성의 한 차원인 외부지향은 직무특성과 조직몰입간의 관계를 유의미하게 조절하는 효과를 보였다.

이필수(2014)는 20세에서 60세 이루는 세대의 일반금융소비자를 대상으로 한 조사에서 일반적 자기효능감 및 재무적 자기효능감이 돈에 대한 태도에 어떠한 영향을 미치며, 또한 이러한 변수들이 은퇴준비저축의 가입의도에 어떠한 영향을 미치는가를 분석하였다. 일반적 자기효능감은 유지-시간, 불신, 근심과 같은 3개의 돈에 대한 하위차원과 관계가 있었으나, 일반적 자기효능감이 은퇴준비저축의 가입의도에는 영향을 미치지 않았다. 재무적 자기효능감은 파워-명성 차원, 불신 차원, 근심 차원 등과 의미있는 관계가 나타났고, 은퇴준비저축의 가입의도에도 의미있는 영향을 미쳤다.

일반적 자기효능감이 높은 경우 저축성향은 높으나, 가격에 민감성과 재무문제에 대한 민감성은 떨어지는 것으로 나타났다. 즉, 일반적 자기효능감이 높은 경우 미래를 위한 저축 성향의 태도를 가지며, 가격이나 재무적 문제에 대하여 둔감하게 반응 하는 것으로 나타났다. 재무적 자기효능감이 높은 경우 돈에 대한 태도는 파워 · 명성 차원이나 불신 차원, 근심 차원에 대하여 정(+)의 유의적 영향이 있는 것으로 나타났다. 이는 재무적 자기효능감이 높은 응답자의 경우 돈을 현실에 필요한 도구로 보는 태도가 강하며, 불신 차원 및 근심 차원에 대하여도 유의적 영향을 나타나기도 했다. 즉 재무적 자기효능감이 높은 경우에는 현재 재무적 상황에 자신감을 가지기 때문에 현재의 금융소비를 중시하며, 반면에 가격의 민감성과 재무문제의 민감성에 예민하게 반응 하는 것으로 나타났다. 돈에 대한 태도의 하위 차원이 가입의도의 관계에서, 파워-명성 차원 및 유지-시간 차원은 가입의도에 대하여 정(+)의 유의적 영향을 나타내고 있다. 이는 돈에 대한 태도를 현실의 가치를 중시하거나 미래의 가치를 보는 금융 소비자의 경우 은퇴준비저축예금에 대하여 가입의사를 나타낸 반면, 불신 차원 및 근심의 차원에 대하여는 유의적인 영향이 있다는 것을 증명하지 못했다.

홍정림(2014)은 경제활동의 매개체인 돈에 대한 태도를 측정하고 각 태도유형에 따라 저축과 소비행동이 어떻게 나타나고, 저축 및 소비행동에 인상관리 동기가 어떻게 상호작용하는지를 분석하였다. 사람들의 화폐태도에는 성공의 척도로 여기는 유형, 미래안전의 도구로 여기는 유형, 불안의 원천이라고 생각하는 유형, 인정의 수단으로 여기는 유형, 감정충족의 도구로 여기는 유형, 돈에 대해 인색한 태도를 가진 유형 등 6가지 유형이 있는 것으로 나타났으며, 이들 화폐태도 유형의 성격에 따라 '거래적 의미'와 '상징적 의미' 로 구분하였다.

화폐태도별 저축 및 소비행동에 대한 관련성을 분석한 결과 소비행동은 상징적 의미의 화폐태도와 관련성이 높은 것으로 나타났으나, 저축행동의 경우에는 화폐태도에 따라 관련있는 저축행동이 다르게 나타났다. 화폐태도와 저축 및 소비행동간의 관계에서 인상관리 동기의 조절효과를 분석한 결과 상징적 의미의 화폐태도의 경우 소비행동 뿐만 아니라 저축행동에서도 인상관리

동기의 상호작용이 확인되었으며, 거래적 의미의 화폐태도와 저축행동간에는 인상관리 동기의 상호작용이 나타나지 않았다.

전희원(2011)은 부산광역시에 소재한 중 · 고등학생을 대상으로 청소년의 소비자의식과 돈에 대한 태도가 소비성향에 미치는 영향을 알아보았다. 청소년의 사회인구학적 특성에 따른 소비자의식, 돈에 대한 태도와 소비성향의 차이를 살펴 본 결과, 청소년의 소비자의식은 용돈을 정기적으로 받는 집단에서 권리의식이 더 높게 나타났다. 돈에 대한 태도는 성별, 학년, 월 평균 용돈에서 차이가 나타났고, 소비성향은 성별과 학년에 따라 유의미한 차이가 나타났다. 소비자의식에서는 권리의식이 높고, 책임의식이 낮을수록 비합리적인 소비성향이 높으며, 권리의식과 책임의식이 높을수록 합리적인 소비성향이 높은 것으로 나타났다. 돈에 대한 태도에서는 성공의 척도, 불안의 원천, 감정충족의 도구가 높을수록 비합리적인 소비성향이 높으며, 미래안전의 도구, 신중하고 인색한 태도가 높고, 불안의 원천이 낮을수록 합리적 소비성향이 높은 것으로 나타났다. 청소년의 비합리적 소비성향과 합리적 소비성향에 영향을 미치는 관련 변인들의 상대적 영향력을 살펴 본 결과, 비합리적 소비성향은 책임의식, 성공의 척도, 권리의식, 감정충족의 도구, 성별, 학년의 순으로 영향을 미치고, 합리적 소비성향은 성별, 미래안전의 도구, 권리의식, 신중하고 인색한 태도, 불안의 원천, 월 평균 용돈의 순으로 영향을 미치는 것으로 나타났다.

3. 울산 프리틴 소비자의 화폐태도

1) 화폐태도에 대한 실태

<표 4-1>은 조사대상자들의 화폐에 대한 태도의 일반적 경향을 보여주고 있다. 각 문항은 4점 리커트 척도로 측정되었고 2점은 '그렇지 않다', 3점은 '그렇다'를 나타내며 2.5점은 부정도 긍정도 아닌 중간 상태를 나타낸다.

〈표 4-1〉 화폐태도에 대한 일반적 경향

구분	문항	평균(SD)
긍정적 화폐 태도	1. 돈은 나의 능력과 자신감을 나타내는 수단이다.	2.50(1.01)
	2. 돈이 얼마나 있는가는 그 사람의 능력을 나타낸다.	2.40(1.01)
	3. 돈은 성공의 상징이다.	2.77(0.95)
	4. 돈이 많으면 사회에서 존경받을 수 있다.	2.27(1.00)
	5. 돈은 내가 되고 싶은 사람이 될 수 있는 기회를 제공한다.	2.58(0.95)
	6. 돈은 우리에게 자유를 가져다준다.	2.68(0.99)
	4점 변환점수	2.53(0.80)
부정적 화폐 태도	5. 돈은 사람들이 나쁜 일을 하게 하는 원인이다.	2.61(1.09)
	6. 돈은 악마와 같다.	2.56(1.00)
	4점 변환점수	2.59(0.92)

먼저 긍정적 화폐에 대한 태도의 경우 여섯 문항의 평균점수는 2.53점으로 중간상태를 보여주고 있다. 구체적으로 보면 '돈은 성공의 상징이다'의 경우 평균점수가 2.77점으로 가장 높게 나타났다. '돈은 우리에게 자유를 가져다 준다'는 2.68점, '돈은 내가 되고 싶은 사람이 될 수 있는 기회를 제공한다'는 2.58점으로 나타나서 조사대상 학생들은 돈을 성공의 상징이라는 것에 대해 약간 긍정적으로 생각하고 있음을 보여주었다. 한편 '돈은 나의 능력과 자신감을 나타내는 수단이다'는 2.50점으로 중간상태를 나타내며, '돈이 많으면 사회에서 존경받을 수 있다'는 2.27점으로 나타나서 이에 대해서는 약간 부정적으로 생각함을 보여준다.

부정적 화폐에 대한 태도에 있어서는 두 문항의 평균점수는 2.59점으로 긍정적 화폐태도 보다 약간 높았다. '돈은 악마와 같다'와 '돈은 사람들이 나쁜 일을 하게 하는 원인이다'에 대해 평균점수가 2.5점 이상으로 나타나서 조사대상자들은 돈의 부정적 측면을 약간은 인식하고 있음을 보여준다.

2) 화폐태도의 차원

〈표 4-2〉 화폐태도에 대한 요인분석 결과

문항	요인1	요인 2	공통성
1. 돈은 나의 능력과 자신감을 나타내는 수단이다.	.88	-.05	.78
2. 돈이 얼마나 있는가는 그 사람의 능력을 나타낸다.	.88	.00	.77
3. 돈은 성공의 상징이다.	.82	-.01	.68
4. 돈이 많으면 사회에서 존경받을 수 있다.	.82	-.03	.67
5. 돈은 내가 되고 싶은 사람이 될 수 있는 기회를 제공한다.	.74	-.07	.56
6. 돈은 우리에게 자유를 가져다준다.	.69	.09	.49
5. 돈은 사람들이 나쁜 일을 하게 하는 원인이다.	-.03	.89	.79
6. 돈은 악마와 같다.	.01	.88	.78
아이겐 값	3.93	1.58	
분산(%)	49.11	19.73	
전체 분산(%)	49.11	68.84	
요인명	긍정적 화폐태도	부정적 화폐태도	
Cronbach' s α	.89	.72	

<표 4-2>는 화폐에 대한 태도의 요인분석 결과를 제시하고 있다. 화폐에 대한 태도는 아이겐 값 1이상을 기준으로 두 가지 요인으로 분류되었고, 이 요인들은 전체 분산의 68.84%를 설명하였다.

첫 번째 요인은 돈을 자신의 능력과 자신감을 나타내는 수단으로 보고, 돈이 사람의 능력을 나타내는 척도가 된다고 여기고, 돈을 성공의 상징으로 보고, 돈이 많으면 사회에서 존경을 받을 수 있다고 생각하고 있고, 돈은 자신이 되고 싶은 사람이 될 수 있는 기회를 제공해주고, 자유를 준다고 생각하기 때문에 '긍정적 화폐태도'로 명명하였다. 모두 6문항으로 구성된 이 요인의 크론바하

알파값은 .89로서 신뢰도 수준이 높은 편이다. 두 번째 요인은 돈은 사람들이 나쁜 일을 하게 하는 원인이고, 돈을 악마라고 생각갛고 있다는 점에서 '부정적 화폐태도'라고 명명하였다. 이 요인은 두 문항으로 구성되며 크론바하 알파값은 .72로서 신뢰할 만한 수준이다.

3) 사회인구학적 변수에 따른 화폐태도

<표 4-3>은 사회인구학적 변수에 따른 화폐태도의 차이를 보여준다. 긍정적 화폐태도의 경우 인구사회학적 변수에 따른 유의한 차이는 발견되지 않았다. 부정적 화폐태도의 경우 조사대상자의 거주형태에 따라 통계적으로 유의한 차이가 나타났다. 즉 아파트에 거주하는 학생들보다 주택이나 빌라에 거주하는 학생들이 부정적 화폐태도 점수가 유의하게 높게 나타났다.

〈표 4-3〉 사회인구학적 변수에 따른 화폐태도 차이

변수	구분		긍정적 화폐태도	부정적 화폐태도
성별	남	143	15.28(4.73)	5.30(1.81)
	여	154	15.09(4.65)	5.05(1.88)
	t-value		.34	1.15
부연령	42세 이하	83	14.94(4.76)	5.31(1.96)
	43-45세	114	15.25(4.79)	5.16(1.74)
	46세 이상	93	15.41(4.81)	4.91(1.90)
	F		.22	1.05
모연령	40세 이하	129	14.80(5.13)	5.14(1.87)
	41-42세	60	15.63(4.34)	5.37(1.83)
	43세 이상	99	15.53(4.52)	5.00(1.86)
	F		.92	.73
부학력	고졸 이하	112	15.23(4.70)	5.38(1.79)
	초대졸 이상	178	15.07(4.88)	4.96(1.87)
	t-value		.26	1.93
모학력	고졸 이하	127	15.34(4.91)	5.25(1.93)
	초대졸 이상	159	14.99(4.76)	5.02(1.79)
	t-value		.61	1.04

부직업 구분	회사원	154	15.21(4.85)	5.04(1.82)
	기타	145	15.15(4.72)	5.31(1.87)
	t-value		.12	-1.27
모직업 유무	유	184	14.97(4.73)	5.23(1.84)
	무	114	15.47(4.86)	5.07(1.87)
	t-value		-.88	.75
성격 성향	외향적	225	15.28(4.78)	5.17(1.91)
	내향적	68	14.75(4.90)	5.16(1.64)
	t-value		.80	.02
거주 형태	아파트	208	15.06(4.95)	4.98(1.89)
	주택/빌라 등	92	15.46(4.38)	5.60(1.67)
	t-value		-.66	-2.70**
주관적 경제 인식	중층 이하	109	15.30(4.79)	4.85(1.89)
	중상층	141	14.99(4.82)	5.29(1.74)
	상층 이상	46	15.43(4.77)	5.47(1.97)
	F		.21	2.57

** $p < .01$

제5장
프리틴 소비자의 소비합리성

한국 소비자들이 국산품을 우선시하는 '애국 소비'를 멈추고 합리적인 가격과 품질을 갖춘 수입품에 눈을 돌리고 있다고 영국 주간지 이코노미스트가 보도했다. 이코노미스트는 '포섭된 한국 소비자'라는 제목으로 해외 직접구매 열풍과 함께 소비자의 태도 변화 등을 소개하고 한국 기업들이 전략을 바꿔야 한다고 지적했다. 아시아 금융 위기가 한창이던 1998년 한국에서는 명사들이 BMW 대신 현대차를 선택하며 애국심을 과시했지만, 지금은 애국 소비가 효과를 내지 못한다고 이코노미스트는 분석했다. 지난 2009년 아이폰이 한국 시장에서 25%의 점유율을 올린 것이 한국 소비자의 태도 변화를 보여준 시발점이라고 이코노미스트는 평가했다. 이코노미스트는 특히 지난 3년간 한국이 유럽연합 회원국을 포함한 50여개국과 FTA를 체결한 것이 결정적인 상황 변화라고 분석했다(KBS뉴스 2015년 1월 19일).

1. 소비합리성의 정의

'합리성' 또는 '합리적'(rationality)에 대한 개념은 사회철학, 과학철학, 사회학, 정치학, 심리학, 행정학, 경제학 등 인문·사회과학에서 매우 다양하게 다루어졌다. 그러나 다양한 분야에서 여러 학자들에 의해 논의되어온 합리성에 대한 정의는 아직 일치된 견해를 찾지 못하고 있다. 합리성에 대한 개념을 매우 중요하게 여기는 대표적인 학문은 경제학이다. 희소한 자원을 얼마나 효율적으로 배분하여 결과를 극대화할 것인가를 경제적 행위의 본질이라고 볼 때 부의 축적 및 경제발전은 모두 합리적 선택행위를 통해서 가능하기 때문이다. 즉, 경제학에서 합리성은 합리적 선택행위를 의미하는 것으로 볼 수 있으며, 선택행위의 주체인 인간은 합리적인 존재로 가정하는 것이다.

전통적인 주류 경제학에서 자기이익 추구(self-interest)는 합리성과 함께 경제적 인간(homo economicus) 개념을 이루는 중요한 축(김난도, 2003)으로 경제적 이익 극대화라는 목표를 설정하고 개인의 일관된 선호체계에 따라 일관성 있게 그 목표를 추구함을 의미한다(권미화, 2000). 또한 경제적 인간은 규범적 의사 결정 이론(normative decision theory)에 근거하여 어떠한 선택 행동할 때 기대효용(expected utility)을 예측하여 최대화 할 수 있는 대안을 선택하는 것을 의미한다(Kahneman & Tversky, 1982). 이렇게 구성된 경제적 인간은 경제학이 최소한의 가정으로 최대한의 설명을 이끌어내는 절약적(parsimonic)인 이론화를 가능케 하였고 경제학의 제국주의(economic imperialism)라는 우려를 불러일으킬 만큼 타 학문에 심대한 영향을 미쳤다(김난도, 2003).

그러나 전통적인 주류 경제학에서 가정하는 경제적 인간으로 설명 불가능한 현상들이 발생하기 시작하였고, 합리성의 조건에 대한 여러 가지 비판들이 발생하였다. 주류 경제학이 가정하고 있는 합리성에 대해 인간 인지능력의 한계라는 관점에서부터 체계적으로 비판한 대표적인 학자는 1978년 노벨 경제학상을 수상한 허버트 사이먼(Herbert Alexander Simon)이다. 사이먼은 일상에서의 합리성이 경제학에서 의미하는 최적화된 합리성이 아니며, 경제학의 합리성 개념이 행동이론에 근거하여 재구축되어야 할 것으로 주장하였다(이선환, 1989). 사이먼이 주장한 제한된 합리성(bounded rationality)은 주류 경제학에서 하나의 이론으로 인정받지 못하였으나 기존 주류 경제학 이론으로 설명하지 못하는 현상을 심리학과 결합하여 설명하였다(도모노 노리오, 2006).

경제학과 심리학을 결합하여 주류 경제학 이론을 계량한 대표적인 학자는

Daniel Kahneman과 Amos Tversky이다. Kahneman & Tversky(1979, 1984)는 인간의 지각과 결정에 대한 불완전성 때문에 대안 제시관점의 변화에 따라 선호도가 바뀔 수 있다는 전망이론(prospect theory)을 제시하였다. 그들이 제시한 전망이론은 의사결정의 선택 행위 시 이득(gain)과 손실(loss)에 관한 프레이밍으로 의사결정자들이 위험한(risky) 혹은 불확실한 결과를 제시하는 대안과 확실한 결과를 제시하는 대안을 비교·선택하는 경우 동일한 가치를 지닌 두 대안의 프레이밍이 달라짐에 따라 선택 결과가 상이하게 나타난다고 설명하였다(고주옥, 2003).

이와 같이 경제학과 심리학을 결합한 인간 의사결정에 관한 연구는 George Arthur Akerlof, Thomas Crombie Schelling 등과 같은 노벨경제학상을 수상한 학자들에 의해 지속적으로 연구되고 있으며(도모노 노리오, 2006) 행동경제학(Behavioural Economics), 인지경제학(Cognitive Economics) 등의 연구 분야로 발전하고 있다(정오현과 고동완, 2011).

소비자학 분야에서 사용되는 합리성 개념은 학자들의 연구에 따라 다양한 각도에서 정의되며 다수의 연구들이 진행되어 왔다(김난도 2003; 권미화와 이기춘 2000; 정준 1997; 지정현 1998). 정준(1997)은 합리성을 동기적 합리성과 인식적 합리성으로 구분하였는데, 동기적 합리성은 자기이익의 극대화로, 인식적 합리성은 정보의 효과적 처리 가능성으로 자기 소득을 스스로 관리할 수 있는가로 판단하였다. 그리고 권미화와 이기춘(2000)에 의하면 합리성은 사회활동과 사회제도 속에서 인간이 지향하는 기본 성향으로서, 소비행동에서는 행동의 결과를 판단하는 역할을 한다고 하였다. 김난도(2003)는 여러 학문분야에서 논의해 온 합리성 개념을 일별하고, 소비자학에서 활용 가능한 합리성 개념의 규정을 시도하였다. 그리고 소비자 연구에서 합리성의 개념이 매우 다의적으로 정의되고 있는 것은 연구자의 연구목적에 부합하는 개념을 찾기 위한 불가피한 현상이라고 설명하였다. 따라서 본 연구는 합리성을 소비자가 소비행동과 관련된 정보의 수집과 적절한 처리를 통해서 소비과정의 효율성과 자기이익의 극대화를 추구하려는 성향이라고 규정하였다. 따라서 본 연구는 키오스크를 합리적인 제품으로 간주한다. 이러한 합리의 개념은 공동체의 이익을 효과적으로 달성하기 위하여 최대의 이익추구와 책임감을 조화롭게 하는 것이라고 하였다(권미화, 이기춘 2000). 이런 논리에서 볼 때, 합리성이 높은 소비자는 무인 혹은 대인 서비스와는 관계없이 본인에게 돌아오는 혜택이 높은 쪽을 우선적으로 선호할 것으로 판단된다.(정성광, 양재호, 2013).

제한된 합리성은 경제주체에 대한 합리성에 의문을 제기한 행태과학에서 발전된 개념이다. 행태과학을 금융부문에 적용하여 발전되어 온 행태재무학은 전통적인 접근 방법에서 설명되지 못하는 금융 현상을 주체의 비합리성을 고려함으로써 설명하려는 접근 방법이다. 이러한 접근 방법에 따르면, 금융소비자는 일관적이고 합리적으로 효용을 극대화하는 경제 주체이기 보다는, 정보를 인식하고 활용하는 능력에 한계가 있는 '제한된 합리성(Bounded Rationality)'을 갖고 있는 존재로 규정될 수 있다. Cartwright(1999)는 제한된 합리성을 갖는 금융소비자는 비록 정확한 정보를 제공받는다고 하더라도 합리적으로 이를 판단하지 못하고 더 나아가 선택마저 올바르게 하지 못할 가능성이 높다는 점을 지적하였다(원승연, 2011).

2. 관련연구

정오현과 고동완(2011)은 관광객 소비지출에 관한 기존의 선행연구는 크게 경제적 측면에서 소비지출 결정요인을 규명하는 연구와 심리적 측면에서 선행변수가 지출액에 미치는 영향에 대한 이론적 근거를 제시하는 연구로 구분할 수 있다고 보았다. 그러나 경제적 측면에서 진행되어온 연구와 심리적 측면에서 진행되어온 연구 모두 일관된 결론을 도출하지 못하는 한계를 보인다는 점에서 관광객 소비지출 의사결정이 주류 경제학의 합리성과 심리학을 결합한 행동경제학의 비합리성 중 어떠한 가정을 통하여 이루어지는지를 규명하였다. 관광객 소비지출행위는 합리적인 의사결정과 비합리적인 의사결정이 공존하고 있으며, 합리적인 의사결정 과정을 통하여 소비지출행위가 더 많이 이루어지는 것으로 볼 수 있다. 이는 관광객 소비지출 의사결정은 주류 경제학의 합리성이 아닌 경제학과 심리학이 결합한 행동경제학의 비합리성에 따라 결정되는 것으로 볼 수 있다.

관광객 소비지출행위는 소비지출 항목에 따라 합리적 의사결정과 비합리적 의사결정이 이루어지는 것으로 볼 수 있다. 관광 지출액 항목 중 단위 비용이 큰 항목은 단위 비용이 적은 항목에 비해 상대적으로 합리적 의사결정을 통하여 소비지출행위가 이루어지며, 비용이 적은 항목은 비합리적 의사결정을 통하여 소비지출행위가 이루어지는 것으로 볼 수 있다. 이는 주류 경제학의 합리성 가정으로 설명되지 않으며, 행동 경제학의 비합리성 가정으로 설명 할 수 있다. 비합리적 집단은 추가된 소비지출행위를 통하여 증가된 지출액만큼 기대효용 및 만족도를 추구하지만 이는 비합리적 의사결정을 통하여 이루어진 소비지출행위로 볼 수 있다. 추가적 소비지출행위를 통하여 지출액은 증가하였지만 증가된 지출액만큼 만족도는 증가하지 않은 것으로 나타났다. 이는 주류 경제학의 합리성 가정인 최대의 효용을 추구하는 것이 아닌 행동경제학의 비합리적 가정인 주관적 만족으로 설명할 수 있다.

사전/사후 지출액에 영향을 미치는 요인은 차이가 발생함에 따라 관광객의 소비지출행위는 비합리적 의사결정을 통하여 이루어지는 것으로 볼 수 있다. 주류 경제학의 가정인 합리성을 통하여 관광객 소비지출행위가 이루어진다면 사전 지출액과 사후 지출액에 미치는 요인은 동일하게 나타나는 것으로 예상할 수 있다. 그러나 사전/사후 지출액에 미치는 요인이 상이한 것으로 나타나 행동경제학의 비합리성을 가정으로 의사결정이 이루어진 것으로 볼 수 있다.

따라서 관광객 소비지출 의사결정은 주류 경제학에서 가정하는 합리성이 적용되지 않는 것으로 볼 수 있다. 주류 경제학에서 가정하는 합리성이 완벽하게 적용될 경우 관광객 소비지출행위는 온전히 합리적 의사결정을 통하여 이루어져야 하지만 연구결과 합리적 의사결정과 비합리적 의사결정이 공존하는 것으로 나타났다. 특히, 소비지출 항목에 따라 합리적 의사결정과 비합리적 의사결정의 비중은 차이가 발생할 수 있으며, 문화오락 · 쇼핑비 항목에서는 비합리적 의사결정을 통해 더 많은 소비지출행위가 이루어지는 것으로 볼 수 있다. 그리고 관광객이 반드시 기대효용 또는 만족을 극대화하기 위해 소비지출행위를 하지 않는 것으로 볼수 있다. 결국 관광객 집단은 주류 경제학의 합리성을 가정으로 합리적 의사결정을 통하여 소비지출하는 집단과는 차이가 있으며, 관광활동 중 다양한 원인에 의해 행동경제학의 비합리성을 가정으로 비합리적 의사결정을 통하여 소비지출행위를 하는 것으로 볼 수 있다.

정성광과 양재호(2013)은 키오스크 이용자의 지각된 관계혜택이 서비스 만족과 고객 충성도에 미치는 영향을 규명하고, 소비자(이용자)의 혁신성과 합리성의 조절효과를 실증적으로 살펴보았다. 연구의 주요 결과를 살펴보면 관계혜택인 사회적 혜택, 확신적 혜택, 경제적 혜택, 고객화 혜택은 서비스만족에 영향을 미치는 것을 알 수 있었다. 이 중에서 고객화 혜택의 경로계수 값이 가장 크게 나타나 고객만족에 가장 큰 영향변인임이 확인 되었으며, 다음으로 확신적 혜택, 사회적 혜택, 경제적 혜택 순으로 나타났다. 서비스 만족은 고객 충성도에 영향을 미치고, 소비자 혁신성은 관계혜택이 서비스 만족에 미치는 영향을 부분적으로 조절하는 것으로 확인되었고, 합리성 또한 관계혜택이 서비스 만족에 미치는 영향을 부분적으로 조절하는 것으로 확인되었다.

키오스크를 통한 서비스 상황에서도 이용자는 관계혜택을 지각하며, 지각된 관계혜택의 수준은 이용자의 만족과 충성도에 유의한 영향을 미치는 것을 확인하였다. 특히, 관계혜택 중 고객화 혜택의 경로값이 가장 높은 것으로 나타났는데, 이는 기업이 키오스크를 통한 영업을 할 때에도 기존 고객에 대한 특별한 대우, 우선적 대우, 그리고 특별한 주의와 서비스 등을 강조하면 해당기업에 대한 서비스 만족도 및 충성도를 높일 수 있을 것으로 판단된다. 반면에 경제적 혜택의 경로값이 가장 낮은 것으로 나타났는데, 이는 기업들이 경제적 혜택을 제시할 때는 소비자의 지각적 문턱의 수준을 고려하여 제시할 필요가 있다고 생각된다. 예를 들어 철도청의 키오스크 발권의 경우, 발권 금액의 1%(서울-부산 왕복의 경우 540원 정도)를 할인하는 방식으로 혜택을 돌려주는데, 사실상 이 금액은 이용자가 크게 느끼지 못하는 수준으로 생각된다. 따라서 기업이 경제적 혜택을 제시할 때에는 지각적 문턱을 쉽게 느낄 수 있는 정도의 혜택을 제공하는 것이 바람직하며, 만약 혜택의 수준이 작을 경우엔 경제적 혜택 보다는 고객과의 혜택에 더 주의를 기울이는 것이 긍정적인 관계형성에 도움이 될 것으로 판단된다. 둘째, 키오스크를 통한 관계혜택과 서비스 만족의 관계에 있어서 소비자 혁신성이 부분적으로 조절적 역할을 수행하는 것을 확인하였다. 소비자 혁신성이 낮은 집단은 소비자 혁신성이 높은 집단보다 사회적 혜택, 확신적 혜택을 더욱 더 높이 지각하는 것으로 나타났다. 즉 소비자 혁신성이 낮은 집단은 소비자 혁신성이 높은 집단보다 서비스 제공자와의 친밀함의 정도, 우정 등의 유대관계에 더욱 더 영향을 받는 것으로 확인되어진다. 이는 서비스 제공자와 고객과의 관계 뿐만 아니라 고객과 고객과의 관계에서도 발생하는 것으로 볼 수 있다. 즉, 자신의 생각이나 행동이 비슷한 사람과 만나면 안심하고 그들과 인간적인 관계를 맺으려 하는 유사성의 법칙으로 판단된다. 반면에 소비자 혁신성이 높은 집단은 소비자 혁신성이 낮은 집단보다 경제적 혜택을 더욱 더 높이 지각하는 것으로 나타났다. 결국, 소비자 혁신성이 높은 집단은 철도청의 1%의 할인혜택에도 적극적으로 이용하려고 하는 것으로 나타났다. 또한 금전적인 할인혜택 이 외에도 발권창구보다 대기시간을 줄일 수 있는 비금전적인 혜택에도 소비자 혁신성이 높은 집단은 긍정적으로 지각하는 것을 알 수 있었다. 이것으로 보아 기업에서는 미비한 경제적 혜택을 할 경우에는 불특정 다수의 소비자에게 제공하는 것 보다는 소비자 혁신성이 높은 소비자를 선별하여서 제공하는 것이 더욱 더 효율적일 것이다. 셋째, 키오스크를 통한 관계혜택과 서비스 만족의 관계에 있어서 합리성이 부분적으로 조절역할을 하는 것으로 나타났다. 합리성이 높은 집단은 합리성이 낮은 집단보다 사회적 혜택을 더욱 더 높게 지각하는 것으로 나타났다. 결국 합리성이 높은 집단은 서비스 제공자와의 관계뿐만 아니라 고객과 고객간의 관계의 친밀함의 정도, 우정과 같은 유대관계의 사회적 혜택을 통해서 정보의 수집과 처리를 통해 소비과정의 효율성을 높이려고 한다는 것을 알 수 있다. 반면에 합리성이 낮은 집단은 합리성이 높은 집단보다 고객화 혜택을 더욱 더 높이 지각하는 것으로 나타났다. 이는, 실질적인 금전적, 비금전적인 혜택보다는 자신만의 특별한 배려와 대우 또는 남들에게 주어지지 않는 특별한 서비스를 더욱 더 추구한다는 것을 알 수 있다.

김난도(2003)는 여러 학문분야에서 논의해 온 합리성 개념을 일별하고, 그

중에서 합리성의 문제에 가장 진지하게 천착해 온 경제학에서의 개념 규정을 중심으로 소비자학에서 활용 가능한 합리성 개념의 규정을 시도하였다. 경제학의 호모 이코노미쿠스에 대비되는 소비자학의 호모 콘수멘스의 합리성은 의사결정 과정에서의 도구적 합리성뿐만 아니라, 소비의 소망에도 합리적으로 판단할 수 있어야 한다. 이처럼 도출한 수단적 합리성과 목적적 합리성 개념과 조건을 바탕으로 실제 소비행동에서 나타날 수 있는 비합리적 소비의 예와 원인을 개인적 수준과 사회적 수준에서 함께 고찰하였다. 연구의 주된 논점은 소비의 합리성은 수단적 소비합리성과 목적적 소비합리성을 함께 고려하여야 하고, 수단적 소비합리성이란 소비자가 일관된 의사결정과정을 거쳐 내린 의사결정을 의미한다. 그 조건은 신념의 일관성, 소망의 일관성, 신념·소망체계와 행동의 일관성의 3요소이다. 목적적 소비합리성이란 소비자가 가지게 된 소비의 소망이 합리적이어야 함을 의미하고, 그 조건은 가능성과 자율성이다. 수단적·목적적 합리성이 담보되기 위해서는 사회적 차원의 의사소통적 합리성도 함께 확보되어야 한다.

원승연(2011)은 금융소비자의 제한된 합리성(Bounded Rationality)을 고려하여 금융소비자 보호 체계를 개선하는 것이 필요함을 제시한다. 금융소비자는 정보를 인식하고 활용하는 능력에 한계가 있다는 점에서 제한된 합리성을 갖는 존재로 규정될 수 있다. 이 경우 금융소비자는 금융회사와 동등한 주체가 아닌 상대적으로 보호를 받아야 할 주체로 인정되어야 하며, 이에 상응한 금융소비자 보호 체계의 구축이 필요하다. 그러나 금융감독원의 민원 및 분쟁 자료와 소송사례를 이용하여 금융투자상품 시장에서의 금융소비자 문제를 분석한 결과, 그 문제가 확대되고 있음에도 불구하고 이에 상응한 금융소비자 보호 체계가 구축되지 않은 것으로 판단되었다. 본 논문은 제한된 합리성을 갖는 금융소비자 보호를 위해서 금융회사가 실질적으로 이해가능한 정보를 금융소비자에게 제공하고 금융자문 및 판매 과정에서 고객인지 의무, 적합성 원칙, 적절성 원칙을 준수하도록 해야 함을 강조한다. 이와 동시에 금융거래 관련 법적 체계에 사회법의 원칙을 준용하여 상대적으로 열위에 있는 금융소비자들을 적극적으로 보호할 수 있도록 하는 개선 조치가 필요함을 제안한다. 금융투자상품

거래에서 발생하는 민원과 분쟁, 그리고 소송에 대한 자료와 사례분석을 통해서 금융소비자 보호의 문제 영역과 보호 체계의 문제점을 분석하였다. 무엇보다도 본 연구는 금융소비자가 합리적인 경제 주체라기보다는 제한된 합리성을 가진 경제 주체라는 인식이 금융소비자보호 체계의 개선에 중요함을 강조하였다. 금융소비자가 금융상품 및 서비스에 대해서 제대로 이해하고 그에 입각하여 올바르게 금융거래를 결정하는 것이 매우 어렵기 때문에, 이러한 금융소비자의 특성을 전제로 금융소비자 보호 체계의 원칙을 재정립하고 구체적인 보호 방안을 개선할 필요가 있다는 것이다. 금융소비자의 제한된 합리성으로 인한 문제는 특히 금융투자상품과 같이 복잡한 금융거래가 도입되면서 심화되는 성격을 갖고 있다. 본 연구는 한국에서도 금융투자상품과 관련한 금융소비자 보호 문제가 확산되고 있음을 금융감독원의 민원 및 분쟁 자료와 사례 분석을 이용하여 확인하였다. 그러나 아직까지 한국의 금융소비자 보호 체계는 이러한 제한된 합리성으로 인하여 발생되는 각종 금융소비자 보호의 문제를 해결하기에는 미흡하다는 점도 확인할 수 있었다. 본 연구는 다음 두 원칙이 금융소비자 보호 체계 개선을 위해 확립될 필요성을 제시하고, 외국의 규제 사례를 통하여 현재의 법체계하에서 추가적으로 구체화할 규제 방안을 검토하였다. 첫째, 정보 제공 투명성의 원칙으로서, 금융회사가 금융소비자 수준에 적합하게 정보를 제공하여 금융소비자들이 실질적으로 금융거래의 내용을 이해할 수 있도록 해야 한다는 점이다. 이를 위해서는 금융회사가 금융소비자에게 제시하는 각종 서류들에 대한 구체적인 규제가 요구된다. 가령, 계약서 양식의 표준화, 설명서의 단순명료화, 비교가능한 설명서 작성 등 과 같이 금융회사의 설명의무 및 정보 제공 방식을 구체화하는 작업이 무엇보다도 필요할 것이다. 둘째, 금융회사가 금융소비자의 지적 능력을 인식하고 그에 합당한 금융자문과 판매행위를 하도록 해야 한다는 점이다. 이를 위해서는 금융회사가 고객 인지 의무, 적합성의 원칙, 적절성의 원칙을 준수하도록 할 필요가 있다. 또한, 적합성 원칙 등과 관련해서도 그 해석 범위를 확대 적용함으로써, 금융소비자의 제한된 합리성으로 인한 피해를 적극적으로 방지하고, 보다 구체화된 규제 방안을 강구하는 것이 바람직하다.

권미화와 이기춘(2000)은 청소년소비자의 소비행동 전체의 합리성과 소비행동의 세 하위영역인 구매행동, 사용행동, 처분행동 각각의 합리성 수준이 그다지 높지 않은 것으로 나타났다고 하였다. 이유는 청소년소비자들이 실제로 소비행동을 경험할 기회가 별로 없으며, 실제로 소비행동을 하기 전에 합리적인 소비행동과 비합리적인 소비행동이 결과 면에서 어떠한 차이를 가져오는지 체험적으로 비교학습할 기회가 별로 없기 때문이라고 보았다.

일반적으로 청소년기에 접어들면서 가치나 소비행동에 대한 부모의 영향력은 현저히 줄어들고 반대로 또래집단의 영향력은 크게 증가하여 청소년 소비자의 소비행동에 대한 영향요인으로서의 부모에 대한 중요성이 약해지고 관심도 줄어들게 된다. 그러나 친구는 청소년소비자의 소비행동의 합리성에 유의한 영향을 미치지 않는 반면, 부모는 소비행동의 합리성에 정적인 영향을 미치는 것으로 나타난 연구결과를 통해서 친구뿐만 아니라 부모도 소비행동에 상당한 영향을 미치는 것을 알 수 있다. 소비행동의 합리성에 영향을 미치는 요인들 중 소비가치의 상대적 영향력이 큰 것으로 나타나 소비가치를 변화시킴으로써 소비행동의 변화를 유도할 수 있는 가능성이 있다고 하였다.

청소년소비자들은 구매행동 중 구매전 계획수립, 정보탐색 및 정보활용 등을 잘 하지 못하는 것으로 나타났는데 이 행동들은 구매행동의 합리성을 높이기 위한 가장 기본적이면서도 중요한 일인 동시에 소비행동의 출발점이어서 소비전체에 있어 매우 중요하다. 그러므로 청소년소비자들을 대상으로 구매전 계획수립, 정보탐색 및 정보활용 등을 집중적으로 교육하고, 교육효과를 높이기 위해서 실제 구매행동을 하기 전에 이 행동들을 미리 경험해볼 수 있는 기회를 많이 주어야 할 것이다. 예를 들면 모의시장을 개설하고 그 곳에서 구매자의 역할을 해보도록 한 후 구매결과를 비교평가하게 하는 것을 들 수 있겠다. 특히 남학생의 경우 구매행동의 합리성 수준이 낮으므로 이들을 대상으로 합리적인 구매행동에 관한 교육을 집중적으로 실시해야 할 것이다. 이렇게 함으로써 남성의 소비자로서의 역할비중이 더 커질 미래에 남학생들이 소비자로서의 역할을 제대로 수행할 수 있게될 것이다.

청소년소비자들이 교환이나 기증형태의 처분활동수준이 낮은 것으로 나타났는데, 오늘날에는 제품의 품질이 향상되어 사용가능 기간이 이전보다 훨씬 길어졌기 때문에 사용기간 극대화를 통해 생겨나는 여러 가지 이익들을 누릴 수 있도록 하기 위해 청소년소비자들을 대상으로 교환이나 기증 형태의 처분 활동이 활발히 이루어지도록 교육해야할 것이다. 이와 더불어 이 두형태의 처분활동을 활성화시킬 수 있도록 정기적으로 교내 벼룩시장행사를 개최하거나 학교 전산망의 게시판을 활용한다면 더 좋을 것이다.

청소년소비자의 부모들을 대상으로 부모들이 청소년소비자의 소비행동에 있어 올바른 모델로서의 역할을 할 수 있도록 교육해야 한다. 왜냐하면 부모의 영향이 소비행동의 합리성에 정적인 영향을 미치는 것으로 나타나, 청소년소비자가 합리적인 소비행동을 할 수 있느냐 없느냐는 부모가 올바른 소비행동의 모델로서 역할을 잘 수행하는지 여부에 달려 있기 때문이다. 그런데 학교교육이 부모의 소비자교육을 담당하기가 어려우므로 정부나 행정단체에서 사회교육과 평생교육의 차운에서 부모를 대상으로 하여 소비자교육을 실시해야할 것이다.

강임호(2004)는 행태경제학(behavioral economics)의 관점에서 파악한, 기업경영자들의 전략적 판단오류의 근본원인인 인간두뇌의 결점을 소개함으로써 신용카드 연체율 급증과 관련하여 일부 은행(또는 신용카드사)과 일부 소비자가 보여준 행태에 대해 시사점을 얻고자 하였다. 인간의 두뇌는 '과신(overconfidence)'을 하도록 만들어져 있으며 이는 과도한 낙관과 연결되어 가장 낙관적인 예측을 하도록 만든다. 인간은 자금의 출처와 용도에 따라 자금의 가치를 차별적으로 평가하는 '심리적 회계(mental accounting)'의 경향이 있고, 타인의 행동과 의견에 자신의 그것을 일치시키려는 경향은 인간의 기본적인 속성으로서 '남따라하기(herding)'의 심리적 기초가 된다.

김영신(2005)은 대학생소비자를 대상으로 사회인구학적 변수, 신용카드에 대한 호의적 태도, 재무관리행동 수준이 신용카드 사용행동의 합리성에 어떠한 영향을 미치고 있는가를 조사하였다. 우리나라 대학생소비자들의 신용카드에 대한 호의적 태도와 재무관리행동 수준은 중간점 수준이나, 신용카드에 대한 합리성은 중간점 이하로 나타나고 있어서 신용카드를 합리적으로 사용하기 위한 소비자교육이 필요함을 시사하고 있다. 그러나 우리나라 20대 중 약 28%는 학교, 가정 등 어디에서도 신용관련교육을 받아 본 경험이 없는 것으로 나타나고 있으나, 미국, 영국, 일본 등에서는 가정, 학교, 금융기관, 정부기관 등이 서로 협력하여 학년에 따라 체계적인 교육이 이루어지고 있다.

재무관리행동 수준은 신용카드 사용행동의 합리성에 중요한 영향을 미치고 있다. 그러나 조사대상자의 재무관리수행수준은 중간점 수준으로 나타나고 있으므로 대학생 소비자를 대상으로 재무관리행동 수준을 훈련할 수 있는 교육이 필요하다. 즉 자신에게 주어진 재무상태를 기반으로 달성가능한 장·단기 목표를 설정하고, 그 목표를 달성하기 위한 아르바이트 계획이나 지출을 통제하는 계획을 세우고, 예·결산을 기록하고 평가하는 등 일반가계를 대상으로 한 재무관리과정을 대학생소비자에게 적용시켜 훈련해 볼 수 있을 것이다. 특히 대학생소비자는 Internet에 익숙한 세대이므로 이와 관련한 사이트(예 : www.nefe.org, www.italladdwup.org)를 활용함으로써 관심을 높일 수 있을 것이다.

재무관리행동 수준은 여학생이, 부모와 동거하지 않는 경우, 용돈의 크기가 적을수록, 재무관리 수강경험이 있는 경우 재무관리 수행수준이 높게 나타나고 있다. 특히 재무관리 수강경험은 재무관리행동 수준에 영향을 미치는 중요한 변수이며, 간접적으로는 신용카드 사용행동에도 영향을 미치므로 대학에서 이와 관련한 교양과목이 폭넓게 개설되거나, 적어도 이러한 내용의 교양강좌가 지속적으로 이루어져야 할 것이다. 이러한 교육을 통해 재무관리능력의 향상, 신용카드의 합리적인 사용 등으로 재정적 스트레스나 압박감을 줄일 수 있을 것이다.

신용카드에 대한 호의적 태도가 높을수록 신용카드 사용행동의 합리성은 낮게 나타나고 있다. 이는 신용카드의 편리성 등의 순기능을 역기능보다 더 높게 인식하는 것으로, 신용카드에 대한 역기능, 즉 신용카드가 과소비, 충동구매, 비계획적인 구매, 이로 인한 신용불량, 연체의 문제점을 유발할 수 있으므로 신용카드의 순기능과 함께 역기능에 대해서도 충분히 교육이 이루어져야 할 것이다. 신용카드에 대한 호의적 태도는 학년이 높을수록, 용돈이 많을수록, 그리고 부모와 동거하는 경우 높게 나타나고 있으므로 특히 이러한 특성을 가진 집단에 대한 태도, 가치관 교육이 강화되어야 할 것이다.

신용카드에 대한 호의적 태도는 신용카드회사의 광고 등 마케팅전략에 의해 크게 영향을 받고 있다. 신용카드회사의 광고가 감성적 동기를 자극하고 있으며(예를 들어 원하는 생활수준을 얻을 수 있다. 외국 여행을 할 수 있다. 즐겁게 생활할 수 있다. 자신이 원하는 것을 할 수 있다 등), 다양한 부가적 서비스(현금서비스, 포인트 적립, 할인혜택)는 과소비 등을 유발하고 있다. 신용카드회사도 이러한 마케팅전략에 대한 장기적 효과 즉, 미래의 주요고객인 대학생소비자가 신용카드의 순기능만을 지나치게 강조하는 이러한 광고, 마케팅전략에 대해 좋지 않은 이미지를 가질 수 있다는 가능성도 인식해야 할 것이다. 성별에 따라서는 여학생은 남학생에 비해 재무관리행동 수준은 높으나, 신용카드 사용행동의 합리성은 낮다. 따라서 소비자교육에 있어서 이러한 성별의 차이가 반영되어야 할 것이다. 남학생은 일상생활에서의 기본적인 재무관리를 어떻게 할 것인가에 대한 더 많은 훈련이 필요하며, 반면에 여학생은 신용카드로 충동구매, 과소비 등을 하지 않도록 하는데 초점을 둘 필요가 있다.

3. 울산 프리틴 소비자의 소비합리성

1) 소비합리성 실태

<표 5-1>은 조사대상자들의 소비합리성에 대한 일반적 경향을 보여주고 있다. 각 문항은 4점 리커트 척도로 측정하였고 2점은 '그렇지 않다'를 3점은 '그렇다'를 나타내며 2.5점은 중간수준을 나타낸다. 소비합리성은 구매전 합리성, 구매시 합리성, 사용시 합리성, 처분시 합리성으로 분류하였다. 네 가지 소비합리성 중에서 처분시 합리성의 평균점수가 3.15점으로 가장 높았고 다음이 구매전 합리성(2.89점), 사용시 합리성(2.82점)이었으며, 구매시 합리성이 2.34점으로 가장 낮은 평균점수를 보였다. 이에 근거해볼 때 조사대상 학생들은 분리수거와 재활용과 관련된 처분시 합리성은 긍정적으로 평가하였지만 충동구매를 하지 않거나 남에게 보이기 위한 구매를 하지 않는다와 관련된 구매시 합리성은

중간보다 약간 낮은 수준으로 나타났다. 반면 구매전 합리성과 사용시 합리성은 평균점수가 각각 2.8점 이상으로 나타나 중간보다 약간 합리적인 행동을 하고 있음을 보여준다.

〈표 5-1〉 소비합리성 일반적 경향

구분	문항	평균(SD)
구매전 합리성	1. 나는 물건을 사기 전, 계획에 따라 구입하려는 물건에 대해 여러 가지 정보를 수집하고, 구매할 때 미리 수집한 정보를 참고한다.	2.62(0.94)
	2. 나는 물건을 사기 전 미리 무엇을 살 것인지 계획을 세운다.	3.15(0.81)
	4점 변환점수	2.89(0.74)
구매시 합리성 A	3. 나는 남에게 보이기 위한 구매를 한다.	2.25(1.06)
	4. 나는 더 쓸 수 있지만 유행, 디자인이나 기타 이유 등으로 싫증이 나면 더 이상 쓰지 않는다.	2.30(1.00)
	5. 나는 튼튼함, 편리함, 기능은 고려하지 않고 디자인, 색상 등 외양에만 중점을 두어 고른다.	2.41(0.99)
	6. 나는 충동적으로 물건을 산다.	2.40(0.95)
	4점 변환점수	2.34(0.79)
사용시 합리성	7. 나는 사용할 수 없을 때까지 사용한다.	2.87(0.92)
	8. 나는 잃어버린 물건은 다시 찾아서 사용한다.	2.93(0.79)
	9. 나는 학용품에 이름을 써 놓는다.	2.68(0.99)
	4점 변환점수	2.82(0.71)
처분시 합리성	10. 나는 다 쓴 물건은 분리수거를 한다.	3.20(0.85)
	11. 나는 다 쓴 물건은 재활용을 한다.	2.96(0.89)
	12. 나는 당장 사용하지 않더라도 나중에 이용할 가능성이 있으면 버리지 않고 보관해 둔다.	3.28(0.77)
	4점 변환점수	3.15(0.69)

A 구매시 합리성의 문항은 역코딩을 하였음.

구체적인 문항들을 살펴보면, 구매전 합리성의 경우 '나는 물건을 사기 전 미리 무엇을 살 것인지 계획을 세운다'는 평균점수가 3.15점으로 긍정적으로 답하였지만 구매 전 사려는 물건에 대해 정보를 수집하는 것(2.62점)에 대해서는 중간정도로 응답함에 따라 조사대상 학생들이 사려는 물건에 대한 정보수집 능력이 부족함을 보여준다.

구매시 합리성은 각 문항에 대해 역코딩을 하였기 때문에 해석시 주의가 필요하다. 구매시 합리성의 4문항 중 충동구매 문항과 물건의 외양만 보고 사는 문항에 대해 평균점수가 약 2.4점으로 나타나서 조사대상 학생들의 구매시 합리성은 약간 낮은 수준으로 평가된다. 조사대상자들이 초등학생이기 때문에 판단능력과 인지능력의 부족으로 성인에 비해 구매시 합리성이 약간 떨어지는 것으로 해석할 수 있다.

사용시 합리성의 경우 '나는 잃어버린 물건을 다시 찾아서 쓴다'는 평균점수가 2.93점, '나는 사용할 수 없을 때까지 사용한다'는 2.87점으로 나타나서 조사대상자들은 중간이상의 사용시 합리성을 나타내고 있다고 판단된다.

처분시 합리성의 경우 '나는 당장 사용하지 않더라도 나중에 사용할 가능성이 있으면 버리지 않고 보관해둔다'는 3.28점, '나는 다 쓴 물건은 분리수거를 한다'는 3.20점으로 나타나서 조사대상자들은 처분행동과 관련하여서는 합리적으로 행동하고 있음을 보여준다. 이는 분리수거와 재활용에 대한 학교와 가정에서의 교육이 학생들의 행동에 영향을 미쳤음을 나타낸다고 할 수 있다.

2) 소비합리성 차원

<표 5-2>는 소비합리성에 대한 요인분석 결과를 제시하고 있다. 아이겐 값을 기준으로 요인을 추출한 결과 네 가지 요인이 추출되었고, 이 네 가지 요인은 전체 분산의 66.33%를 설명하는 것으로 나타났다. 소비합리성의 첫 번째 요인은 남에게 보이기 위한 구매를 하지 않고, 유행, 디자인이나 기타 이유 등으로 싫증이 나더라도 더 쓸 수 있으면 계속해서 쓰고, 디자인, 색상 등 외양에만 중점을 두는 것이 아니라, 튼튼함, 편리함, 기능을 더 고려해서 물건을 사고, 충동적으로 구매하지 않는 문항으로 구성되어 있다는 점에서 '구매시 합리성'으로 명명하였다.

〈표 5-2〉 소비합리성의 요인분석 결과

문항	요인1	요인 2	요인 3	요인 4	공통성
1. 나는 남에게 보이기 위한 구매를 한다.(–)	.82	.02	–.08	–.01	.68
2. 나는 더 쓸 수 있지만 유행, 디자인이나 기타 이유 등으로 싫증이 나면 더 이상 쓰지 않는다.(–)	.80	.02	–.04	–.05	.64
3. 나는 튼튼함, 편리함, 기능은 고려하지 않고 디자인, 색상 등 외양에만 중점을 두어 고른다.(–)	.78	–.10	.01	–.00	.63
4. 나는 충동적으로 물건을 산다.(–)	.76	.07	–.07	–.01	.58
5. 나는 다 쓴 물건은 분리수거를 한다.	–.09	.89	.09	.09	.82
6. 나는 다 쓴 물건은 재활용을 한다.	.01	.83	.19	.19	.77
7. 나는 당장 사용하지 않더라도 나중에 이용할 가능성이 있으면 버리지 않고 보관해 둔다.	.11	.64	.30	.09	.52
8. 나는 사용할 수 없을 때까지 사용한다.	–.05	.17	.79	.08	.67
9. 나는 잃어버린 물건은 다시 찾아서 사용한다.	–.01	.15	.77	.26	.68
10. 나는 학용품에 이름을 써 놓는다.	–.12	.18	.72	.05	.56
11. 나는 물건을 사기 전, 계획에 따라 구입하려는 물건에 대해 여러 가지 정보를 수집하고, 구매할 때 미리 수집한 정보를 참고한다.	–.02	.10	.16	.83	.72
12. 나는 물건을 사기 전 미리 무엇을 살 것인지 계획을 세운다.	–.03	.20	.14	.81	.71
아이겐 값	2.53	2.05	1.92	1.46	
분산(%)	21.08	17.04	16.01	12.20	
전체 분산(%)	21.08	38.12	54.13	66.33	
요인명	구매시 합리성	처분시 합리성	사용시 합리성	구매전 합리성	
Cronbach' s α	.80	.76	.70	.62	

두 번째 요인은 쓰레기 분리수거를 하고, 재활용을 하고, 당장 쓰지 않는 물건이라도 나중에 다시 사용하기 위하여 보관하는 문항으로 구성되어 있기 때문에 '처분시 합리성'으로 명명하였다. 세 번째 요인은 사용할 수 없을 때까지 사용하고, 잃어버린 물건은 다시 찾아서 사용하고, 학용품에 이름을 써서 사용하는 내용으로 구성되어 있기 때문에 '사용시 합리성'으로 명명하였다. 네 번째 요인은 물건을 사기 전, 계획에 따라 구입하려는 물건에 대해 여러 가지 정보를 수집하고, 구매할 때 미리 수집한 정보를 참고하고, 물건을 사기 전 미리 무엇을 살 것인지 계획을 세운다는 점에서 '구매전 합리성'으로 명명하였다. 이들 네 가지 요인의 크론바하 알파값은 .62~.80으로 나타났고, 각 요인에 포함된 문항의 수가 2-4문항인 점을 감안한다면 신뢰도는 어느 정도 확보되었다고 할 수 있다.

3) 사회인구학적 변수에 따른 소비합리성

<표 5-3>은 사회인구학적 변수에 따른 조사대상자들의 소비합리성의 차이를 제시하고 있다. 구매전 합리성의 경우 어머니의 학력과 성격유형에 따라 통계적으로 유의한 차이가 있는 것으로 나타났다. 어머니의 학력이 고졸이하 집단에 비해 초대졸 이상으로 높은 경우 학생들의 구매전 합리성이 유의하게 높은 것으로 나타났다. 그리고 학생들의 성격이 외향적인 경우 내향적인 경우보다 구매전 합리성이 유의하게 높은 것으로 조사되었다.

구매시 합리성에 있어서는 성별에 따라 유의한 차이가 있는 것으로 나타났다. 즉 남학생에 비해 여학생이 구매시 합리적으로 행동하는 것으로 분석되었다. 사용시 합리성과 관련하여서는 아버지 연령에 따라 유의한 차이가 있었다. 아버지 연령이 46세 이상인 집단이 아버지 연령이 그보다 낮은 집단에 비해 사용시 합리성이 낮은 것으로 나타났다.

처분시 합리성의 경우 아버지 직업과 거주형태에 따라 유의한 차이가 나타났다. 아버지 직업이 회사원인 경우가 다른 직업군의 학생들에 비해 처분시 합리성이 유의하게 높았다. 그리고 거주형태에 있어서는 아파트에 거주하는 학생들이 주택이나 빌라에 거주하는 학생들에 비해 처분시 합리성이 높게 나타났다.

〈표 5-3〉 사회인구학적 변수에 따른 소비합리성 차이

변수	구분		구매전 합리성	구매시 합리성A	사용시 합리성	처분시 합리성
성별	남	145	5.84(1.53)	10.19(3.34)	8.71(2.05)	9.48(2.04)
	여	154	5.71(1.45)	11.05(2.97)	8.25(2.20)	9.41(2.09)
	t-value		.77	-2.36*	1.83	.29
부연령	42세 이하	83	5.82(1.55)	10.87(3.16)	8.46(2.34)AB	9.43(2.00)
	43-45세	113	5.96(1.40)	10.81(3.28)	8.99(1.92)B	9.75(1.96)
	46세 이상	93	5.50(1.52)	10.10(3.09)	7.90(2.02)A	9.13(2.19)
	F		2.55	1.70	6.97**	2.40
모연령	40세 이하	130	5.78(1.52)	10.82(3.31)	8.57(2.23)	9.46(2.01)
	41-42세	60	5.95(1.49)	10.52(3.07)	8.73(2.12)	9.70(2.17)
	43세 이상	99	5.65(1.46)	10.41(3.10)	8.27(1.96)	9.36(2.04)
	F		.78	.50	1.03	.51
부학력	고졸 이하	111	5.67(1.53)	10.86(3.13)	8.45(2.13)	9.24(2.07)
	초대졸 이상	178	5.84(1.47)	10.45(3.26)	8.51(2.18)	9.58(2.08)
	t-value		-.98	1.04	-.22	-1.35
모학력	고졸 이하	128	5.52(1.57)	10.88(3.37)	8.36(2.17)	9.26(2.11)
	초대졸 이상	158	5.97(1.40)	10.39(3.10)	8.57(2.16)	9.58(2.05)
	t-value		-2.58*	1.29	-.80	-1.31
부직업 구분	회사원	154	5.75(1.51)	10.35(3.22)	8.53(2.12)	9.81(1.93)
	기타	124	5.79(1.47)	10.94(3.11)	8.41(2.17)	9.06(2.14)
	t-value		-.22	-1.59	.46	3.17**
모직업 유무	유	182	5.72(1.45)	10.43(3.31)	8.40(1.96)	9.32(2.08)
	무	115	5.85(1.56)	10.99(2.93)	8.63(2.38)	9.69(1.99)
	t-value		-.75	-1.47	-.86	-1.51
성격 성향	외향적	226	5.89(1.51)	10.60(3.20)	8.41(2.13)	9.51(2.02)
	내향적	68	5.49(1.23)	10.61(3.14)	8.57(2.15)	9.22(2.20)
	t-value		2.01*	-.02	-.54	1.00
거주 형태	아파트	208	5.82(1.49)	10.47(3.23)	8.51(2.15)	9.66(1.96)
	주택/빌라 등	90	5.66(1.49)	11.02(3.03)	9.38(2.13)	8.97(2.23)
	t-value		.89	-1.38	.46	2.70**
주관적 경제 인식	중층 이하	109	5.60(1.32)	10.46(3.02)	8.15(2.02)	9.35(2.02)
	중상층	141	5.82(1.55)	10.87(3.25)	8.68(2.17)	9.45(2.13)
	상층 이상	47	6.02(1.66)	10.30(3.32)	8.64(2.27)	9.66(2.04)
	F		1.48	.79	2.07	.37

* $p < .05$, ** $p < .01$

A: 구매 시 합리성의 경우, 문항을 역코딩한 후 합한 점수를 분석에 사용함

<표 5-3>은 사회인구학적 변수에 따른 조사대상자들의 소비합리성의 차이를 제시하고 있다. 구매전 합리성의 경우 어머니의 학력과 성격유형에 따라 통계적으로 유의한 차이가 있는 것으로 나타났다. 어머니의 학력이 고졸이하 집단에 비해 초대졸 이상으로 높은 경우 학생들의 구매전 합리성이 유의하게 높은 것으로 나타났다. 그리고 학생들의 성격이 외향적인 경우 내향적인 경우보다 구매전 합리성이 유의하게 높은 것으로 조사되었다.

구매시 합리성에 있어서는 성별에 따라 유의한 차이가 있는 것으로 나타났다. 즉 남학생에 비해 여학생이 구매시 합리적으로 행동하는 것으로 분석되었다. 사용시 합리성과 관련하여서는 아버지 연령에 따라 유의한 차이가 있었다. 아버지 연령이 46세 이상인 집단이 아버지 연령이 그보다 낮은 집단에 비해 사용시 합리성이 낮은 것으로 나타났다.

처분시 합리성의 경우 아버지 직업과 거주형태에 따라 유의한 차이가 나타났다. 아버지 직업이 회사원인 경우가 다른 직업군의 학생들에 비해 처분시 합리성이 유의하게 높았다. 그리고 거주형태에 있어서는 아파트에 거주하는 학생들이 주택이나 빌라에 거주하는 학생들에 비해 처분시 합리성이 높게 나타났다.

4) 화폐태도가 소비합리성에 미치는 영향

<표 5-4>는 화폐태도와 사회인구학적 특성이 소비합리성에 미치는 영향을 살펴보기 위해 회귀분석한 결과이다. 먼저 분석에 사용된 독립변수들이 종속변수를 약 10% 설명하는 것으로 나타났다. 화폐태도 중에서 긍정적 태도와 인구사회적 특성 중 아버지연령이 소비합리성에 유의한 영향을 미치는 것으로 분석되었다. 조사대상 학생들이 화폐에 대해 긍정적 태도를 가질수록 소비를 합리적으로 하는 것으로 나타났다. 그리고 아버지 연령이 적을수록 조사대상 학생들이 소비를 합리적으로 하는 것으로 조사되었다. 소비합리성에 가장 큰 영향을 미치는 변수는 긍정적 화폐태도로 나타났고 다음이 아버지연령이었다. 이에 근거해 볼 때 조사대상 학생들이 합리적인 소비생활을 하기 위해서는 학생들이 화폐에 대해 긍정적인 태도를 가지도록 교육하는 것이 필요하다고 본다.

〈표 5-4〉 화폐태도와 사회인구학적 특성이 소비합리성에 미치는 영향

변수		소비합리성	
		b	β
화폐태도	긍정적 태도	-.215	-.213***
	부정적 태도	.241	.080
인구사회학적 변수a	성별	-.169	-.015
	부연령	-.249	-.157**
	부학력(고졸1/대졸이상)	.383	.033
	부직업(회사원1/그외)	.463	.041
	모직업유무(유1/무)	-1.031	-.090
	성격성향(외향적1/내향적0)	.435	.032
	거주형태(아파트1/그외0)	.359	.028
	경제적 지위인식도	-.615	-.083
상수			49.101
F			2.930**
R^2			.100
수정된 R^2			.066

a. 독립변수의 상관관계결과 부모의 나이와 학력 간 상관관계지수가 높아(.60이상) 변수로 투입하지 않음
** $p<.01$, *** $p<.001$

제6장
프리틴 소비자의 소비자교육

1. 소비자교육의 정의

소비자교육의 개념정의는 사회의 변화와 시대적 요구에 따라 변화하였다. 미국의 경우 1920-30년대에는 물건을 잘 사는 것을 의미하는 구매기능만을 강조하였으나, 1960-70년대에 들어서면서 소비자교육의 개념을 폭넓게 정의하는 논의들이 이루어지기 시작하였다. 미국 소비자교육위원회(U.S. Office of Consumer Education)는 가치관과 여러 상황을 고려하여 현명한 의사결정을 하는 능력을 강조하여 다음과 같이 소비자교육을 정의하였다.

> 소비자교육은 소비자 개인의 가치관, 시장 대체안의 인식 및 사회적.경제적 .생태적인 면을 함께 고려하여 소비자가 합리적이고 현명한 의사결정을 할 수 있도록 이해, 태도, 기능을 전달함으로써 시장참여 또는 공적.사적 자원의 사용을 포함한 시장참여를 준비시키는 것이다.

1980년대에 들어서면서 소비자교육은 사적 소비자의사결정이 공공분야에 미치는 영향과 보다 광범위한 환경과 순환적인 상호작용 관계를 포함하는 것으로 변화하였다. 1984년 국제소비자연맹(IOCU)은 소비자교육 세미나를 개최하여 다음과 같은 IOCU 5원칙을 공표하였다.

비판적 자각 : 우리가 사용하는 재화와 서비스의 가격과 질에 대하여 보다 경계하고 의문을 가질 책임

능동적 행동 : 우리 자신을 주장할 책임과 우리가 공정하게 대우를 받고 있음을 확신하기 위한 행동

사회적 관심 : 다른 시민들 특히 불이익을 받는 집단이나 약자 집단을 위한 소비자 영향을 인식하는 책임

환경적 책임 : 우리 자신의 소비가 환경에 미칠 결과를 이해하는 능력, 즉 미래세대를 위한 지구보호에 대한 개인적.사회적 책임 인식

연대 : 소비자들이 권익을 촉진시키고 보호할 힘과 영향력을 개발하기 위하여 함께 조직할 책임의 인식

이기춘(1989)은 소비자교육은 소비자가 개인적.사회적 존재로서 자아실현을 해나가기 위한 소비생활방법을 추구하고 새로운 소비문화를 형성하는데 필요한 소비자능력을 개발할 수 있도록 도와주는 것이라고 하였다. 소비자능력은 소비자역할을 현명하게 그리고 효율적으로 수행하기 위하여 필요한 소비자지식, 소비자태도, 소비자기능의 총체로서 다음과 같은 일을 잘 수행할 수 있는 능력을 개발하고 양성하는 것이다.

첫째, 자신의 가치체계를 인식하고 발전시킨다.
둘째, 사회적, 경제적, 생태적 제 상황을 고려하여 합리적인 의사결정을 한다.
셋째, 소비자의 권리와 책임을 이해하고 사회에서 소비자시민의 역할을 잘 수행하여 새로운 소비문화를 형성한다.

2. 관련연구

박승련과 박명희(1999)는 초등학교 소비자교육의 실태를 파악하기 위해 초등학교 6차 및 7차 교육과정, 초등교사 양성기관인 교육대학의 교육과정의 내용을 분석하고 초등학교 교사들을 대상으로 하여 소비자교육에 대한 인식과 요구를 분석하여 다음과 같은 결론을 제시하였다. 7차 교육과정의 경우 6차 교육과정보다 소비자교육과 관련된 내용이 오히려 축소되었고, 내용의 대부분도 구매기능의 향상과 기본 경제교육에 치우쳐 있어서 소비자교육을 충실하게 할 수 없도록 되어있었다. 또한 5, 6학년의 경우 내용이 전혀 없었고 3, 4학년에 편중되어 있어 중학교와 연계가 되지 못하였다. 소비자교육은 기능적인 것 보다 기본가치교육과 소비생활의 합리성을 추구하는 것이 되어야 한다는 점에서 저학년보다는 사고의 틀이 성숙한 고학년에서 이루어져야 하기 때문에 더 큰 문제라고 할 수 있다.

초등학교 교사들이 유치원과 초등학교부터 소비자교육이 이루어져야 한다는 점과 그 중요성을 인식하고 있었고, 교수방법이나 교육내용에 대한 개발 요구는 많았으나 실제로 교사가 소비자교육을 받은 경험이 없거나 연수를 통하여 체계적인 지식과 방법을 습득하지 못하고 있었다. 교육대학의 교육과정을 조사한 결과, 직접적인 소비자교육 강좌는 11개 전국교육대학 가운데서 4개 대학에만 개설되어 있어서 매우 미약했고, 개설된 것도 실과라는 특정 학과의 심화과정에 한정되어 있었다.

서정희(1998)는 유치원이나 어린이집에서 실시할 수 있는 소비자 교육프로그램에 포함될 수 있는 주제영역을 설정하고 울산시에 거주하고 있는 어머니와 유치원이나 어린이집에 근무하고 있는 교사를 대상으로 하여 소비자교육의 주제영역에 관한 요구도를 조사한 결과 다음과 같은 결론을 얻었다.

첫째, 울산시에 거주하고 있으면서 만 4-5세의 학령전 아동을 유치원이나 어린이집에 보내고 있는 어머니들과 이들을 가르치는 교사들은 학령전 아동소비자교육에 포함되어야 할 주제영역으로 이 논문에서 설정한 22개의 영역에 관한 요구도는 높은 수준이다. 어머니와 교사의 요구순위는 조금씩 다르기는 하나 전반적으로 높은 요구도를 보임으로써 22개의 주제영역이 학령전 아동소비자교육프로그램에 모두 포함되어야 한다. 특히 어머니와 교사의 요구도가 아주 높은 주제영역인 용돈관리, 저축, 식품, 의복, 학용품, 환경문제, 자원활용 등에 관한 소비자교육이 우선적으로 실시되어야 한다.

둘째, 학령전 아동소비자교육요구도는 사회인구학적 변수 중에서 어머니의 월평균 가계소득과 교사의 연령에 따라서만 의미있는 차이를 보였는데, 이 두 변수들도 다중범위검증에서는 의미있는 차이를 보이는 집단이 없었다. 그러므로 학령전 아동에 관한 소비자교육 프로그램은 아동의 사회인구학적 특성에 따라 구분하지 않고 동일하게 개발될 수 있다는 점을 시사한다. 그러나 5개의 주제영역중에서 재무관리영역만이 어머니의 월평균가계소득과 교사의 연령에 따라 의미있는 차이를 보였다. 어머니의 월평균가계소득이 가장 낮은 130만원 미만인 집단과 교사의 연령이 36세 이상인 집단에서 재무관리영역에 관한 교육요구도가 가장 높았다.

셋째, 학령전 아동을 위한 총체적 소비자교육 요구뿐만 아니라 5개의 주제영역에 관한 소비자교육요구도는 소비자지식이 풍부하고 소비자기능이 뛰어난 어머니일수록 많이 하나, 소비지향적인 태도를 지니고 있는 어머니일수록 적게 하고 있었다. 어머니는 소비자지식이 많을수록 소비자기능은 뛰어나나, 소비지향적인 태도에 대하여 덜 호의적이므로 소비지향적 태도는 소비자능력의 개발에 역기능적인 역할을 한다. 그러므로 어머니의 소비자지식과 소비자기능을 개발하고 소비지향적 태도를 갖지 않도록 하는 소비자교육이 유치원이나 어린이집에서 실시하는 부모교육 프로그램에 포함되어야 한다. 어머니를 대상으로 하는 소비자교육은 어머니로 하여금 학령전 아동소비자교육에 보다 더 관심을 갖게 하는 요인이 될 뿐만 아니라, 어머니는 아동의 소비자사회화의 가장 중요한 작용인이기 때문에 사회화 과정을 통하여 아동의 소비자능력의 개발에도 영향을 미칠 수 있기 때문이다.

넷째, 어린이집이나 유치원의 교사들은 소비 및 구매영역, 소비자시민성 영역 및 소비자사회화 영역의 역할을 잘 수행할수록 학령전 아동소비자교육에 관한 요구를 많이 하고 있었다. 교사들로 하여금 소비자역할을 제대로 수행하게 함으로써 소비자교육을 직접 담당하는 교사는 학령전 아동의 소비자교육에 대하여 관심을 더 많이 가질 수 있다. 이 뿐만 아니라 교사는 학령전 아동의 소비자사회화의 중요한 작용인이 되기 때문에 아동으로 하여금 소비자사회화를 통하여 교사의 소비자역할을 학습할 수 있게 해 줄 수 있다. 그러므로 유치원이나 어린이집에서 현재 소비자교육을 담당할 교사들이 소비자교육을 시킬 준비가 제대로 되어 있지 못한 실정이므로 교사들을 대상으로 하는 재교육 프로그램에 교사들이 소비자역할을 제대로 수행할 수 있는 방안과 아동소비자교육과 관련된 소비자교육이 포함되어야 한다.

김미리와 김시월(2011)은 금융의 비중이 높아진 현대 사회에서 대학생 소비자들의 금융이해력이 어느 정도인지 살펴보고, 금융소비자교육에 대한 요구도를 분석하여 대학생 소비자의 금융이해력과 금융소비자교육의 활성화 방안을 모색하였다.

첫째, 금융소비자교육 인지도의 재고가 필요하다. 금융소비자교육의 홍보가 부족하거나, 접근이 용이하지 못해 금융소비자교육 실시에 대해 알지 못하거나, 알더라도 접근하지 못하는 경우가 많다. 따라서 다양한 방법을 통한 금융소비자교육의 인지도 제고를 위한 노력이 필요하며, 금융소비자교육의 장기적인 효과를 위해서 사회 전반적으로 체계적인 교육 시스템과 교육 프로그램 개발이 필요하다.

둘째, 금융소비자교육 내용구성에 있어서 저축·신용관리, 금융에 관련된 지식 등 생활에 실질적으로 필요한 내용이 포함되어야 한다. 또한, 주식이나 돈을 많이 벌 수 있는 방법 같은 내용이 일확천금을 위한 것이 아닌 경제적인 윤리측면을 반영하여 건전한 투자와 사회적으로 용인될 수 있는 교육 내용이 되어야 할 것이다.

셋째, 금융소비자교육 방법에 있어서 금융소비자교육을 담당하는 교육기관의 역할이 강화되어야 한다. 금융기관과 공공교육기관 등이 협력하여 교재 개발이나 다양한 금융소비자교육 프로그램을 추진한다면 더 높은 효과를 기대할 수 있을 것이다. 소비자 단체, 정부 및 행정기관에서도 금융소비자교육에 대한 인식을 새롭게 하고 다양한 금융소비자교육의 방안을 개발해야 할 것이다. 또한, 대학생들의 금융소비자교육의 필요성과 중요성이 커지고 있기 때문에 대학교 내에서 전공이나 교양 등의 금융소비자교육과 관련된 과목을 개설하도록 하는 제도적 방안이 필요할 것이다.

넷째, 금융소비자교육의 참여의사를 조사한 결과 유료와 무료를 포함한 참여하겠다라는 의견이 90% 이상으로 금융소비자교육에 대한 다양한 교육 프로그램 개발과 운영 방법으로 금융소비자교육의 참여도가 향상될 수 있을 것으로 생각된다. 이를 위해서 교육매체 선호도가 높았던 현장실습과 영상매체를 통한 금융소비자교육을 실시할 필요가 있으며, 교육 대상을 확대시키기 위해 각 금융소비자교육 기관들의 연계를 통한 파견교육 등의 방법을 개발해야 할 것이다.

다섯째, 금융소비자교육의 적절한 시작 시기를 대부분 아동기와 청소년기라고 생각하는 반면, 실제 아동기와 청소년기에 금융소비자교육을 경험한 경우는 많지 않다. 따라서 아동기와 청소년기에 쉽고 재미있게 금융소비자교육을 접할 수 있는 방법과 프로그램이 개발되어야 할 것이다. 연령이 높을수록 금융이해력이 높게 나타나, 어려서부터 금융과 관련된 이해력 향상을 위한 체계적인 교육과 이러한 교육을 위한 다양한 매체를 개발해야 할 것이다. 또한, 금융소비자교육 대상을 전 국민으로 확대할 수 있도록 교육대상자 특성에 따라 교육내용 및 교육방법을 조절할 수 있는 개인 차별화, 개인 맞춤 방법이 개발되어야 할 것이다. 끝으로, 대학생 소비자 중 고학년의 졸업 및 취업을 대비하여 사회경제활동의 주체자가 되기 전 그들을 대상으로 한 체계적인 금융소비자교육이 필요할 것이다.

김영숙, 이경옥(2009)은 대학생들은 현재 교양강좌에 대하여 만족도 수준이 3점 이하로 매우 낮다는 점이다. 그리고 교양강좌의 문제점으로 기존에 개설되는 교양과목이 너무 진부하고 구태의연하다는 점이다. 즉 시대의 변화에 발맞추어 새로운 교과목의 개설을 요구하고 있음을 알 수 있다. 그 하나의 대안으로 소비자학의 교양강좌 개설에 대한 요구도가 꽤 높게 나타났으며 기존 교양과목에 대한 만족도가 낮을수록 소비자학 교양강좌에 대한 수강의지가 높은 것을 볼 때 대학생의 갈급함이 어느 정도인지를 알 수 있다. 또한 교양강좌의 문제점으로 수강학생수가 많다는 점을 지적하였는데 현재 대부분의 대학들에서 전공교육과는 달리 교양강좌는 대부분 수강생이 50명 이상이며 100명을 넘는 경우도 있으므로 이에 대한 보완이 빨리 이루어져야 한다.

소비자학이 대학생들을 만족시킬 수 있는 교양강좌가 되기 위해서는 커리큘럼 개발 전에 각 주제별로 대학생들의 요구도를 조사, 분석해 보는 것이 필요하다. 이를 통해 볼 때 소비자 교양교육의 내용은 실생활에 도움이 되는 지식들을 커리큘럼에 포함하고 있어야 된다. 그리고 다양하고 새로운 수업 방식을 개발하여 딱딱한 이론 중심의 수업보다는 실질적으로 도움이 되는 지식을 다양한 수업방식으로 전달되도록 수업 초안을 개발하여야 할 것이다. 교양과목의 품질평가 기준으로 교수와 관련된 항목들을 가장 중요한 평가 기준으로 사용함을 알 수 있었다. 그러므로 교수들은 무엇보다 강의 내용의 충실도를 올리고 열성을 다해 강의를 하여야하며 강의 시간도 엄수하여야 한다. 그리고 학생들의 개인적인 지도와 상담 등을 통해 학생들과의 인간적인 유대를 형성하는 것도 매우 중요하다.

교양강좌를 개설할 때 유사한 성격의 대학별, 전공별로 수강 신청을 구별하여 같은 교양 교과목이라도 수강 신청 학생들의 성향이나 요구에 따라 교과목 커리큘럼을 차등화하고 강의 교수도 다르게 하는 것이 좋은 방안일 것이다. 정식으로 교양강좌를 개설하기 이전에 소그룹을 대상으로 pilot test를 실시하여 수강 이후 대학생들의 수강 만족도와 불만 사항 등을 평가하여 지속적으로 재점검하고 피드백 받는 것이 중요하다. 소비자교육이 필수교양강좌가 되기 위해서는 대학교 운영 본부와의 긴밀성이 요구되며 대학 운영자들이 소비자교육의 필요성을 인식할 수 있도록 끊임없이 의식 변화를 시켜야 한다. pilot test 결과 대학생들의 소비자 교육 요구도와 만족도가 높게 나왔다면 이들 자료를 제시해 보이는 것도 좋은 방법이다.

손주영(2008)은 대학생들의 재무지식수준향상을 위하여 대학에 일반교양 과목으로 소비자재무교육이 실시되어야 한다. 20대에 신용관리에 어려움을 겪는 것은 정규적인 학교 교육의 부족이라는 지적에서 보여주듯이 사회생활을 시작하기 전에 소비자재무행동에 대한 기본적인 교육이 실시되어야 재무상황에 맞는 의사결정으로 할 수 있으며 필요한 정보를 인식할 수 있다. 또한 지식수준과 교육요구간의 관계에서 볼 수 있듯이 기본적인 지식이 선행하지 않으면 교육에 대한 필요성을 인식하지 못하기 때문에 대학생들이 스스로 소비자금융에 대한 교육을 받으려 하지 않을 것으로 보인다. 대학 1학년에서부터 교양과목으로 소비자재무에 대한 교육이 실시된다면 소비자금융에 대한 지식을 습득할 수 있을 뿐만 아니라 경제적으로 책임을 져야 하는 부담이 없는 상황에서 저축과 재무관리의 경험을 쌓을 수 있어서 대학생활기간 동안 경제적 독립을 위한 준비가 이루어질 수 있을 것으로 기대된다.

대학의 교과 과목에 대한 조사에서 볼 수 있듯이 대학생들이 소비자금융과 재무행동에 대한 통합적인 교육보다는 특정 금융 상품에 대한 교육과정만을 실시하고 있는 대학들이 많다. 대학생들의 재무지식 수준이 낮은 상태에서는 이러한 특정 금융상품에 대한 접근만으로는 생애에 따른 소비자재무 의사결정을 할 수 있는 종합적인 지식이 부족하게 되고 신용이나 소비에 의한 재무행동에 대한 기본적인 기술이 부족하게 된다. 또한 일회기의 행사적인 교육으로는 단편적인 정보 전달에 그칠 수 있어서 오히려 투자에 대한 왜곡을 가져오게 되어 역효과를 낼 수 있기 때문에 소비자재무교육은 대학의 교과과정으로 개설하여 기본적인 금융환경과 다양한 금융상품에 대한 이해를 높이고 생애설계에 맞추어 재무자원에 대한 의사결정을 할 수 있는 체계적인 교육을 실시할 필요가 있다. 교양학부를 운영하는 대학에서 기존의 교과목에서 벗어나 변화하는 사회에 적응할 수 있는 내용으로 소비자재무교육 프로그램을 개발한다면 대학생활뿐만 아니라 장기적으로 건전한 생활인 양성에 기여할 것으로 생각된다. 부모에게서 떨어져 생활하는 기숙 또는 하숙 대학생들의 재무생활을 지원하고 경제적인 어려움을 예방하는 차원에서 기숙사를 중심으로 소비자재무교육을 실시하거나 재무상담을 하는 것은 경제적 독립을 위한 걸음마를 시작하는 대학생들에게 건전한 소비태도와 가치를 심어주고 보다 적극적인 재무관리 행동을 할 수 있는 지식과 기술을 습득시켜줄 수 있을 것으로 보여진다.

대학생의 소비자재무행동에서 볼 수 있듯이 대학생들의 경제적인 부모의존도가 높고 독립적인 의사결정 경험이 적어서 보다 적극적인 소비자재무교육에 욕구가 낮은 것으로 볼 수 있다. 대학생들의 경제적 독립성을 키워주고 재무의사결정의 경험을 늘리기 위하여 대학생들의 관심을 끌 수 있는 이벤트나 동아리 활동이 활성화될 필요가 있다. 최근의 일부 대학에서 실시하고 있는 투자경진대회나 재테크 동아리가 좋은 예가 될 수 있겠다. 이러한 행사나 동아리 참여를 통하여 소비자재무에 대한 관심을 끌 수 있을 뿐만 아니라 재무의사결정에 대한 경험을 쌓으며 소비자재무환경변화에 대한 이해와 소비자재무교육 참여를 증대해 나갈 수 있기 때문에 정규적인 교과과정과 함께 대학생의 재무지식 수준을 향상하고 궁극적으로 건전한 소비자금융생활 태도를 형성할 기회를 제공할 것으로 기대된다.

장안나와 이연숙(2000)은 초등학교 소비자교육에 대한 교사의 필요도 및 요구도와 이에 영향을 미치는 관련변수를 분석하여 다음과 같은 결론을 얻었다. 첫째, 환경보호에 관한 내용은 필요성도 높고 현재 교육과정에서도 많이 다루어지고 있어 별 문제가 되지 않는다고 본다. 그러나 소비자 권리와 책임, 소비자 피해보상 방법과 같은 소비자 시민성 교육은 현행 교육과정에서 거의 다루고 있지 않은 것으로 나타나서 교육 요구도가 높게 나타났다. 따라서 실생활에서 발생되는 소비자 문제를 합리적으로 해결하는데 문제가 될 수 있는 소지가 있으므로 앞으로의 교육과정에서 이 부분에 대한 내용이 좀 더 포함되어야만 한다고 본다.

둘째, 연령이 많고, 교직 경력이 많은 교사이며, 학생들이 소비자 교육에 흥미가 있다고 인식하며, 소비자 교육 지도를 좋아하는 교사일수록 소비자 교육 내용이 필요하다고 느끼며 실제로 관련 내용을 많이 가르치고 있는 것으로 나타났다. 따라서 이들 교사의 경우는 현행 초등학교 소비자 교육에 대하여 크게 불만을 느끼지 않고 있는 것 같다. 그러나 여교사이며, 젊은 연령층이고, 소비자 교육에 대한 교사 연수를 희망하는 교사의 경우 특히 소비자 시민성 교육 내용에 대한 교육의 필요성을 크게 느끼고 있지만 현행 교육과정에서 이러한 부분이 제대로 다루어지지 않다고 느낀다고 볼 수 있다. 이러한 불만은 초등학교의 소비자 교육에 대한 열의를 감소시키거나, 가르치는 것을 소홀히 할 수 있도록 유도할 소지가 있다고 본다. 따라서 이들 집단의 이러한 교육 요구도를 감안한다면 앞으로의 교육과정에서 소비자 시민성 교육 분야를 좀 더 강화하고 이를 잘 가르칠 수 있도록 교사 연수 기회를, 젊은 여교사를 대상으로 강화하여야 된다고 본다.

셋째, 본 연구에서 적용한 교육요구도는 현재 교육실태를 돌아볼 수 있고, 바람직한 상태에 대해 교육자, 지역사회, 학생간의 의사소통을 증진시킬 수 있다. 또한 이를 통하여 현재와 바람직한 상태와의 간격을 발견할 수 있다는 데 의의가 있다. 따라서 교육과정을 개정할 때 이러한 요구도에 대한 연구 결과가 반영되어야 된다고 본다. 그리고 앞으로의 연구에서는 소비자교육분야 뿐만 아니라 가정교과의 다른 영역에 대한 교육요구도 분석과 교사이외의 학생이나 교육행정가 등을 대상으로 한 교육요구도 분석이 필요하다고 본다. 이러한 종합적인 교육요구도 분석에 대한 연구가 축적된다면 교육과정 개발 시 내용선정이 보다 더 타당하게 될 수 있을 것이다.

류미현(2002)는 인터넷 상거래시 소비자문제 경험 및 심각성 지각 수준은 개인정보유출에 대해 가장 높았으며, 또한 개인정보 보호에 대한 소비자정보요구가 가장 높게 나타났다. 따라서 소비자는 개인정보유출에 대한 예방 차원에서 개인 정보의 소중함을 인식하고 신상에 관련된 정보를 함부로 제공하지 않고 철저하게 관리할 수 있는 태도를 가져야 하며, 특히 인터넷 상거래시 거래, 이용약관 등에 대한 충분한 사전숙지가 필요하다. 또한 인터넷 쇼핑 관련사업자들은 소비자들의 개인 정보에 대해 불법적인 유출을 한다면 이는 장기적으로 볼 때 인터넷 상거래 시장의 발전에는 치명적일 것이므로 정보화시대의 사업자들은 인터넷상거래에 따른 윤리의식을 갖고 소비자들의 개인정보 보호를 위해 노력해야 할 것이다.

인터넷 상거래시 소비자교육요구에서는 소비자주의 관련 내용에 대해 가장 많이 요구하였으며, 그 중 인터넷 상거래 관련 소비자보호/법/피해보상 방법에 대한 교육요구를 가장 높게 하고 있었다. 특히 개인정보유출과 교환·해약·A/S에 대한 소비자문제를 보다 심각하게 지각하고 있다는 결과에 비추어 볼 때 이에 대한 방어 및 해결을 위해 소비자보호/법/피해보상 방법에 대한 교육요구가 높은 것이다. 따라서 소비자단체 등은 소비자교육프로그램 개발을 통해 소비자들에게 인터넷 상거래 이용시 발생할 수 있는 피해사례를 제시하고 사례

별로 구제방법 즉 보호, 법에 대한 정보 제시 및 소비자교육과 인터넷을 통해 상담을 하고 있는 웹사이트를 접속하는 등의 구체적인 교육이 요구되며, 이러한 구체적인 소비자교육을 위한 소비자단체의 전문성이 확보되어야 할 것이다. 특히 소비자교육은 그동안 주로 오프라인상에서의 교육이 많이 실시되었지만 인터넷 상거래의 이용은 인터넷을 기반으로 이루어지므로 정보화 사회에서 새롭게 대두되고 있는 소비자교육 실시의 접근의 용이성이란 장점을 갖고 있는 온라인 소비자교육의 실시가 효율적일 것이다. 특히 인터넷에 비교적 다른 계층보다 친숙한 집단인 대학생소비자를 교육하는데 있어서 인터넷을 이용한 온라인 소비자교육은 효과적인 소비자교육 방법이 될 것이다.

인터넷 상거래시 불안감이 높을수록, 소비자문제에 대한 심각성을 높이 지각할수록 소비자정보요구 및 교육요구가 높았다. 따라서 인터넷쇼핑몰 관련 사업자들은 현재 상품의 판매를 통한 이윤추구만을 목표로 할 것이 아니라 소비자에 대한 정보 제공자로서 정보화 사회에서 인터넷 상거래 이용시 소비자들의 불안감 감소 및 문제의 심각성을 낮추기 위한 방안으로 인터넷 쇼핑몰에 상품이나 서비스, 사업자의 주소, 연락처 등을 정보로 제시하며, 아울러 제공된 정보를 소비자들이 받아들일 수 있는 적극적인 소비자교육이 요구된다. 또한 소비자문제 발생 시 고객상담실이나 콜센터 등 실무자와 직접 연결 될 수 있도록 하며, 이는 소비자에게는 인터넷상거래시 소비자들의 불안감 감소와 소비자문제에 대한 심각성을 낮출 수 있는 실제적인 방안이다. 따라서 결국 인터넷 상에서의 쇼핑 빈도가 증가될 것이며, 점차 인터넷 상거래에 대한 수용의 폭이 증가되어 인터넷 쇼핑몰의 장기적인 발전을 초래할 것이다.

인터넷 상거래 이용시 소비자문제 경험은 매개변수이면서 또 다른 매개변수인 소비자문제 심각성지각을 경유하여 소비자정보요구와 교육요구에 간접효과만이 있다. 즉 소비자문제 경험을 하더라도 소비자문제에 대한 심각성을 높이 지각해야만 소비자정보요구나 교육요구를 더욱 높게 하였다. 따라서 점차 대중적인 상거래 방식으로 정착해 나갈 인터넷 상거래에서 소비자 자신이 경험하는 소비자문제에 대해 그 심각성의 수준을 정확히 파악할 수 있는 소비자 능력의 향상이 요구되며, 소비자문제의 심각성 지각과 함께 소비자의 법적 권리 중 특히 정보화 사회에서 중요하게 부각되는 권리인 '정보를 제공받을 권리', '교육을 받을 권리'에 대한 정확한 인식이 있어야 한다. 아울러 가장 심각하다고 판단된 개인정보유출관련 소비자문제에 대한 심각성 지각 수준을 좀 더 높이기 위한 정보획득 및 자발적 교육참여가 요구된다.

김태은, 한지수, 양세정(2006)은 주부 연령별 교육요구도 분석 결과, 20대와 30대는 가족 형성기 단계이니만큼 '가계재무관리' 영역에 대한 요구도가 높게 나타났고, 특히 '가계의 소득에 맞추어 예산을 세우는 방법'과 '주택구입시 고려해야 할 사항' 등에 높은 교육요구도를 보였다. 이들은 '대학부설사회교육원'이나, '여성회관, 구민회관 등'에서 1개월 미만의 단기 소비자교육 강좌를 선호하고 있었다. 50대 이상의 고령집단의 경우 '상속세와 증여세 절세 요령'에 대한 교육 요구가 타 연령 집단에 비해 상대적으로 높다. 이들은 '여성회관, 구민회관' 등 접근성이 편리한 장소 외에, '종교단체'도 선호하는 것으로 나타나, 교육확대를 꾀할 때 이에 대한 고려도 필요하다. 이들은 타 연령층과 달리 '강의'에 의한 교육방법을 선호하는 것으로 나타났으므로 교육프로그램 개발 시 이를 고려하여야 할 것이다. 저학력 집단이 관심을 보이는 주제는 고학력 집단과 크게 차이가 없으나 '금융기관과 금융상품의 특성비교'나 '주식투자 방법과 유의사항'과 같은 자산관리영역과 '소비자피해보상'이나 '소비자관련법규' 등에서 교육요구도가 떨어지는 것으로 나타났다. 이들 항목을 고려해 볼 때 낮은 학력의 주부가 해당부분에 관한 교육적 관심이나 필요성이 낮다고 보기 보다는 해당정보의 중요성을 적게 인지하고 있을 가능성이 있다. 이들 집단을 대상으로 한 교육프로그램을 구상할 때 소비자의 요구도 외에 전문가가 인지하는 교육적 필요부분을 함께 고려할 필요가 있음을 시사하는 부분이다. 학력이 낮은 집단은 교육 장소로 '여성회관, 구민회관'과 같은 지역 친화적 장소를 선호하는 것으로 나타났고, 반면 고학력자는 '대학부설 사회교육원' 등을 선호하는 것으로 나타남으로써 프로그램을 개발할 때 교육의 주요대상에 따른 교육장소를 고려해야 할 것이다. 교육수준이 높은 집단은 '토론을 병행' 하는 것을 선호하는 것으로 나타나 교육방법 선택 시 유의하여야 할 것으로 보인다.

남편의 직업 유형에 따라 대상 주부를 교육할 때 고려하여야 할 사항이 있다.

실직자 또는 은퇴자를 포함하는 무직의 경우 '국민연금과 개인연금', '보험'관련 정보를 포함할 필요가 있다. 가구주가 무직인 경우는 '경제적 안정을 위한 장기적인 가족의 금전계획 방법'과 '가계의 소득에 맞추어 예산을 세우는 방법'에서 타 집단에 비해 적은 교육 요구도를 보였는데 은퇴자의 재무설계 교육의 필요성을 고려할 때 이 부분에 대한 교육요구의 인식전환과 교육이 필요한 것으로 사료된다. 반면 사무직과 같이 소득이 일정한 경우 '경제적 안정을 위한 장기적인 가족의 금전 계획 방법' 이나 '가계의 소득을 맞추어 예산을 세우는 방법'과 같은 재무계획에 관한 정보 수요가 높아 이를 고려할 필요가 있다. 소득계층은 소비자교육 요구도에 대부분 유의미한 영향을 미치지 않는 것으로 나타나, 저소득계층을 대상으로 한 소비자교육의 가능성을 보여주었다. 저소득대상의 프로그램 개발은 '가계재무관리'영역관련 교육내용의 선정 시 유의하여야 할 필요성이 보였다. 저소득층은 '국민연금과 개인연금'에 높은 관심을 보였고, '각종 세금을 줄일 수 있는 방법'과 '소비자피해보상 절차와 방법'에 관해서는 다른 소득계층과 마찬가지로 높은 관심을 보였다.

심미영(2004)은 환경친화적 소비자태도-행동관계를 유형화하여 태도-행동 강화요인이 무엇인가를 밝혀내고, 환경문제에 대한 소비자정보는 어떠한 요인으로 구성되며 그 요구수준을 파악하고, 환경친화적 소비자태도-행동 관계유형에 따른 소비자정보 요구의 차이를 분석하여 체계화하였다. 환경친화적 소비자 태도와 행동은 일치성이 높은 것으로 나타났으며, 이 중 태도와 행동이 모두 높은 긍정적 일치집단은 19.3%였으며, 태도와 행동이 모두 낮은 부정적 일치집단은 42.5%로 나타났다. 환경의식, 사회적 이타주의, 환경문제에 대한 소비자지식이 높은 경우 태도와 행동의 일치성이 높은 것으로 나타났다. 따라서 환경문제에 대한 소비자태도의 형성과 이를 통한 장기적인 환경친화적 소비자행동을 유발하기 위한 환경교육은 환경의식을 강화하고 환경문제에 대한 전문적 지식을 제공함으로써 환경문제를 예방하고 해결할 수 있어야 할 것이다. 특히, 자기 개인보다는 사회에 대하여 포괄적으로 인식하고, 타인의 복지에 관심을 가지는 개념인 사회적 이타주의 성향을 길러줌으로써 환경문제의 해결에 적극적으로 개입할 수 있도록 환경교육의 방향성을 설정해야 할 것이다.

환경친화적 소비자 환경교육 프로그램을 개발하기 위한 선행작업으로 소비자의 환경문제에 대한 정보내용을 구성하기 위해 요인분석을 실시한 결과, 환경친화적 자원의 사용과 처분, 환경친화적 상품구매, 환경문제와 소비자주권, 환경규제에 대한 제도, 환경가치와 소비자 시민의식 강화영역으로 분류되었다. 정보요구 수준을 분석한 결과, '환경친화적 자원의 사용과 처분' 영역과 '환경친화적 구매' 영역에서 정보요구가 높게 나타났다. 환경교육을 통하여 환경친화적 소비자태도-행동을 강화할 수 있는 교육내용을 구성하기 위해 긍정적 일치집단과 부정적 일치집단에 대한 소비자 정보요구의 차이를 분석한 결과 태도와 행동이 모두 높은 긍정적 일치집단에 비해 태도와 행동이 모두 낮은 부정적 일치집단의 경우 환경친화적 정보 제공 영역 즉, 환경가치와 시민의식 강화, 환경문제와 소비자주권, 환경규제 및 사회적 책임, 환경친화적 상품구매, 환경친화적 자원의 사용과 처분 영역에서 정보요구가 더 높은 것으로 나타났으며, 이들 영역의 모든 하위 문항에서도 같은 결과를 초래하였으므로 환경친화적 소비자태도-행동 관계를 강화 할 수 있는 검증된 정보내용을 토대로 환경교육 프로그램을 개발하여야 할 것이다. 이상의 연구결과를 통해서 추론해 볼 때, 환경친화적 소비자태도-행동을 강화요인에 특히, 환경의식과 사회적 이타주의 가치, 소비자지식이 영향을 미쳤다. 따라서 소비자의 환경친화적 태도-행동 강화를 통해 지속적인 행동을 유발할 수 있는 환경의식 및 사회적 이타주의 가치를 강화하기 위한 지식과 제품의 구매, 사용, 처분과정에서 소비자 환경문제를 해결하기 위해 요구되는 환경문제에 대한 소비자지식을 제공할 수 있는 실천적 부분으로 이루어져야 한다. 또한 소비자 환경교육을 위한 정보내용구성을 위한 요인분석결과 '환경문제와 소비자주권', '환경가치와 시민의식강화', '환경규제제도와 사회적 책임' 은 소비자 환경문제에서 소비자 의식강화를 위한 기초영역으로 볼 수 있으며, '환경친화적 상품구매'와 '환경친화적 자원의 사용과 처분' 영역은 실질적으로 소비생활과 직결되는 영역으로 실천적 영역으로 다룰 수 있을 것이다. 이를 토대로 검증된 긍정적 일치집단과 부정적 일치집단간의 차이분석을 통해 도출된 정보내용들이 환경교육에서 다루어져야 할 것으로 본다.

윤주은과 배지희(2012)는 현장중심의 통합적 경제교육이 유아의 경제기본개념 및 정서지능에 미치는 효과를 분석하였다. 현장중심의 통합적 경제교육은 유아의 경제 기본개념 증진에 긍정적인 효과가 있었다. 이를 경제 기본개념의 하위영역 별로 살펴보면 실험집단 유아들의 소비, 상품과 서비스, 화폐, 시장개념에 대한 정수가 비교집단 유아들의 점수보다 높게 나타나 현장중심의 통합적 경제교육이 유아의 경제기본개념을 향상시키는 것으로 나타났다. 현장중심의 통합적 경제교육은 유아의 정서지능 향상에 긍정적인 효과가 있었다. 이를 정서지능 하위영역 별로 살펴보면 자기조절 능력과 타인인식 능력의 영역에서 현장중심의 통합적 경제교육에 참여한 실험집단 유아들의 점수가 비교집단 유아들의 점수보다 높게 나타났다.

김정숙과 조은진(2008)은 유아들이 일상생활을 통해 경제적인 개념을 경험하고 있으며 이미 소비자로서 경제 활동에서 그들의 비중이 커진다는 점을 고려할 때, 유아기부터 그 수준에 적절한 경제교육 활동에 참여하도록 하는 것이 중요하다는 인식을 갖게 된다. 따라서 본 연구에서는 유아가 일상생활에서 접하는 경제 현상과 문제를 이해하고 경제 관련지식을 활용하여 합리적인 판단을 내릴 수 있도록 돕기 위하여 만 5세 유아를 위한 체험 중심 경제교육 프로그램을 개발하고, 이를 교육현장에 적용한 후 유아의 경제개념과 구매행동에 미치는 영향을 조사하였다. 우선 체험 중심 경제교육 프로그램이 유아의 경제개념에 미치는 영향을 살펴본 결과 프로그램에 참여했던 실험집단에서만 사전, 사후검사 점수 간에 유의한 차이가 나타남으로써 본 연구에서 개발된 체험 중심 경제교육 프로그램이 유아의 경제개념 향상에 효과적임이 검증되었다.

진효찬(2014)은 한·중 소비자의 공정무역제품 구매의도 정도를 살펴본 결과 한·중 소비자는 공정무역제품 구매의도에 유의미한 차이를 보였으며, 한국보다 중국 소비자의 공정무역제품 구매의도가 높은 것으로 나타났다. 인구통계학적 특성에 따른 공정무역 소비자교육 요구에 대한 유의미한 차이를 보이는 변수는 한국의 경우 연령, 학력, 직업이었고, 중국의 경우는 학력, 월평균 소득이었다. 한국의 경우 연령이 50세 이상인 소비자보다 20-49세 소비자가 공정무역 소비자교육 요구가 높은 것으로 나타났으며 학력이 12년 이하인 소비자에 비해 학력이 13년 이상인 소비자가 공정무역 소비자교육 요구가 높은 것으로 나타났다. 또한 사무직/공무원, 자영업/판매 · 서비스, 주부/기타 소비자에 비해 학생 소비자가 '공정무역 효과'에 대한 소비자교육 요구가 높은 것으로 나타났다. 중국의 경우 학력이 12년 이하 소비자보다 13년 이상 소비자의 소비자교육 요구가 높은 것으로 나타났으며, 월평균 6,501-9,500위안 소비자 집단이 3,500위안 이하인 경우보다 공정무역 소비자교육 요구가 더 높은 것으로 나타났다.

한·중소비자의 공정무역제품 이용·구매실태에 따른 소비자교육 요구에 유의미한 차이를 보이는 변수는 한국의 경우 이용정도와 구매정도였고 중국의 경우 유의한 차이를 보이는 변수가 없는 것으로 나타났다. 한국에서 공정무역제품 이용·구매정도가 높을수록 공정무역 소비자교육 요구가 높은 것으로 나타났다. 한·중소비자의 공정무역 관련 특성에 따른 내용별 소비자교육 요구에 유의미한 차이를 보이는 변수는 한국의 경우 공정무역 인식, 공정무역 태도, 공정무역 관심도이었고, 중국의 경우 공정무역 인식, 공정무역 태도, 공정무역 관심도이었다. 한국에서 공정무역 인식, 태도, 관심도에 따른 내용별 공정무역 소비자교육 요구가 높아졌으며 중국에서도 인식, 태도, 관심도에 따른 내용별 공정무역 소비자교육 요구가 높아졌다.

한·중소비자 공정무역제품 구매의도에 따른 내용별 공정무역 소비자교육 요구에 유의미한 차이를 보였다. 한국의 경우 공정무역제품에 대한 구매의도가 높을수록 내용별 공정무역 소비자교육 요구가 높아졌고, 중국의 경우 공정무역제품에 대한 구매의도가 높을수록 내용별 공정무역 소비자교육 요구가 높아졌다. 전체적으로 내용별 공정무역 소비자교육 요구에 대해 영향을 미친 변수로는 한국의 경우 공정무역 인식이 가장 큰 영향을 미쳤으며 그 다음은 구매의도로 나타났다. 즉, 한국에서 소비자가 공정무역에 대한 인식이 높을수록, 공정무역제품에 대한 구매의도가 높을수록 공정무역 관련 소비자교육 요구가 높은 것으로 나타났다. 중국의 경우 공정무역제품 구매의도가 가장 큰 영향을 미쳤고, 그 다음은 공정무역 인식이었다. 중국에서 소비자가 공정무역에 대한 인식이 높을수록, 공정무역제품에 대한 구매의도가 높을수록 공정무역 소비자교육 요구가 높은 것으로 나타났다.

김정현과 최현자(2012)는 수입과 지출의 관리, 신용과 부채관리, 저축과 투자, 위험관리와 보험, 은퇴설계, 금융시장 환경과 재무관리의사결정과 같은 6개 하위영역이 소비자재무관리역량의 하위차원이라고 하였다. 우리나라 소비자들을 대상으로 조사한 결과 가지고 있는 지식역량에 비하여 기능역량이 뒷받침되지 못하고 있었다. 그러므로 소비자들의 재무관리역량을 증진시키기 위해서는 재무관리에 관한 지식을 주입시키기 보다는 자신이 알고 있는 지식을 재무관리에 적용하고 실현할 수 있는 방안을 제시해 주는 것이 훨씬 더 효과적이라고 하였다. 또한 우리나라 소비자들은 특히 노후설계, 위험관리, 저축과 투자에 관련된 영역에서 역량이 부족한 것으로 나타났다.

금융시장에 대한 일반 소비자들의 이용능력을 향상시키기 위하여 세계 각국에서는 금융이용자에 대한 금융교육을 국가적 차원에서 지원하고 있다. 우리나라에서도 금융감독원이나 (사)금융교육협의회, 그리고 투자자교육협회를 중심으로 학교교육 및 사회단체교육을 통한 지원을 활발히 진행하고 있다. 이들 단체들의 재무관리 교육내용은 주로 개별 금융영역 및 상품별로 진행이 되고 일회성으로 이루어지는 경우가 대부분이므로 다양하고 복잡한 시장 환경에 비해 교육과정이 체계적이지 못하며 지나치게 전문지식전달위주라는 비판을 받는다. 한 예로 금융감독원의 금융교육 실시 내용의 예시를 보면 '합리적인 소비생활 및 신용관리사 금융피해 예방요령, 금융시장과 금융감독의 이해, 은행 · 신용카드, 증권 거래시 유의사항 및 분쟁사례, 보험자동차보험 가입시 유의사항 및 분쟁사례, 라이프싸이클과 재무설계, 은행상품을 통한 효율적 자산관리, 알기쉬운 펀드투자, 증권 · 투신상품을 통한 효율적 자산관리, 전자금융거래의 개념 및 이용시 유의사항, 상속 등 금융생활법률 해설 등'이다(http://edu.fss.or.kr/edu/edu/edu4.jsp).

기혼여성의 재무관리교육요구를 조사한 홍향숙과 이기춘(1997)의 연구결과에 따르면 저축영역에 대한 교육적 요구도가 가장 많았고 그 다음이 보험과 주택 및 부동산, 세금이 많았다. 상대적으로 지출계획과 부채관리, 금전자원의 획득, 지역사회자원에 대한 교육요구정도는 낮았다. 인터넷 재무상담 사례를 분석한 연구(김경자, 2001)에 따르면 저축과 투자에 대한 상담이 가장 많았고 그 다음으로 재무설계 요령과 평가에 대한 질문이 많았으며 대출 및 부채관리에 대한 상담과 보험의 선택과 가입에 대한 상담의 비중은 상대적으로 적었다. 그리고 가장 많은 상담요청이 있었던 저축과 투자에서도 목돈마련, 여유자금 운용, 주택분양저축, 연금에 대한 문의가 많았다.

대학생의 재무관리 교육요구를 조사한 국내외 연구들(김경자 · 홍정하, 2002; 서인주, 2002; 백은영 외, 2004; 김효정, 2005, 정운영 · 황덕순, 2006; Baek, 2001; Lyons and Hunt, 2003)에 따르면 국내 대학생의 경우 합리적인 지출계획과 예 · 결산, 부동산 투자, 대출과 부채관리와 같은 신용관리에 대한 요구도가 높았는데 장단기 재무목표를 잘 세우지 못하는 것으로 나타났다. 반면 외국 대학생은 재무자원 및 지출, 건강보험, 은퇴계획에 대한 관심이 높았으며 부채상환의 어려움과 충동구매의 문제를 많이 겪는 것으로 나타나 지출 및 신용교육 분야의 교육이 필요한 것으로 나타났다(서정희, 허은정, 2013).

김경자(2001)는 성인 대상 재무상담의 주요 내용에서 재무설계요령과 가계상황 진단을 위해서 첫째, 예산설정의 방법, 가계상황 진단방법 등에 대한 교육이 필요하며, 저축과 투자영역에서는 상품별 금리 비교, 금융자산 포트폴리오 평가, 노후 예상 연금상품들에 대한 내용이 포함될 수 있다고 하였다. 또 그는 보험선택과 관련해서는 긴급자금의 마련, 보험상품선택, 보험가입방법, 보험해약방법 등이 주요 내용이며, 대출 및 부채관리에서는 이자상환방식, 부채상환방법, 신용도 평가 및 관리 등의 내용이 포함될 것을 제안하였다.

정운영과 황덕순(2006)은 대학생들을 위한 재무관리교육 프로그램을 개발하였는데, 돈에 대한 이해, 재무설계의 기초, 직업선택과 소득, 세금관리, 소비지출관리, 신용관리, 저축과 투자관리, 위험관리와 보험상품, 세금의 종류, 합리적인 소비분석과 지출계획, 신용에 대한 이해와 부채상환, 금융기관의 종류 및 투자원리, 은퇴준비계획과 상속 등의 내용들이 포함되어야 한다고 하였다.

박미자(2008)는 유아 경제개념 관련 문헌을 고찰하고 선행연구의 검사도구를 분석하여 경제개념의 구성요인을 찾고 이를 기초로 전문가와 유아 교사들의 의견을 수렴하여 만 3~5세 유아의 경제개념에 적합한 구성요인을 추출하였다. 이렇게 추출된 유아기에 다루어야 할 경제개념 구성요인은 선택, 기회비용, 희소성, 화폐, 가격, 교환, 상품과 서비스, 소비, 저축, 시장, 직업과 일이었다. 유아

경제개념 검사의 전체 점수를 분석한 결과 유아의 연령에 따라서 유아의 경제개념이 유의미한 차이가 있는 것으로 나타났다. 즉, 유아의 연령이 증가함에 따라 평균 점수도 증가하여 뚜렷한 발달적 경향을 보이는 것으로 드러났다. 또한 하위영역 및 총점에 대한 일원변량 분석을 실시한 결과 연령에 따라유의한 차이가 있는 것으로 나타났다. 반면, 유아 경제개념 검사의 성에 따른 차이를 알아본 결과, 유아의 경제개념은 성에 따라 차이가 없는 것으로 나타났다. 한편, 경제개념에 대한 발달적 특성은 첫째, '희소성과 선택, 기회비용'의 개념에 대해 만 3세 유아들은 자기중심적인 경향을 보이고, 만 4,5세의 유아들은 개념 형성이 이루어지고 있음을 알 수 있었다. 둘째, '소비' 개념에 대해 만 3~5세 유아들 모두가 합리적인 소비의 개념을 정확히 인식하지 못하고 있었다. 즉, 상품의 가격이나 품질을 인식하지 못하고 광고 상품을 무조건 사고 싶어하는 경향을 보였다. 셋째, '상품과 서비스'에 대해서는 언어적인 의미로는 정확하게 인식하지 못하였으나 물건이나 서비스를 제공하는 사람들의 의미에 대해서는 이해하고 있었다. 넷째, '화폐'의 개념에 대해 만 3~5세 모든 유아들은 물건을 구입할 때 돈이 필요하다는 것을 인식하고 있었으나 돈의 경제적 가치는 정확히 인식하지 못하였다. 다섯째, '직업과 일'에 대해서는 만 3~5세 유아 모두 돈을 벌기 위해 사람들은 직업을 갖는다는 것과 각 직업이 하는 일을 구분하였다. 여섯째, '가격과 교환' 에 대해서는 연령마다 다른 차이를 보이고 있다. 가격의 결정에 대해서는 만 3~5세 모두 정확하게 인식하지는 못하였으나 만5세 유아는 가격의 결정을 조금씩 인식하고 있는 것으로 보인다. 만 3~5세 유아 모두 물건을 사기 위해서는 돈을 주어야 한다는 것을 인식하고 있었지만 물물교환의 경제적 의미는 인식하지 못했다. 거스름돈에 대해서는 만 3, 4세와는 달리 만 5세인 몇몇 유아는 거스름의 의미를 인식하고 있었다. 일곱째, '시장'의 개념에 대해서는 만 3~5세 유아 모두 시장의 역할에 대해서 정확히 인지하고 있었다. 시장은 물리적 장소로서 물건을 사고 파는 곳이란 것을 알고 있었다. 즉, 물건을 사고판다는 것, 주인과 손님의 필요성, 돈이 있어야 물건을 살 수 있다는 것을 인식하고 있었다.

김시월(2008)은 소비자교육의 전파 및 파급을 위하여 이러닝 교육의 필요성을 전제로 하여, 전국 대학에서 진행되고 있는 소비자교육관련 이러닝의 운영 여부를 살펴본 결과, 전국에서 5개 정도의 대학이 참여하고 있으며, 전체 off-line 운영에 비하여 적음을 알 수 있었다. 그리고 대학생 소비자의 이러닝 수업에 임하는 학습태도 및 자세를 파악하기 위하여 요인분석을 실시한 결과, 자율통제형형, 의사소통형, 성과형, 계획관리형, 정보자료형, 취형 등과 같은 6개의 요인이 추출되었다. 이러한 6개 요인을 기준으로 하여, 대학생소비자의 이러닝 학습태도 유형을 군집화한 결과, 단편 정보 자료형, 단편정보 및 소통형, 단편적 이러닝 충실형, 이러닝 충실형, 이러닝 불충실형으로 나타났다. 대학생 소비자의 학습태도 유형에 따라 소비자교육 관련 이러닝 강좌 만족도만이 아니라 이러닝 시스템 운영체계 요구도 또한 매우 다른 점을 알 수 있었다. 그리고 대학생 소비자의 소비자교육 관련 내용 요구도를 알기 위하여 소비자교육 관련 내용을 제시한 후 요구 정도를 질문한 결과, 전체적인 평균을 중심으로 순위를 보면, 소비자문제 해결 및 피해구제 영역, 소득 획득과 저축 및 투자 등 금전관리 영역, 지출 및 신용의 의미와 관리에 관한 신용영역 등의 순으로 나타났다. 이러닝에 대한 대학생들의 선호가 그렇게 크지 않다는 점에서 이러닝이 지닌 효과를 얻기 위해서는 콘텐츠의 창의성, 상상력 등이 가미되고 대학생 소비자의 트렌드에 부응할 뿐만 아니라 온라인 커뮤니케이션의 다양한 방법의 개발이 필요하다.

김희선(2012)은 전통문화에 기초한 유아경제교육 프로그램을 개발하기 위하여 전통문화와 경제교육에 대한 문헌 고찰 및 선행연구 분석을 토대로 전통문화에 기초한 유아경제교육 프로그램의 목적 및 목표를 설정하고, 6개의 내용영역을 구성하였다. 다음으로 전통문화에 기초한 유아경제교육 프로그램 교수-학습 방법을 선정하였다. 이를 기초로 유아교육전문가 및 현장교사에게 내용타당도 검증을 거쳐 전통문화에 기초한 유아경제교육 활동을 구안하였으며, 프로그램 평가 방법을 선정하고 내용 및 현장 적합성에 대한 검토 및 수정·보완의 과정을 거친 후 최종 프로그램을 개발하였다. 전통문화에 기초한 유아경제교육 프로그램을 구성한 결과, 프로그램의 목적은 '전통문화의 소박하고 베푸는 삶, 나눔과 협동의 가치관을 바탕으로 건전한 소비 생활 태도를 기르고,

기본 경제개념을 형성할 뿐만 아니라 공동체의식과 합리적 의사결정능력을 증진함으로써 책임 있고 더불어 살아가는 민주 시민을 양성한다'로 설정하였다. 프로그램의 목표는 나눔과 협동의 전통문화에 대한 관심 및 친밀감 도모, 기본 경제개념 형성, 합리적 의사결정능력 증진, 건전한 소비 생활 태도 증진, 공동체의식 증진으로 설정하였다. 프로그램의 내용영역은 일의 필요와 돈, 베풂과 분배, 소비와 지출계획, 물건 선택과 구매, 생산과 기술, 직업과 공동체적 삶으로 선정하였다. 교수-학습 과정은 도입(전통문화내용 소개하기, 경제개념과 연계하기), 전개(관련활동과 연계 짓기, 활동 확장하기), 마무리 및 평가(정리 및 평가하기)의 단계로 구성하였다. 교사의 역할은 동기유발자, 언어적 · 비언어적 지원자 및 상호작용자, 시범자, 비계설정자, 환경준비자, 평가자로 규정하였다. 평가는 유아에 대한 평가와 프로그램에 대한 평가가 이루어지도록 하였다. 유아 평가는 활동과정 및 결과에 대하여 유아에 의한 자기평가 및 상호평가, 교사의 관찰, 작품분석을 통해 이루어졌으며, 프로그램에 대한 평가는 프로그램 운영의 적절성 및 효과를 검증하기 위해 프로그램 시작 전, 실시 중, 실시 후에 교사에 의한 체크리스트를 통해 이루어지도록 하였다.

전통문화에 기초한 유아경제교육 프로그램의 효과를 검증하기 위해 실험집단은 전통문화에 기초한 유아경제교육 프로그램을, 비교집단은 일반적인 유아경제교육 활동을 실시한 후, 유아의 경제개념, 사회적 능력, 전통문화 인지와 선호도를 검사하였다. 사전검사에서는 실험집단과 비교집단 간에 유아의 경제개념, 사회적 능력, 전통문화 인지와 선호도에 있어 통계적으로 유의한 차이가 나타나지 않았다. 그러나 사후검사에서는 유아의 전체 경제개념 및 하위영역인 희소성·선택·기회비용, 소비, 상품과 서비스, 화폐, 가격과 교환, 시장에서 실험집단이 비교집단보다 유의미하게 높은 것으로 나타났으며, 유아의 사회적 능력에서는 전체 사회적 능력 및 하위영역인 개별적 특성, 사회적 기술, 또래관계에서 실험집단이 비교집단보다 유의미하게 높은 것으로 나타났다. 또한 유아의 전통문화 인지에서는 전체 전통문화 인지 및 하위영역인 의생활, 식생활, 주생활, 문화재, 전통놀이, 전통예술에서 실험집단이 비교집단보다 유의미하게 높은 것으로 나타났고, 전통문화 선호도에서는 전체 전통문화 선호도 및 의생활, 주생활, 문화재, 전통놀이, 전통예술에서 실험집단이 비교집단보다 유의미하게 높은 것으로 나타났다.

이지연(2004)은 사회과 교육에서 이루어지는 경제교육에서도 학생들이 사회적, 개인적으로 부딪치는 경제문제를 이해하고 그에 대한 합리적인 의사결정을 내릴 수 있는 능력을 기르는데 목표를 두고 있음에도 불구하고, 학교 경제교육은 지식위주의 내용 전달에 머무르고 있어 학생들은 경제 수업은 지루하고 흥미가 없다고 느끼며, 배운 지식을 일상생활에 거의 적용하지 못하고 있다고 하였다. 이러한 문제의식을 가지고 개발한 경제교육 프로그램은 학습시간을 40~80분으로 융통성 있게 운영하고, 내용 요소로는 경제학의 핵심개념인 희소성, 기회비용, 합리적 선택을 선정하였다. 이렇게 선정된 학습내용들은 목표결정, 상황선택, 시뮬레이션 학습 조직, 시뮬레이션 학습 활동, 결과 토의 단계로 제시된 시뮬레이션 학습 모형에 따라 수업단계를 구성하였다. 의사결정능력 향상을 위한 경제교육 시뮬레이션 학습 프로그램의 실시 결과, 사전, 사후 비교에 있어서 프로그램 실시 집단의 의사결정능력은 통계적으로 유의미한 차이($p<.05$)를 보였다. 그리고 교사의 관찰, 형성평가, 자기 평가 결과를 의사결정능력의 하위 요소인 지식영역과 가치영역으로 분석한 결과 아동들의 의사결정능력이 향상되었음을 알 수 있었다. 이는 본 프로그램인 시뮬레이션 학습 프로그램이 사회과 경제교육에서 아동들의 의사결정능력을 신장시키는데 효과적임을 보여주는 것이다.

주현경(2007)은 우리나라에서 경제교육에 대한 적극적인 관심이 일어나기 시작한 것은 1980년대에 들어서면서 정부와 민간단체 주도의 시민경제교육이었다. 이후 1987년 학교경제교육 개편을 위한 사업이 수행되면서 제5차 교육과정 개편에서 경제교육 내용이 대폭 수정 보완되어 오늘에 이르고 있다. 물론 현재의 제7차 교육과정의 경제교육이 초등학교에 있어서 독립교과과정이 아닌 통합교과과정에서 이루어지고 있지만 과거에 비해 많이 개선되었음을 알 수 있다. 그럼에도 불구하고 학교에서 받은 경제교육이 실제 경제생활에 별 도움이 되지 않는다는 의견이 지배적이다. 이는 생활중심의 교육과정이 아닌 학문중심의 교육과정을 중시하기 때문으로 보인다. 경제교육의 목표는 교육의 현장이 초등학교이건 중 고등학교이건 경제문제에 대한 합리적 의사결정이 그 목표인데, 이와 같은 고등정신 능력의 함양은 결코 쉬운 과제가 아니다. 그렇기 때문에 초등학교 시절 학습자가 경제에 관한 교육이 어렵고 이해하기 힘든 과목이라는 생각으로 가득차 있다면 중 고등학교 시절을 통해서도 이러한 사고를 지우기 어렵게 된다. 본 논문은 이러한 사실에 입각하여 초등학교에서 정규 교과과정으로는 설명하거나 이해하기에 부족한 경제교육을 2007년부터 전면적으로 확대 실시되고 있는 방과후 학교에서 운영하려는 가능성을 연구하였다. 실생활을 통해 학습자가 이해하기 쉬운 프로그램을 설계하고 실생활에 적용 가능한 과제를 통해 경제지식의 습득이 어렵지 않다는 사실을 규명하고자 한다. 이를 위해 경제교육과 관련된 선행연구 및 7차에 거쳐 이루어진 경제교육 변천과정을 살펴보고, 이에 대한 문제점 및 개선방안을 제시하고자 한다.

성영애(2012)는 재무교육과 재무상담에 대한 요구도와 선호를 살펴보고 이에 영향을 미치는 요인을 분석하였다. 재무교육과 재무상담에 대한 평균 요구도는 4점 만점에 각각 3.32점, 3.18점으로 모두 높은 편이었고, 전체적으로나 각 주제영역별로나 재무교육에 대한 요구도가 재무상담에 대한 요구도보다 유의미하게 더 높은 편이었다. 주제별 요구순위를 살펴보면 재무교육의 주제와 재무상담의 주제의 우선순위가 거의 동일하게 나타나고 있다. 노후설계방법에 대한 요구가 가장 높았고, 절세방법, 주택마련이나 부동산 투자에 대한 내용이 그 다음으로 요구가 높았다.

재무교육에 대한 요구도에 영향을 미치는 요인과 재무상담에 대한 요구도에 영향을 미치는 요인은 거의 유사하였다. 소비자의 연령, 교육수준, 혼인상태, 가구원수, 주거형태, 금융자산, 가계부채와 재무상담경험 등 여러 가지 요인에 따라 달라지는 경향이 있었다. 전체적으로는 재무교육을 선호 하는 집단이 더 많았으나 각 세부영역별로 보면 교육과 상담에 대한 선호가 동일한 집단이 더 많았다. 소비자에 따라 재무교육과 상담에 대한 선호가 나타나고 있는데, 재무교육을 선호하는 집단에 속할 가능성에 영향을 미치는 변수는 연령, 금융자산 및 재무상담경험인 것으로 나타났고, 재무상담을 선호하는 집단에 속할 가능성에 영향을 미치는 변수는 성별, 직업, 가구원수로서 영향을 미치는 변인이

상이하였다.

김현숙(2014)은 지역아동센터 교사를 위한 경제교육 프로그램 “Dream Economy”를 개발하였다. “Dream Economy”의 구성은 영역별 프로그램과 경제일기 프로그램으로 구성되어 있다. 영역별 프로그램은 경제개념의 이해, 용돈관리, 합리적인 소비태도, 저축, 함께 나누기의 5가지 영역으로 나누고, 각 영역별로 2가지씩 활동주제를 두어 총 10회기로 분류하였다. 경제개념의 이해 영역에서는 합리적인 의사결정의 기본개념인 희소성과 기회비용을 중심으로 ‘필요한 것 원하는 것’, ‘선택이 필요해’의 프로그램을 구성하였다. 용돈관리 영역에서는 합리적인 용돈관리의 필요성 및 방법을 위한 ‘용돈을 받으면’, ‘나는 용돈대장’의 프로그램을 구성하였다. 합리적인 소비태도 영역에서는 소비자로서의 올바른 역할 수행을 위한 계획세우기와 구매활동 교육의 내용으로 ‘계획을 세워요’, ‘물건을 살 때는’의 프로그램을 구성하였다. 저축 영역에서는 저축목표 세우기와 돈이 소중한 가치를 가질 수 있도록 ‘저축은 왜?’, ‘경제생활 파트너’의 프로그램을 구성하였다. 함께 나누기 영역에서는 상호의존의 개념인 ‘나누는 기쁨’, ‘함께 나눠요’의 프로그램을 구성하였다. 경제일기 프로그램도 본 연구의 경제교육의 5개 영역을 토대로 각 영역마다 4개씩 일기주제를 선정하여 경제교육 프로그램과 함께 병행하여 지도할 수 있도록 하였다. 아동용 활동지, 교사용 활동지, 게임하는 법, 수업용 그림, 경제개념 카드 등을 첨부하였다. 교육방법으로는 노래, 게임, 동화, 미술활동, 토론, 등 다양한 활동방법을 적용하여 아동들의 적극적인 참여를 유도하였다.

김효진(2011)은 만화를 활용한 경제수업을 실시한 결과, 만화 활용 수업은 아동의 학습에 대한 흥미 및 욕구충족 면에 많은 기여를 하였으며 어려운 경제 관련 기본 개념을 쉽게 이해할 수 있게 해 주었다. 경제 수업에서의 문제상황제시, 사고과정 점검, 정보제공면에서 문제해결학습 모형을 적용한 만화 활용 경제교육 수업은 아동이 경제 개념에 쉽게 접근하고 체계적으로 활용하는데 효과적이었으며 아울러 스스로 경제적 문제를 해결해보는 자기주도적 학습능력 향상에 긍정적인 영향을 주었다. 학생들은 만화를 활용한 경제 수업 후 다른 사람에게 경제 개념을 설명할 수 있게 되었고 새로 배운 경제 개념을 활용하여 다른 사람과 대화할 수 있게 되었다. 만화에 나타난 인물들의 이야기를 통해 아동의 경제적 생활태도 및 가치관에 대한 의식 개선이 이루어졌으며, 올바른 경제 활동과 실질적인 경제인으로서 의사결정 능력을 함양할 수 있었다.

시중에서 쉽게 접할 수 있는 경제관련 만화의 내용을 분석한 결과, 최근 대중의 경제적 관심분야와 맞물려 돈을 많이 벌기 위한 금융과 화폐, 은행과 주식 등과 같은 경제개념들에 관한 만화자료는 많이 있지만 아동의 올바른 경제의식과 경제생활, 더 나아가 초등학교의 경제단원과 관련된 거시경제의 개념을 다룬 만화는 많이 부족한 편이다. 따라서 다양한 경제개념을 담은 경제만화의 개발이 필요하다. 만화와 관련한 경제수업이 경제교육면에서의 효과가 입증되었음에도 실제 만화를 활용한 경제교육 프로그램의 개발은 활발하지 못한 상황이므로 앞으로 다양한 수업모형으로 초등학교 사회과에서 지속적으로 개발되어야 할 것이다. 경제만화를 제공함에 있어 아동의 흥미와 관심을 고려하여 다양한 매체로의 접근이 이루어질 수 있도록 교사 스스로 노력한다면 경제교육에서 만화의 교육적 효과는 더 클 것이다.

강주희(2013)는 초등학생들의 금융 이해력을 신장시키기 위하여 경제교육에서 금융교육과 관련하여 용돈 관리 습관, 가계의 수입과 지출 뿐만 아니라 신용, 저축과 투자, 노후 설계 등의 이해를 위하여 시뮬레이션 게임을 활용한 프로그램을 개발하고 적용하였다. 시뮬레이션 게임은 금융왕 판게임(Board Game), 모의 주식투자, 라이프사이클 판게임(Life Cycle Board Game)의 3가지로 실행하였다. 먼저 금융왕 판게임은 자신의 재무 상황에 맞는 금융 거래를 하는 데에 목표를 두었으며 이를 통하여 목적에 맞는 저축을 할 수 있으며, 자산을 효과적으로 관리할 수 있도록 하였다. 모의 주식투자에서는 아주 단순화 된 주식 투자를 통해서 주식 관련 금융 지식을 습득하고, 실제 금융 생활의 기초를 마련하였다. 단순한 주식 매매 뿐만 아니라 경제의 거시적인 이해와 정보 수집 능력이 필수적이다. 라이프사이클 판게임은 생애 주기에 따라 수입과 지출이 다르다는 것을 알고, 미래의 재무 설계 및 노후 준비를 할 수 있도록 설계하였다. 시뮬레이션 게임을 활용한 금융 수업은 금융이해력 신장에 효과가 있었으며, 금융 교육에 대한 흥미를 가질 수 있었으며, 실제 생활에서 돈과 관련된 학습에 적용할 수 있다.

3. 아동소비자교육 사례

강원 인제군은 2014년 12월에 하늘내린센터 다목적공연장에서 아동들의 올바른 경제관 확립을 위한 경제교육 뮤지컬 '재크의 요술지갑'을 공연하였다. 이 공연은 아동들의 눈높이에 맞춘 현실적이고 구제적인 경제교육 뮤지컬로 아동들이 신나게 즐기며 알찬 경제지식을 습득할 수 있도록 기획됐다. 군 관계자는 "드림스타트 아동 및 아동이 초대하는 친구와 다문화가족지원센터 아동 및 가족 등 230여명을 무료로 초대할 예정"이라고 말했다(뉴시스, 2014년 12월 9일).

한화생명은 2015년 1월에 겨울방학을 맞아 경기도 양평 한화리조트에서 어린이 80여명을 초청해 경제캠프를 하였다. 이 경제캠프에서 어린이들은 돈의 흐름, 다양한 직업 등에 대해 알아보고 나의 꿈 등을 발표하였다. 특히 단순 학습보다는 보드게임, 경제골든벨 등 체험과 놀이 중심의 참여형 교육으로 아이들이 경제에 대해 쉽게 이해하고 자신의 미래를 설계해 볼 수 있게 한 것이 특징이다. 경제캠프는 한화생명이 주축이 돼 한화그룹 금융계열사들과 함께 취약계층, 경제교육 소외지역 아동을 위해 지원하고 있는 사업이다. 2012년부터 시작해 지난해까지 3년간 경제스쿨, 경제캠프, 분교투어 등 176회에 달하는 다양한 경제교육을 실시했다(아시아경제 2015년 1월 14일).

논산시 건강가정지원센터는 논산시 관내 유일 장애인 전담 어린이집인 선화어린이집 아동과 교사들을 대상으로 경제교육 및 시장체험 프로그램을 진행했다. 2014년 9월 29일부터 6일까지 총 3차례 실시된 교육은 장애아동이 미래의 독립적인 주체로 당당히 성장할 수 있도록 화폐와 시장에 대한 이해부터 구매까지 실질적인 프로그램으로 운영됐다. 특히 화폐에 대한 개념과 사용방법, 나만의 화폐 만들기, 갖고 싶은 물건 담아보기 등 쉽고 흥미로운 내용으로 구성해 진행하고 칭찬카드도 나눠 주어 스스로 용돈을 모을 수 있도록 했다. 또 장애아동들로서는 평소 하기 힘든 전통시장을 찾아 일반 어린이집 원아들과 함께 필요한 생필품을 직접 구매하는 장보기 체험도 갖게 해 소중한 추억을 간직하도록 했다. 프로그램에 참여한 한 어린이의 어머니는 "장애아동 대상 프로그램이 미비한 실정에서 시장, 화폐에 대한 경제교육과 시장에서의 체험이 아이들에게 즐거운 경험이 되었고, 앞으로 이러한 프로그램이 지속적으로 진행 되었으면 좋겠다"고 말했다(대전일보 2014년 11월 14일).

외환은행 나눔재단은 국제 비영리 경제교육기관인 JA 코리아와 함께 '농·산·어촌 저소득 가정 어린이교사 경제 교육' 사업 지원을 위한 협약식을 2014년 11월에 체결했다. 이번 협약의 일환으로 농·산·어촌 공부방 교사 20명을 초청해 경제교육 워크숍을 2014년 11월 5일부터 7일까지 진행하였다. 2007년 시작돼 올해로 8년째 진행하고 있는 이 프로그램은 경제교육 기회가 부족한 농·산·어촌 저소득가정 어린이에게 체험형 경제교육을 제공하는 사업이다. 이번 워크숍은 전국의 농·산·어촌 드림스타트센터와 지역아동센터 교사를 대상으로 실시된다. 과정을 수료한 교사들이 소속기관의 아동들을 대상으로 직접 경제교육을 진행하게 된다. 서울 외환은행 본사에서 개최되는 이번 워크숍은 JA Korea 경제교육 프로그램에 대한 교육을 받고 조별로 직접 실습하는 시간을 갖는다. 그 밖에도 경제교육의 이해와 교육 마술, 공연 관람 등 수업에 직접 활용 가능한 콘텐츠도 제공할 예정이다. 이날 참여한 천정숙 물금지역아동센터(경북 양산시) 담당 교사는 "센터의 아동 대부분이 경제 개념이 없고, 지역 인계자원도 도시에 비해 턱없이 부족한 편인데 이번 외환은행 나눔재단과 JA Korea의 지원 덕분에 우리 아이들에게 좋은 경제교육 프로그램을 직접 가르칠 수 있게 됐다" "아이들에게 건전한 경제관념 교육을 통해 스스로 자신의 미래를 개척할 수 있도록 지도하겠다"고 말했다(아시아뉴스통신 2014년 11월 5일).

경북 경주시 복지지원과는 2014년 8월 21일에 청소년수련관에서 드림스타트 아동 20명을 대상으로 필수서비스의 일환인 경제교육 및 인터넷중독 예방교육을 진행 했다. 이번 교육은 아동들에게 바른 경제관념을 심어주고, 각종 게임 등으로 인한 인터넷중독을 예방함으로서 아동들이 올바른 가치관을 가지고 성장할 수 있도록 돕기 위해 마련된 프로그램이다. 경제교육은 교재와 용돈기입장 등을 활용, 체험해보고, 인터넷 중독예방교육은 실제적인 사례들을 O, X 퀴즈로 풀어나감으로서 아이들의 적극적인 참여를 유도했다(국제뉴스 2014년 8월 23일).

강원발전연구원 경제교육센터는 도내 지역아동센터 어린이들이 건전하고 안전한 소비습관을 익힐 수 있도록 '경제소비생활 안전 119' 교육을 2015년 2월 3일부터 25일까지 원주, 영월, 평창 3개 지역의 15개 지역아동센터 어린이 330명을 대상으로 건전하고 안전한 소비습관을 자연스럽게 익힐 수 있도록 체험식 경제교육을 진행하였다. 이 센터는 어린이 소비자 피해를 사전에 예방하고 바람직한 소비습관을 형성하기 위해 사례 중심의 눈높이 교육을 실시하고, 도내 벽지와 도지 등 소외지역과 취약계층에 대한 교육기회 확대에 주력하는 동시에 도내 경제교육 유관기관들과의 협업을 통해 일반도민을 대상으로 하는 경제교육도 강화할 계획이다. 강원발전연구원 강원경제교육센터는 경제교육지원법에 따라 지난 2009년 기획재정부가 지정한 경제교육전문기관으로 지난해 어린이, 청소년, 다문화가정 주부, 북한이탈주민, 군 장병, 중등교원, 공무원 등을 대상으로 610시간에 걸쳐 6800여명에게 경제교육을 실시했다(씨엔비뉴스, 2015년 2월 3일).

4. 울산 프리틴 소비자의 소비자교육 경험

1) 소비자교육 경험 실태

<표 6-1>은 조사대상자들의 학교와 가정에서의 소비자교육 경험에 대한 일반적 경향을 보여주고 있다. 소비자교육 경험은 다섯 항목으로 측정되었고 각 항목은 4점 리커트 척도로 측정되었다. 조사대상자들이 학교에서 경험한 소비자교육에 대한 평균점수는 2.77점이었고 가정에서 경험한 소비자교육에 대한 평균점수는 2.89점으로 나타났다. 이는 조사대상 학생들이 학교와 가정에서 중간수준보다 약간 높은 정도로 소비자교육을 경험하였음을 보여주고 있다.

첫 번째 문항인 소비자의 개념과 역할에 대한 교육에 있어서 학생들은 가정(2.94)과 학교(2.93)에서 중간이상으로 교육받았다고 응답하였다.

두 번째 문항인 화폐의 의미, 용돈계획, 용돈기입장 관련한 교육에 있어서는 학생들은 가정(2.93)에서 학교(2.68)보다 교육 받았다고 응답한 것으로 나타났다.

〈표 6-1〉 소비자교육 경험 일반적 경향

항 목	학교	가정
1. 소비자개념이나 역할에 대한 교육	2.83	2.94
2. 화폐의 의미와 종류, 용돈계획, 용돈기입장 기록 등에 관한 교육	2.68	2.93
3. 물건을 사기 전 계획하기에서부터 사고 난 후 평가하기, 주의사항 등에 관한 교육	2.64	2.89
4. 소비자 권리, 소비자 책임, 정보의 활용 등에 관한 교육	2.86	2.92
5. 친환경 교육, 공정무역과 같은 착한소비에 관한 교육	2.86	2.78
전 체(4점 변환점수)	2.77	2.89

세 번째 문항인 구매전 계획, 평가, 주의사항에 대해서도 마찬가지로 가정(2.89)에서 학교(2.64)보다 더 교육을 받았다고 응답하였다.

네 번째 문항은 소비자의 권리와 책임, 정보 활용에 대한 것으로 학생들은 가정(2.92)과 학교(2.86)에서 중간수준보다 약간 높은 정도로 소비자교육을 받았다고 보고하였다.

마지막으로 친환경 교육과 공정무역의 경우 학생들은 학교(2.86)와 가정(2.78)에서 중간수준보다 약간 높은 정도로 교육을 받았다고 응답하였다.

2) 학교와 가정에서의 소비자교육 경험

<표 6-2>는 조사대상 학생들의 학교와 가정에서의 소비자교육 경험의 차이를 제시하고 있다. 분석결과 문항 1, 2, 3에서 통계적으로 유의한 차이가 나타났다. 첫째, 소비자 개념과 역할에 대한 교육에 있어서 학생들은 학교보다는 가정에서 소비자교육을 더 자주 경험하였다고 대답하였다. 둘째, 화폐의 의미와 종류, 용돈계획, 용돈기입장 기록 등에 대한 교육에 있어서도 학생들은 학교보다는 가정에서 소비자교육을 더 자주 경험하였다고 답하였다. 셋째, 물건을 사기 전 계획하기부터 사고 난 후 평가, 주의사항에 관한 교육도 마찬가지로 학생들은 학교보다는 가정에서 더 자주 소비자교육을 경험하였다고 응답하였다.

〈표 6-2〉 학교와 가정에서의 소비자교육 경험 차이

항 목		평균(SD)	paired-t
1. 소비자개념이나 역할에 대한 교육	학교	2.83(0.82)	−1.99*
	집(가정)	2.94(0.89)	
2. 화폐의 의미와 종류, 용돈계획, 용돈기입장 기록 등에 관한 교육	학교	2.68(0.91)	−4.19***
	집(가정)	2.93(0.90)	
3. 물건을 사기 전 계획하기에서부터 사고 난 후 평가하기, 주의사항 등에 관한 교육	학교	2.64(0.94)	−4.32***
	집(가정)	2.89(0.90)	
4. 소비자 권리, 소비자 책임, 정보의 활용 등에 관한 교육	학교	2.86(0.92)	−1.08
	집(가정)	2.92(0.89)	
5. 친환경 교육, 공정무역과 같은 착한소비에 관한 교육	학교	2.86(0.89)	1.41
	집(가정)	2.78(0.98)	
전 체(4점 변환점수)	학교	2.77(0.71)	−3.30**
	집(가정)	2.89(0.74)	

* $p< .05$, ** $p< .01$, *** $p< .001$

소비자교육은 학생들이 올바른 소비생활을 위해 필요한 교육이며 어릴 때 합리적인 소비생활 습관을 갖게 되면 성인이 되어서도 합리적인 소비생활을 하게 됨으로 교육의 중요성이 크다고 할 수 있다. 소비자교육은 가정과 학교에서 병행되는 것이 바람직한데, 본 연구결과 조사대상 학생들은 학교보다는 가정에서 소비자교육을 더 자주 경험하는 것으로 나타났다. 따라서 학교에서의 소비자교육을 보다 강화할 필요가 있다고 생각된다.

3) 사회인구학적 변수에 따른 학교와 가정에서의 소비자교육 경험

<표 6-3>은 사회인구학적 변수에 따른 학교와 가정에서의 소비자교육의 차이를 분석한 것이다. 연구결과 통계적으로 유의한 변수는 나타나지 않았다.

〈표 6-3〉 사회인구학적 변수에 따른 소비자교육 경험 차이

변수	구분		학교소비자교육	가정소비자교육
성별	남	141	13.73(3.82)	14.19(3.96)
	여	152	14.00(3.31)	14.72(3.41)
	t-value		.65	-1.23
부연령	42세 이하	81	14.42(3.40)	14.73(3.61)
	43-45세	112	13.40(3.54)	14.31(3.76)
	46세 이상	92	13.93(3.74)	14.41(3.75)
	F		1.94	.31
모연령	40세 이하	126	13.94(3.61)	14.64(3.64)
	41-42세	60	14.00(3.82)	14.33(4.04)
	43세 이상	99	13.73(3.43)	14.34(3.63)
	F		.14	.24
부학력	고졸 이하	109	14.10(3.52)	14.68(3.63)
	초대졸 이상	176	13.67(3.63)	14.29(3.30)
	t-value		.98	.86
모학력	고졸 이하	127	13.90(3.71)	14.72(3.75)
	초대졸 이상	157	13.76(3.50)	14.20(3.73)
	t-value		.96	1.15
부직업 구분	회사원	153	13.68(3.48)	14.56(3.48)
	기타	141	14.08(3.64)	14,.36(3.92)
	t-value		.96	.46
모직업 유무	유	178	13.57(3.48)	14.39(3.78)
	무	115	14.32(3.65)	14.59(3.58)
	t-value		-1.78	.46
성격 성향	외향적	223	14.09(3.62)	14.81(3.68)
	내향적	67	13.18(3.29)	13.42(5.56)
	t-value		1.85	2.73**
거주 형태	아파트	208	13.75(3.70)	14.41(3.75)
	주택/빌라 등	86	14,17(3.18)	14.59(3.56)
	t-value		-1.00	.38
주관적 경제 인식	중층 이하	108	13.53(3.45)	14.22(3.67)
	중상층	139	14.22(3.48)	14.91(3.46)
	상층 이상	46	13.59(4.01)	13.64(4.34)
	F		1.33	2.36

제7장
프리틴 소비자의 구매후 후회

계획없이 즉흥적으로 물건을 사는 이른바 '충동구매'를 여자보다 오히려 남자들이 많이 한다는 재미있는 조사결과가 나왔다. 최근 미국 신용카드 정보회사 '크레디트카드 닷컴'은 무작위로 추출된 미국인 1000명을 대상으로 충동구매와 관련된 연구결과를 발표했다. 이 조사에서 가장 눈길을 끄는 결과는 기존 인식과 배치되는 남성들의 충동구매 비율이다. 조사 결과를 보면 남자들 중 21% 이상은 500달러(약 55만원) 이상의 충동구매를 한 반면, 여성은 그 비율이 7%에 불과한 것으로 나타났다. 또한 충동구매 액수 역시 여성이 남성보다 평균 25달러(약 2만 7000원) 적었다.

충동구매를 하게 된 동기도 남녀 간의 차이가 있었다. 남자의 경우 술에 취했을 때 여성보다 충동구매 비율이 2배나 높았으며 반대로 여성은 울적할 때 2배 이상 그 비율이 높았다. 이 조사결과에서 재미있는 점은 충동구매 후 남녀 간의 심리에도 차이가 있다는 사실이다. 남자의 46%가 충동구매를 후회했다고 밝힌 반면 여성은 그 수치가 52%에 달했던 것. 결과적으로 남자가 여자보다 충동구매를 많이 하고 이에 대한 죄의식도 적다는 이야기. "밀레니엄 세대(1980년 이후 태어난 미국 성인)의 90%가 충동구매를 경험한 반면 50대 이상은 56%에 불과했다" 고 밝혔다. 이어 "대학졸업자가 비졸업자 보다 충동구매를 더 많이 해 충동구매는 학력과도 관계가 깊었다" 고 덧붙였다(나우뉴스 2014년 11월 26일).

1. 구매후 후회의 정의

후회는 선택한 대안과 선택하지 않은 대안을 비교하면서 나타나는 슬픔이나 실망감, 불유쾌한 감정으로 기쁨 혹은 환희와 반대되는 개념이라고 정의할 수 있다(Landman, 1987; Landman and Mannis, 1992; 김광지.박기용, 2007; 이유재.김학균, 2003). 후회를 책임과 연결시켜 분석한 연구에 의하면 소비자들은 자신에게 책임이 있었다고 느낄 때 후회를 많이 한다고 한다. Gilovich and Medvec(1994)는 응답자 중 단 5%미만의 소비자들만이 자신의 통제 밖에 있는 사실에 대해 후회한다고 하였다. 즉 소비자들은 책임이 없는 상황에 대해서는 거의 후회를 하지 않았다. Roseman, Wiest and Swartz(1994)도 구매 후 후회를 느끼는 소비자는 자신이 더 많이 알았어야 했다는 의무감과 자신이 한 실수에 대한 책임감, 자신의 실수를 바로잡고자 하는 경향이 강하다고 하였다. Tsiros and Mittal (2000)은 소비자가 구매한 브랜드에 만족했다 하더라도 후회를 경험하면 브랜드 전환이 이루어진다고 하였다. 행동하였을 경우 후회는 한정적이나, 행동하지 않았을 때 후회는 시간이 지남에 크기가 반전된다(Gilovich et al., 1998; Inman & Zeelenberg, 2002; 김광지.박기용, 2007; 이유재.김학균, 2003).

후회는 발생 시점에 따라 구매 전의 예상된 후회와 구매 후의 경험된 후회로 구분될 수 있다(이유재.김학균, 2003). 소비자가 의사결정을 할 때 결과와 관련된 대안을 선택과정에서 후회할 가능성이 크다고 예상할수록 후회를 최소화하려는 대안 행동을 찾는다(Anderson, 2003).

2. 관련연구

김은화와 전인수(2006)는 일반적으로 후회는 선택대안에 불만족하고 제거대안의 좋은 점을 사후에 발견했을 경우 생기는 것인데, 사후가정사고에 의해서도 후회가 유발될 수 있다고 하였다. 특히 상향적 사후가정사고를 많이 하는 소비자일수록 후회를 많이 한다. 조절초점이론(regulatory focus theory)(Higgins

1998)에 따르면 상향적 가정 사고는 향상동기를 통해 후회를 유발하고, 후회가 구매 후 행동인 반복구매의도와 전환구매의도에 영향을 미친다고 하였다. 이는 구매후 행동을 결정하는 지금까지의 지배논리인 만족/불만족 → 긍정적/부정적 행동의향에 수정이 필요함을 시사한다. 만족과 또 다른 변수인 후회가 구매후 행동에 미치는 영향이 추가돼야 할 것이다.

후회의 정도가 지나치게 높아 어쩔 수 없는 경우라면 모르지만 그 정도가 해소할 수 있는 정도라면 해소하려 노력하고 그 결과 구매 후 행동에 긍정적 영향을 미칠 수도 있다는 것이다. 불쾌한 감정이 일반적으로 부정적인 영향을 미치는 것으로만 보아왔지만 이 연구결과에 따르면 정도의 문제라고 할 수 있다. 그 정도가 지나치게 높다면 부정적이지만 낮다면 긍정적일 수 있음을 시사한다. 부정적 감정인 후회는 전환구매의도를 높이고 반복구매의도를 낮추지만 후회해소노력을 거치면 반대의 영향을 미치는 것으로 볼 수 있다. 따라서 후회를 해소하려고 노력했기 때문에 그 노력을 정당화하기 위해서 호의적 구매의도를 갖게 된다는 노력정당화효과(effort justification effort)를 확인할 수 있다. 반복구매의 경우에 후회정도가 큰 것으로 나타났다. 기존대안을 선택한 것이 새로운 대안을 선택한 경우보다 후회가 적다는 것이 현상유지효과(status-quo effect)인데 그 이유는 기존대안을 정상 또는 규범으로 생각하는 기본대안편견이 있기 때문이다(Kahneman and Tversky, 1982; Inman and Zeelenberg, 20020). 반복구매가 전환구매에 비해 후회가 더 큰 것으로 나타났는데, 우리나라 소비자는 Higgins(1998)가 말하는 향상동기(promotion motivation)가 높아 새로운 것을 좋아하여 전환구매를 기본대안 내지 규범으로 생각하는 것으로 해석할 수도 있다.

주우진과 황희중(2008)은 후회경험이 예상된 후회에 미치는 영향을 조절하는 요인으로서 소비자의 구매 의사결정변수의 효과를 분석하고 예상후회가 재구매에 어떠한 영향을 미치는지 분석하고자 거래경험 변수를 선정하였다. 의사결정 변수로서는 고려정도(고려시간), 연기가능성, 일반적인 기준 부합여부, 협력가능성, 번복가능성, 선택 대안들에 대한 지식 등 6가지 변수를 선정하고 거래 경험 변수로서는 거래기간, 거래빈도 2가지 변수를 선정하였다. 예상후회의 매개역할이 검증되었다. 즉, 후회경험이 많은 소비자는 예상후회가 많았고,

예상후회가 많은 소비자는 재구매의도가 낮았다. 또한, 후회경험이 예상후회에 미치는 영향에 있어서 6가지 의사결정변수의 조절역할이 검증되었다. 즉, 후회경험이 예상후회에 미치는 영향력은 여러가지 의사결정변수들에 따라 더욱 증대되거나 감소하였다. 예상후회가 재구매의도에 미치는 영향에 있어서 2가지 거래경험변수의 조절역할이 검증되었다. 즉, 소비자와 기업의 거래기간이 길고 거래빈도가 많을수록 예상후회가 재구매의도에 미치는 부정적 영향력을 완화할 수 있음이 입증되었다.

하환호와 임충혁(2011)은 긍정적 인지편향이 지각된 위험과 예상된 후회감, 그리고 구매연기의도에는 어떤 영향을 미치는지를 살펴보았다. 긍정적 인지편향에 해당하는 지각왜곡에는 자기고양 편향과 낙관주의 편향 그리고 통제착각 편향이 있다. 본 연구는 이들 세 변수들이 어떤 경로를 통해 구매연기의도에 영향을 미치는지 구체적으로 살폈다. 연구결과, 자기고양 편향과 낙관주의 편향은 지각된 위험과 예상된 후회감에 유의한 영향을 미치는 것으로 나타났다. 통제착각 편향은 이들 변수들에 영향을 미치지 않았다. 구매연기의도에는 예상된 후회감만이 정(+)의 영향을 미치는 것으로 나타났다. 이러한 결과를 통해, 긍정적 인지 편향이 구매 연기의도에 직접적으로 영향을 미치기 보다는 지각된 위험과 예상된 후회감이라는 부정적 감정을 통해 간접적으로 영향을 미친다는 사실을 확인할 수 있었다.

박한내와 남인우(2011)는 구매충동성과 조절초점, 그리고 귀인과 같은 개인특성 변수들이 후회의 정도 차이에 미치는 영향을 살펴보았다. 개인특성 변수인 자기조절초점과 귀인은 후회의 정도에 영향을 미친다는 결과가 나왔다. 자기조절초점과 귀인 모두 후회의 정도에 정적인 영향을 미치는 것으로 나타나 조절초점에 따라, 그리고 귀인에 따라 후회의 정도차이가 있음을 알 수가 있다. 조절초점 중에서는 예방초점 성향의 소비자들이 향상초점 성향의 소비자들에 비해 후회를 하는 정도가 더 컸고, 귀인 중에서는 외적귀인 성향의 소비자들이 내적귀인 성향의 소비자들에 비해 후회를 하는 정도가 더 크게 나타났다. 하지만 충동구매를 일으키는 요인인 구매충동성 변수는 후회의 정도에 통계적으로 유의한 영향을 미치지 않는다는 결론이 도출되었다.

기업의 최종목표는 소비자로 하여금 소비를 하게 하는 것이다. 소비자가 제품을 구매한 후에 부정적인 감정인 후회감이 들면, 소비자는 현 소비상황을 바꾸고자 노력하여 환불을 요청할 것이다. 또한 이러한 변환행동은 현 소비상황 뿐만이 아니라 후속 소비행동인 재구매에도 부정적인 영향을 미칠 것이다. 이 논문은 충동구매 후 후회라는 부정적인 감정을 갖기가 더 쉬운 소비자집단이 있음을 알고 그 집단의 관리를 특히 더 신경 써야할 필요가 있음을 보여준다. 마케터들은 본 연구를 통하여 어떠한 성향의 소비자들이 후회를 덜 하거나 더 한다는 것을 파악할 수 있다. 게다가 선행연구에서 언급되었듯이, 자기조절초점의 경우에는 예방초점 성향이나 향상초점 성향이 개인들의 특성이기도 하지만 상황에 따라 유도가 되기도 한다. 따라서 기업의 마케터들은 소비자가 가지는 후회라는 감정이 개인의 성향뿐만이 아니라 상황을 통해서도 나타날 수 있는 감정임을 깨닫고, 아무리 성향적으로 후회를 많이 느끼는 소비자집단이다 하더라도 상황을 통해 그 정도를 낮추는 방법을 연구할 필요성을 느낄 수 있다. 즉, 충동구매 후 내적귀인을 하는 사람들이 더 후회를 하지 않는 다는 점은 그 내적 귀인을 하는 사람들이 충동구매 자체가 가지는 즐거움의 중요성을 사사하여 준다고 하겠다. 이에 마케터는 쇼핑 환경을 즐겁게 유도하여 쇼핑을 한 후에도 후회를 느끼지 않고 지속적으로 긍정적인 기분을 느끼도록 하는 방법을 찾아야 하는 것이다. 한 가지 예를 들면 소비자가 기업의 일원 중에 가장 쉽게 그리고 빈번히 만나게 되는 것은 다름 아닌 점원이다. 제품을 처음으로 구입하는 시점에서 점원과의 친밀감이 생겨나는 것은 쉬운 일이 아니다. 하지만 자신이 직접 경험하는 점원에 대하여 신뢰도와 만족도가 생기고 나면 구매 후에 부정적인 상황이 벌어진다 하더라도 최대한 긍정적인 방향으로 마음을 돌릴 수가 있다. 따라서 소비자들의 만족도를 높이고 그 만족도가 계속적으로 유지되도록 하기 위해서 기업들은 제품을 판매하고 있는 점원들 한 명 한 명의 관리를 철저하게 할 필요가 있다. 매장의 매니저뿐만이 아니라, 아르바이트 직원들 까지도 주인의식이 있게 프로다운 태도를 소비자들에게 보일 수 있도록 기업은 노력해야 한다. 또한 만족도 설문조사도 방법 중에 하나이다. 실제로 제품을 구매하고 사용하는 소비자들의 의견을 귀기울여 듣고, 계속해서 좋은 방향으로 제품의 품질을 향상시키는 것은 소비자들의 만족도를 지속시켜주는 데에 중요한 방법이다. 소비자들의 불만족을 즉각적이고 적극적으로 해결해주는 것 또한 중요한 일이다. 소비자들이 불만족한 일이 발생하였을 때는 기업들에게는 중요한 전화위복의 때일 수 있다. 지금 당장은 불만족스럽지만 소비자가 현재 가지고 있는 불만족을 완전히 해소시켜주고, 소비자가 기대하지 않았던 부분까지 신경써주는 모습에 소비자는 마음이 풀릴 것이고, 다음번에 구매결정을 해야 하는 일이 발생할 때, 불만족을 느꼈던 기업에 대해 긍정적인 마음을 가지고 고려를 할 것이다. 이러한 방법들을 가지고 기업이 고객들을 지속적으로 만족시켜 고객들이 환불요청을 하는 정도도 낮추고 그 양도 줄인다면 소비자들은 비용절감의 효익을 볼 수가 있을 것이고, 기업의 입장에서도 같은 비용으로 더 좋은 품질의 물건을 소비자들에게 제공할 수 있게 될 것이다.

Inman & McAlister(1994)는 쿠폰의 경제적 가치를 인식하고 있는 소비자들은 후회를 경험하지 않기 위하여 사용기간 안에 쿠폰사용을 하려고 한다. 즉 소비자들은 만기된 쿠폰을 사용하지 않으면 손실로 지각하기 때문에 쿠폰 상환율은 쿠폰이 지급된 직후에 가장 높았고, 시간이 경과할수록 점차 감소하다가 쿠폰 상환만기일 직전에 다시 높아졌다. 이유재와 김학균(2003)은 소비자의 이러한 행동특정을 소유효과(endowment effect)로 설명하였다. 소유효과는 무엇인가를 소유하였다가 소유한 것을 상실하게 되면 처음부터 아무 것도 소유하지 않은 경우보다 더 괴롭다는 것을 의미한다.

박성수, 김기진(2009)은 쿠폰은 정보 제시유형과 적합성에 따라 소비자들의 경제적 가치와 연관된 인식이 달라지기 때문에(Cesario.Grant.Tory, 2004; Higgins et al., 2003; 허종호, 2007) 오프라인 쿠폰 중에서 쿠폰 북 쿠폰을 연구하였다. 쿠폰 북 쿠폰의 특징은 소비자들의 관심정도에 관계없이 소비자들에게 제공되지만, 소비자들의 필요에 따른 고관여상황이 발생하였을 경우 제공된 쿠폰 북 쿠폰들 중에서 소비자의 선택에 의해 언제든지 사용할 수 있다는 특징을 가지고 있다. 쿠폰 북 쿠폰에 대한 소비특성은 물론 쿠폰 미사용 시 후회감에 영향을 주는 변수와의 관계에서 관여도의 영향관계는 물론 쿠폰 미사용 시 소비자가 느끼는 후회감이 구매 후 행동에 어떤 영향을 미치는지를 알아보았다.

첫째, 쿠폰 북 쿠폰을 이용하는 소비자들의 소비특성들이다. 쿠폰을 사용하는 주 업체는 음식점이 가장 높았으며(55.5%), 만족 동기는 쿠폰할인가격 때문이라는 것(55.1%)과 불만족 동기에서는 음식의 질이 떨어진다는 것(36.0%)이였다. 이는 음식점을 이용 할 경우 할인되는 가격 때문에 업장을 방문하지만 음식의 질적인 부분에서는 실망하고 있음을 나타낸다. 또한 쿠폰의 미사용 이유는 쿠폰 가치가 작아서가 가장 높게 나타났고(41.7%), 쿠폰의 불만사항에서는 음식의 양과 질의 차이가 너무나 크다(41.7%)고 나타났으며, 기대하는 쿠폰 할인율은 20%가 56.3%를 차지하여 가장 높았다. 이러한 결과로 유추해 볼 때 일반적으로 현재 기업들이 쿠폰 할인율로 가장 많이 제공하는 10%할인율은 쿠폰 가치적인 측면에서 소비자 기대와 만족에 미치지 못하여 쿠폰 미사용의 가장 큰 이유가 되고 있음을 반증하며 특히, 음식점 이용 시 쿠폰을 사용하여 이용한 소비자들의 인식이 '음식점들의 음식이 양과 질의 차이가 있다'는 부정적인 높은 인식은 쿠폰 북 제공업태 중 가장 쿠폰 북 쿠폰의 사용량이 많은 음식점들의 향후 쿠폰 마케팅 활용 시 고려해야 할 매우 중요한 결과라고 사료된다.

둘째, '쿠폰가치가 크다'와 '쿠폰지참선호'는 쿠폰 북 쿠폰 미사용 시 후회감에는 영향을 주지 않고 '쿠폰 경제적 인식'과 '구매 후 평가'에 대해서만 유의하게 나타났다. 쿠폰 북 쿠폰의 경제적 혜택과 관련된 소비자 인식은 다른 쿠폰과는 다르게 쿠폰 북 쿠폰이 가치가 크다고 인식하기보다는 쿠폰을 이용했을 경우 경제적으로 도움을 받을 수 있는 것으로만 인식하고 있다. 또한 쿠폰지참 선호에 있어서도 관여와 상관없이 제공받거나 쿠폰 북의 소비자 취득경로에 있어 손쉽게 쿠폰 북을 제공받을 수 있는 현실을 감안해 볼 때 쿠폰 북 쿠폰지참이 미사용 시 후회감에도 영향을 주지 않는 것으로 사료된다. 다만 쿠폰 북 쿠폰도 기존 쿠폰들과 마찬가지로 경제적으로는 인식하고 있다는 것과 쿠폰을 이용했을 경우 잘 사용했다는 평가는 본 연구에서도 유의하게 나타났음을 확인 할 수 있었다. 따라서 쿠폰 북에 대한 인식 중 '정보 제시'에 대해서는 소비자들은 '경제적 인식'이 높음을 나타내고 쿠폰을 사용되는 '적합성'은 쿠폰을 이용한 소비자들만이 후회감에 영향을 미친다는 특징을 갖는다고 사료된다.

셋째 쿠폰 미사용 시 후회감에 대한 영향관계에 있어 관여도가 부분적으로 조절작용을 하였다. 쿠폰사용에 대한 '구매 후 평가'에 대한 변수에 대해서는 관여도가 조절작용을 하지 않지만 쿠폰의 '경제적 인식'에 대해서는 관여도가 조절작용을 하였다. 이러한 결과의 해석은 '구매 후 평가'처럼 쿠폰 북 쿠폰을 이용한 소비자들은 쿠폰 북에 대한 관여도와 상관없이 미사용 시 후회감을 갖지만, 쿠폰 북 쿠폰에 대하여 '경제적 인식'으로 인지하는 소비자들은 관여도 정도에 따라 쿠폰 미사용 시 후회감에 큰 차이가 있음을 나타낸다. 후회감은 소비자 만족과 재구매 의도에 부정적인 영향을 미친다는 것을 재확인하였다.

김경민, 최범준, 이매창(2010)의 연구에 의하면 구매전에 소비자는 조절동기의 유형에 따라, 활용하는 평가모드는 차이가 없었다. 구체적으로 방어동기를 가진 소비자는 단수대안 제시 평가모드보다는 복수대안 제시 평가모드의 선택빈도를 더 높게 보여주었으며 향상 동기를 가진 소비자도 단수대안 제시 평가모드보다 복수대안 제시 평가모드를 더 활용하였다. 구매 전과는 다르게 구매후에 소비자는 조절동기 유형에 따라, 활용하는 평가모드가 차이가 있었다. 즉, 구매후의 경우는 향상동기를 지닌 소비자의 복수대안 제시 평가모드의 선택빈도는 단수대안 제시 평가모드의 선택빈도보다 더 높게 나타난 반면 예방동기를 지닌 소비자의 단수대안 제시 평가모드의 선택빈도는 복수대안 제시 평가모드의 선택빈도보다 더 높게 활용하는 것으로 밝혀졌다.

소비자의 조절 동기에 따라 구매전후에 평가전략이 다르기 때문에 구매후 후회가 차이가 났다. 즉, 향상적/방어적 동기를 지닌 소비자는 구매전후 사용하는 평가방식이 달라짐으로 인해 구매후 발생하는 후회가 차이가 나타났다. 특히, 향상동기를 지니고 구매전후에 복수-복수대안 제시(JE-JE)로 평가한 소비자는 방어동기를 지니고 구매전후에 복수-단수대안 제시(JE-SE)로 평가한 소비자보다 그 후회가 더 크게 나타났다. 후회와 조절동기간의 효과의 유무는 상황맥락에 따라 발생하며 그 영향력은 다르다고 볼 수 있다. 즉 후회와 조절동기간의 관계는 상황맥락효과에 의해 강하게 조절 영향(moderate effect)을 받기 때문에 이러한 측면에서 소비자의 의사결정을 해석해야 한다는 것을 시사한다.

김성혁과 권상미(2005)는 패밀리 레스토랑을 이용해 본 경험이 있는 소비자를 대상으로, 후회감을 야기하는 선행변수가 무엇이며, 제휴카드나 쿠폰을 사용하지 않았음을 알고 난 후 느끼는 후회감이 구매 후 평가에 어떤 결과를 가져오는지 알아보고 제휴카드와 쿠폰의 미사용시 후회감 차이를 알아보았다. 제휴카드의 사용성향과 지각된 혜택 모두 제휴카드 미사용으로 인한 후회감에 영향을 미쳤으며, 쿠폰 역시 같은 결과를 보였다. 이는 후회감의 정도가 사용성향이나 지각된 혜택 등에 의해 영향을 받을 수 있으므로 이에 대한 분석이 선행되어야 함을 의미한다. 기업들은 소비자의 욕구를 제대로 파악하고 표적시장에 맞는 쿠폰과 제휴카드 발행을 통해 판촉 프로그램의 효율성과 효과성을 향상할 수 있다.

제휴카드 미사용으로 인한 후회감은 소비자의 만족도, 향후 사용의도, 재구매 의도에 영향을 미치는 것으로 나타났으며 쿠폰도 같은 결과를 보였다. 이는 소비자가 후회감은 일시적으로 느끼고 마는 것이 아니라, 향후 구매행동에도 영향을 미친다는 것을 의미한다. 따라서 후회감에 미치는 요소가 무엇인지를 찾아내고 후회감을 느끼는 현상을 예방하기 위하여 주의를 기울일 필요가 있다. 또한 후회감을 느낀 후에라도 만족도와 사용의도, 재방문을 높일 수 있도록 대안을 마련하는 것도 필요할 것이다. 예를 들어 쿠폰이나 제휴카드를 미처 사용하지 못했을 경우 다음 방문시 영수증과 함께 제시한다면 할인을 해준다던지, 쿠폰을 현장에서 즉시 획득할 수 있도록 매장 내에 쿠폰함을 설치하던지 등의 조취를 취할 수 있으며, 제휴카드를 놓고 왔을 경우에는 현장에서 주민번호 입력만으로 할인을 받을 수 있도록 하는 것도 하나의 대안으로 볼 수 있겠다. 제휴카드와 쿠폰 미사용시 느끼는 후회감에는 차이가 있는 것으로 나타났으며, 제휴카드 미사용시 느끼는 후회감이 쿠폰 미사용시 느끼는 후회감 보다 높게 나타났다. 이는 쿠폰보다는 제휴카드를 사용하는 것이 보다 편리하기 때문에 후회감을 더 많이 느끼는 것으로 판단된다. 패밀리 레스토랑 업계는 향후 판촉활동에 있어 소비자들이 쿠폰 보다는 쉽게 이용할 수 있는 제휴카드를 상품이나 서비스를 구매하는데 이용함으로써 소비자의 구매력을 높일 수 있도록 다양한 제휴관계를 통한 차별화된 서비스를 제공해야 할 것이다. 이러한 다양한 제휴관계와 차별화된 서비스가 적절히 수행된다면 소비자의 만족도와 사용의도, 재방문을 보다 높여 줄 수 있을 것이다.

나준희(2004)는 소비자의 제품구매 후 후회는 소비자의 조절적 동기와 구매유형에 따라 다르게 나타난다는 것을 검증하였다. 예방동기를 지닌 소비자는 향상동기를 지닌 소비자에 비해 부정적 결과에 대한 구매후 후회가 더욱 큰 것으로 나타났다. 즉, 부정적인 결과를 회피하는 측면에서 의사결정을 했던 소비자는 긍정적인 결과를 추구하며 의사결정을 했던 소비자에 비해 제품을 구매한 후 나타나는 부정적인 결과에 대해서 더욱 후회하는 것으로 나타났다. 이전에 사용했던 브랜드를 지속적으로 사용해서 나타난 부정적 결과에 대해서 향상동기를 지닌 소비자는 예방동기를 지닌 소비자에 비해 더욱 후회가 큰 것으로 나타났다. 즉, 자신의 잘못된 의사결정으로 인해 부정적인 결과가 발생했다할지라도 자신의 동기적 성향과 일치하는 행동일 경우에는 부정적 결과에 대한 부정적 정서가 완화된다는 내용이다. 따라서 부정적 결과의 회피에 가중치하여 의사결정을 하는 소비자의 경우 돌다리를 두드리지 않고 건넜을 때가 적어도 돌다리를 두드리고 건넜을 때에 비해 더욱 후회하는 것으로 나타났다. 다른 브랜드로 전환구매해서 나타난 부정적 결과에 대해서 예방동기를 지닌 소비자는 향상동기를 지닌 소비자에 비해 후회가 더욱 큰 것으로 나타났다. 즉, 긍정적인 결과를 위해 위험을 추구하는 향상동기를 지닌 소비자는 비록 자신의 잘못된 의사결정으로 인해 부정적인 결과가 발생했다할지라도 자신의 동기적 성향과 일치하는 행동일 경우에는 부정적 결과에 대한 부정적 정서가 완화되었다.

홍지연과 조영현(2014)은 구매 후 후회를 느끼는 소비자들에게 광고가 어떠한 역할을 하는지를 알아보고자 하였으며, 연구 결과 광고는 소비자들의 구매 후의 후회감을 낮추어 주었으며, 제품에 대한 태도에도 긍정적인 영향을 미치는 것으로 나타났다. 구체적으로 보면, 낮은 수준의 사회적지지 광고를 본 소비자들에 비해서, 높은 수준의 사회적지지 광고를 본 소비자들은 후회해소와 제품에 대한 태도가 더 긍정적인 것으로 나타났으며, 광고의 사회적지지 메시지 강도와 노출 매체의 상호작용도 나타났다. 즉, 다수이용 매체에서보다도 소수가 보는 매체에서 고수준의 사회적지지 광고의 영향이 더 뚜렷한 것으로 나타났다.

따라서 광고는 구매 후 후회가 유발된 소비자들의 적극적인 후회해소에 도움을 주는 역할을 한다고 볼 수 있으며, 이러한 구매 후 광고효과는 구매에 더 확신을 줄 수 있고 동조압력으로 작용할 수 있는 고수준의 사회적 지지의 광고일 경우에 더 큰 영향을 미치며, 소수가 보는 매체에서 광고가 후회감소에 미치는 영향력이 더 크다는 사실을 알 수 있었다. 이러한 결과는 광고의 직접적인 메시지뿐만 아니라 광고가 어디에 게재되며 그 광고를 사람들이 얼마나 많이 보고 있느냐를 지각하는 것도 광고정보를 처리하는데 영향을 미치는 요인이 된다는 것을 보여주고 있다. 특히, 소수가 이용하는 매체의 광고인 경우에는 그 자체로만으로 구매자의 후회를 낮추어 주지 못하기 때문에, 광고의 내용이 강한 사회적지지 메시지일 경우에는 그 효과가 분명하게 나타났다고 할 수 있다. 반대로 다수가 이용한다고 가정되는 전국신문의 광고에서는 사회적지지의 강도가 큰 역할을 하지 못하였는데, 이는 전국신문의 광고라는 다수 이용의 매체정보나 매체신뢰성만으로도 후회감소를 유발할 수 있으므로 광고내용이 큰 역할을 하지 않았다고 해석할 수 있을 것이다.

전종근, 이태민, 박철(2013)은 스마트폰 사용이 활성화 되면서 스마트폰을 이용한 모바일 쇼핑의 규모가 급증하고 있다. 모바일 쇼핑은 기존 쇼핑에 비해 편리하고, 즉각적으로 반응이 가능하다는 장점이 있어 소비자들이 급속히 수용하고 있는 구매행위가 되고 있다. 그러나 간편하고 빠른 모바일 상거래 서비스 환경은 소비자의 충동구매를 더 유발할 수 있고, 이는 구매 후회로 이어져 소비자의 복지를 하락시킬 수 있다는 우려도 있다. 본 연구에서는 편의성, 반응 용이성이라는 모바일 상거래 서비스 장점요인과 통제성이라는 제약요인이 충동구매에 미치는 영향과 모바일 충동구매가 구매후회에 미치는 영향을 검증하였다. 그 결과 사용편이성, 반응성의 모바일 상거래 서비스 특성이 충동구매에 유의한 영향을 미치고, 이는 후회에 영향을 미친다는 가설을 지지되었으나 통제성의 효과는 기각되었다. 또한 소비자 지식에 따라 이 영향정도는 달라졌다. 즉, 모바일 상거래 서비스 특성들이 충동구매에 미치는 영향은 지식이 낮은 소비자에게는 유의했으나, 지식이 높은 소비자 그룹에서는 그렇지 않았다. 이는 모바일 구매에서 소비자간 지식격차 효과로 보았으며, 이에 대한 시사점을 소비자 교육과 정책적인 면에서 제시하였다.

조남혜와 박수경(2012)는 패션 제품 소비자의 구매 후 행동을 포괄적으로 살펴보기 위하여 소비자 감정 중 후회에 대하여 살펴보고자 하였으며 소비자의 만족/불만족, 불평행동, 재구매 의도와 같은 구매 후 행동에 영향을 미치는 후회를 야기시키는 요인을 밝히고자 하였다. 연구의 목적을 실증적으로 살펴보기 위하여 20~40대여성 22명을 대상으로 질적 연구방법이 실시되었다. 연구결과는 다음과 같다. 첫째, 패션제품 소비자의 제품 구매 후 후회를 야기 시키는 요인은 크게 제품요인, 소비자요인, 구매 상황요인, 서비스요인으로 분류할 수 있었으며 후회 후 행동도 확인되었다. 세부적으로 제품관련 요인은 물리적 차원으로 품질, 실용성 및 관리, 사이즈 및 착용감이, 표현적 차원으로 디자인 및 색상, 유행성 및 독특성, 스타일, 비본질적 차원으로 가격과 브랜드 요인으로 분류되었다. 소비자 관련 요인에는 첫째, 개인적 차원으로 싫증, 어울림, 체형보완이, 사회적 차원으로 주변 반응의 내용이 포함되어 있었다. 구매 상황관련 요인은 구매환경상황, 인적상황으로 분류되었고 구매환경상황으로는 시간압박, 충동구매, 매장, 재고고갈가능성, 카드결제, 비구매후회, 세일/사은품의 내용이며 인적상황은 쇼핑동반자 영향, 판매원 권유가 확인되었다. 마지막으로 서비스관련 요인은 A/S, 교환 및 환불이 포함되어 있었다. 둘째, 후회한 제품에 대한 행동관련요인으로 개인적 차원과 사회적 차원의 후회 해소 노력과 후회한 제품의 처분행동에 대한 내용이 있음을 확인할 수 있었다. 본 연구 결과를 바탕으로 후회라는 소비 감정이 구매 후 행동에 영향을 미치고 있음을 확인하였고 이를 통하여 패션제품에 대한 구매 후 행동을 설명하는 포괄적인 패러다임을 제시할 수 있을 것이다.

유현정(2012)에 의하면, 산업혁명 이후 경제적 풍요로움은 필수재 구매 중심의 소비에서 보다 다양한 욕구충족을 위한 재화 및 서비스 의 구매로 소비의 영역을 확대시켰고 아울러 인간의 삶의 질을 높여주는데 기여했다. 그러나 고도 산업사회를 지나 정보사회로 진입하면서 소비자들은 넘쳐나는 재화와 정보 중 무엇이 소비자에게 진정으로 필요하고 유익한 것 인지를 평가하고 선택하는 데 점점 더 어려움을 겪게 되었다. 소비에 대한 자기조절능력은 약화되고 순간적인 소비충동이나 과시적 욕구, 무분별한 타인의 모방 등과 같은 비이성적인 소비행동은 증가하게 되었다. 본 연구에서는 구매 후 후회를 야기 시키는 요인으로 자기조절능력 및 비이성적 소비행동에 주목하였다. 자기조절능력 및 비이성적 소비행동이 후회에 어떠한 영향을 미치는지 알아보기 위해 청주시에 거주하는 성인 소비자 300명을 대상으로 설문조사를 실시하였고, 분석 결과는 다음과 같다. 첫째, 비이성적 소비행동 중 과시소비성향이 구매 후 후회에 통계적으로 유의한 영향을 미치는 것으로 분석되었다. 즉, 과시소비를 많이 하는 소비자일수록 구매 후 후회를 많이 하는 것으로 나타났다. 둘째, 인구통계학적 특성 중 고등학교 졸업 이하의 학력 변인이 구매 후 후회에 유의한 영향을 미치는 것으로 나타났다. 즉, 고등학교 졸업 이하의 저학력 소비자일수록 구매 후 후회를 많이 하는 것으로 나타났다. 셋째, 연령이 높을수록 자기조절능력이 크고, 학생이 다른 직업인에 비해 자기조절능력 수준이 낮았으며, 학력 수준이 낮을수록 자기조절 능력이 낮은 것으로 나타났다. 넷째, 소비자특성에 따른 비이성적 구매행동 분석에서는, 여성일수록, 연령이 낮을수록 비교적 충동소비를 많이 하고, 소득이 높을수록, 학력수준이 낮을수록 충동소비, 모방소비, 과시소비, 보상소비가 많이 나타나는 것으로 분석되었다. 다섯째, 자기조절은 비이성적 소비행동 중 보상소비에만 영향을 미치고, 구매후 후회에는 영향을 미치지 못하는 것으로 나타난 반면, 자기非조절은 충동소비와 모방소비, 과시소비, 보상소비의 모든 비이성적 소비행동에 영향을 미치고, 이는 다시 구매후 후회에 유의한 영향을 미치는 것으로 분석되었다. 또한 비이성적 소비행동에서는 과시소비가 구매후 후회에 유의한 영향을 미치는 것으로 분석되었다.

박종구, 김주영, 위승희(2014)는 일 년간 호텔 쿠폰 패키지를 선 구매 후, 매몰비용이 발생한 상황에서 쿠폰 패키지의 구매 후 사용률에 따라 단계별로 구분하여, 구매후회와 포기후회가 사용의사와 재구매의사에 미치는 영향과 후회와 재구매의사의 관계에서 사용의사의 매개역할을 실증적으로 검증하였다. 본 연구는 서울에 거주하는 일반인 536명을 대상으로 2013년 9월 2일부터 9월 13일까지 조사하였다. 또한 매몰비용이 발생한 상황에서 구매 후 사용률에 따라 단계별로 구분하고, AMOS 18.0을 사용하여 빈도분석, 신뢰도 분석, 확인적 요인분석, 구조방정식 분석을 실시하였다. 연구 결과, 매몰비용이 발생한 상황에서 구매후회는 사용의사에 부정적인 영향을 미치고, 포기후회는 반대로 사용의사 긍정적인 영향을 미치는 것으로 나타났다. 또한 구매후회는 재구매 의사에 부정적인 영향을 미치고, 포기후회는 재구매 의사에 아무런 영향도 미치지 않는 것으로 나타났다. 마지막으로 사용의사는 재구매 의사에 긍정적인 영향을 미치며, 사용의사는 포기후회와 재구매 의사 사이에서 매개역할도 하는 것으로 나타났다. 또한 준거점의 위치에 따라 사용률뿐 아니라 매몰비용을 느끼는 정도가 달라지는 것으로 나타났다. 따라서 호텔기업은 후회를 최소화하기 위해 소비를 일으킬 수 있는 긍정적인 동기부여가 될 수 있는 다양한 부수적인 프로그램을 제공하고, 쿠폰 패키지를 기간 내에 잊지 않고 사용할 수 있도록 노력해야 할 것이다.

손준상(2011)은 자아개념이 충동구매와 구매 후 감정반응에 어떤 영향을 미치는지 알아보고자 하였다. 이를 위해서 자아개념의 사회의존성-독립성에 따라 2개의 집단으로 나누어 충동구매와 구매 후 감정에 미치는 영향을 분석하였다. 충동구매는 계획성 정도에 따라 충동구매 집단과 비충동구매 집단으로 나누어 구매 후 감정을 비교하였다. 또한 심사숙고성-즉흥성 정도를 이용하여 자아개념과 구매 후 감정과의 관계를 재 검정하였다. 연구결과를 보면, 충동구매집단은 죄책감, 후회, 행복감에서 비충동구매 집단보다 높았고 자긍심에서는 비충동구매 집단이 높았다. 자아개념은 충동구매에 유의적 영향을 미쳤으며, 죄책감, 후회, 행복감에서 충동구매의 구매 후 감정에 미치는 영향을 조절하였다. 그러나 자긍심에 대해서는 조절효과가 나타나지 않았다. 이런 결과는 사회적으로 독립적인 자아개념을 가진 소비자들이 충동구매 후에 높은 부정적 감정(죄책감, 후회)과 함께 긍정적 감정(행복감)을 갖지만, 충동구매자체에 대해서는 바람직한 구매전략으로 보지 않고 있음을(낮은 자긍심) 나타낸다고 할 수 있다.

주선희(2012)는 제품과 서비스의 무형적 속성을 물리적 무형성, 일반성, 정신적 무형성 등 세 가지 차원으로 나누고, 무형성이 불확실성과 위험지각에 미치는 영향과 불확실성과 위험지각이 소비자의 구매 후의 감정인 만족과 후회에 미치는 영향을 알아보았다. 그리고 무형성과 불확실성 및 위험지각 관계에서 개인특성인 촉각욕구가 미치는 조절적 영향에 대해 연구하였다. 연구 결과, 정신적 무형성은 불확실성과 위험지각에 정(+)의 영향을 미치는 것으로 나타났으나, 물리적 무형성과 일반성은 불확실성과 위험지각에 영향을 주지 않는 것으로 나타났다. 그리고 불확실성은 위험지각에 정적인 영향을 미치는 것으로 나타났다. 불확실성과 위험지각 모두 후회에 정적인 영향을 미치는 것으로 나타났으며, 만족에는 부정적인 영향을 미치는 것으로 나타났다. 조절효과 연구 결과, 수단적 촉각욕구가 높은 사람일수록 무형성과 불확실성, 위험지각 사이에 미치는 영향이 높을 것이라고 예측했는데, 정신적 무형성과 위험지각 간의 가설을 제외하고 모두 통계적으로 유의하지 않았다. 이 연구 결과는 수단적 촉각욕구가 높은 사람일수록 정신적 무형성이 위험에 미치는 영향을 높게 지각한다는 점을 시사해 준다. 그리고 자기 목적적 촉각욕구가 높은 사람은 무형성과 불확실성, 위험지각 간의 영향이 없거나 수단적 촉각욕구보다 낮을 것이라고 예측했는데, 모두 유의한 것으로 나타났다. 목적 없이 즐기는 욕구가 높은 소비자는 무형적 속성의 제품과 서비스에서 불확실성, 위험에 크게 영향을 받지 않는 것을 알 수 있다. 따라서 본 연구는 소비자가 무형적 속성의 제품이나 서비스를 탐색, 의사결정시의 불안정한 심리와 구매후의 감정에 이르기까지 소비자의 구매 전 과정의 심리를 살펴볼 수 있었다.

박명호와 장영혜(2012)는 온라인 쇼핑환경에서 소비자들의 강박구매행동이 구매 후 감정적 반응과 행동적 반응을 확인하고, 강박행동으로 구매한 제품/서비스의 만족(또는 불만족)에 따른 반응의 차이를 비교하였다. 죄책감과 후회감을 부정적 소비행동인 강박구매행동에 의한 소비자들의 감정적 반응으로 제시하였으며, 행동적 반응으로는 숨김행동, 반품의도, 계획구매의도 등을 제안하였다. 온라인 쇼핑환경(인터넷쇼핑, TV홈쇼핑, 모바일)에서 강박구매 경험이 있는 소비자들을 대상으로 리서치 전문기관을 통하여 자료를 수집하였으며, 공변량 구조분석과 χ^2차이 검정을 통해 가설을 검정하였다. 분석결과, 강박구매행동은 소비자들의 부정적 감정반응인 죄책감과 후회감 모두에 영향을 미치고,

죄책감은 후회감에 영향을 미치는 것으로 나타났다. 죄책감은 숨김 행동에만 직접적인 영향을 미치고, 반품의도와 계획구매의도에는 후회감을 통해 간접적으로 영향을 미쳤다. 또한 후회감은 숨김 행동을 제외한 반품의도와 계획구매의도에 직접적인 영향을 미치는 것으로 나타났다. 한편, 구매한 제품/서비스에 대한 만족감은 강박구매행동과 죄책감 간의 관계를 제외한 모든 관계에서 조절변인으로 작용하였다.

3. 울산 프리틴 소비자의 구매후 후회

1) 구매후 후회 실태

〈표 7-1〉 구매후 후회 정도

문항	평균(SD)
1. 내가 구입한 제품이나 서비스를 선택한 것에 대해 유감스럽게 생각한다.	2.47(0.76)
2. 내가 구입한 제품이나 서비스가 나의 기대에 미치지 못했다.	2.44(0.76)
3. 내가 구입한 제품이나 서비스가 아닌 다른 제품 또는 서비스를 선택하는 것이 좋았을 것이라는 생각이 든다.	2.63(0.82)
4. 마음에 들지 않은 제품이나 서비스를 구입한 나 자신을 정말 한심하게 생각한다.	2.37(0.97)
5. 만약 다시 구입한다면, 현재 내가 가지고 있는 제품이나 서비스를 선택하지 않을 것이다.	2.61(0.86)
6. 내가 구입한 제품 또는 서비스를 선택한 것이 매우 후회스러웠다.	2.27(0.91)
전체(4점 변환점수)	2.46(0.67)

<표 7-1>은 조사대상자들의 구매후 후회에 대해 보여주고 있다. 각 문항은 4점 리커트 척도로 측정되었고 2점의 경우 '그렇지 않다', 3점은 '그렇다'를 의미하며, 2.5점은 부정도 긍정도 아닌 중간상태를 나타내고 있다. 구매후 후회

를 나타내는 전체 6문항의 평균점수는 2.46점으로 조사대상 학생들은 전반적으로 제품 구매와 관련한 후회에 있어 후회하는 것도 아니고 후회하지 않는 것도 아닌 중간상태로 나타났다.

구체적으로 '내가 구입한 제품이나 서비스를 선택한 것에 대해 유감스럽게 생각한다'에 대해서는 후회정도가 중간(2.47점)으로 나타났다. '내가 구입한 제품이나 서비스가 나의 기대에 미치지 못한다'의 경우도 마찬가지로 후회정도가 중간(2.44점)으로 나타났다. 그러나 '마음에 들지 않는 제품이나 서비스를 구입한 나 자신을 정말 한심하게 생각한다'에 대해서는 약간은 그렇지 않다(2.37점)의 생각을 보였다. 또한 '내가 구입한 제품 또는 서비스를 선택한 것이 매우 후회스러웠다'의 경우에도 그렇지 않다(2.27점)에 가까운 생각을 제시하였다.

〈그림 7-1〉 구매후 후회에 대한 일반적 성향

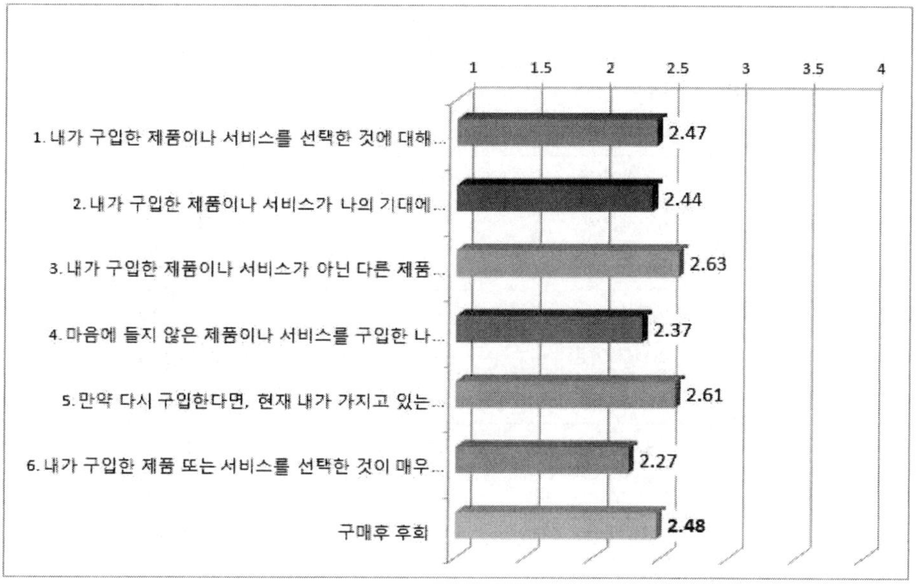

한편 '만약 다시 구입한다면, 현재 내가 가지고 있는 제품이나 서비스를 선택하지 않을 것이다'라는 항목에 대해서는 약간 그렇다(2.61점)는 의견을 보였다. '내가 구입한 제품이나 서비스가 아닌 다른 제품 또는 서비스를 선택하는 것이

좋았을 것이라는 생각이 든다'에 대해서도 약간 그렇다(2.63점)는 의견을 가지고 있었다.

2) 사회인구학적 변수에 따른 구매후 후회

<표 7-2>는 조사대상자들의 사회인구학적 특성에 따른 구매후 후회의 차이에 대한 결과를 제시하고 있다. 분석결과 통계적으로 유의한 변수는 나타나지 않았다. 아마도 조사대상자들의 구매후 후회는 사회인구학적 변수 보다는 심리적 변수에 의해 영향을 받는 것으로 추론해 볼 수 있다.

〈표 7–2〉 사회인구학적 변수에 따른 구매후 후회의 차이

변수	구분		구매 후 후회정도
성별	남	143	14.92(3.94)
	여	152	14.63(4.07)
	t–value		.61
부연령	42세 이하	83	14.84(3.92)
	43–45세	114	14.71(4.10)
	46세 이상	93	15.07(4.00)
	F		.19
모연령	40세 이하	128	14.77(4.23)
	41–42세	60	14.69(3.64)
	43세 이상	78	15.04(3.99)
	F		.18
부학력	고졸 이하	110	15.01(3.95)
	초대졸 이상	177	14.68(4.01)
	t–value		.67
모학력	고졸 이하	127	14.84(3.94)
	초대졸 이상	158	14.80(4.05)
	t–value		.10

부직업 구분	회사원	151	14.77(3.82)
	기타	144	14.77(4.20)
	t-value		-.01
모직업 유무	유	179	14.89(4.08)
	무	115	14.56(3.89)
	t-value		.70
성격 성향	외향적	223	14.65(4.15)
	내향적	68	15.35(3.37)
	t-value		-1.27
거주 형태	아파트	207	14.70(3.96)
	주택/빌라 등	88	14.93(4.10)
	t-value		-.45
주관적 경제 인식	중층 이하	108	15.16(4.06)
	중상층	143	14.71(3.76)
	상층 이상	47	14.17(4.47)
	F		1.03

3) 소비자교육 경험과 자기조절능력이 구매후 후회에 미치는 영향

<표 7-3>은 소비자교육 경험과 자기조절능력 및 사회인구학적 특성이 구매후 후회에 미치는 영향을 살펴보기 위해 회귀분석한 결과이다. 예상과 달리 소비자교육 경험은 구매후 후회에 유의한 영향을 미치지 않았다. 대신 조사대상자들의 자기조절능력이 구매후 후회에 유의한 영향을 미치는 것으로 나타났고, 종속변수를 약 14% 설명하는 것으로 조사되었다. 구체적으로 조사대상 학생들의 과정지향 자기조절능력과 결과지향 자기조절능력이 높을수록 구매후 후회를 적게 하는 것으로 나타났다. 구매후 후회에 가장 큰 영향을 주는 것은 과정지향 자기조절능력이었고 다음이 결과지향 자기조절능력이었다. 이러한 결과에 비추어볼 때 조사대상 학생들이 소비와 관련된 구매후 후회를 적게 하기 위해서는 자기조절능력을 높일 수 있도록 교육과 훈련이 필요하며, 특히 계획을 세우고 소비하는 행동과 같은 과정지향 자기조절능력이 더욱 중요함을

암시하는 것으로 해석할 수 있다.

〈표 7-3〉 소비자교육 경험과 자기조절능력이 구매 후 후회에 미치는 영향

변수		구매 후 후회	
		b	β
소비자 교육 경험	학교 소비자교육 경험정도	.101	.092
	가정 소비자교육 경험정도	-.013	-.013
자기 조절 능력	과정지향 자기조절능력	-.689	-.304***
	결과지향 자기조절능력	-.231	-.132*
인구 사회 학적 변수a	성별	.905	.114
	부연령	.055	.049
	부학력(고졸1/대졸이상)	-.130	-.016
	부직업(회사원1/그외)	.288	.036
	모직업유무(유1/무)	-.049	-.006
	성격성향(외향적1/내향적0)	-.396	-.042
	거주형태(아파트1/그외0)	.076	.008
	경제적 지위인식도	.206	.039
상수			16.804
F			3.505***
R^2			.140
수정된 R^2			.100

a. 독립변수의 상관관계결과 부모의 나이와 학력 간 상관관계지수가 높아(.60이상) 변수로 투입하지 않음

* p<.05, *** p<.001

참고문헌

강주희(2013). 초등학생의 금융이해력 신장을 위한 시뮬레이션 게임의 개발 및 적용. 한국교원대학교 석사학위논문.

강진선(2008). 의사결정학습이 합리적인 소비의식 함양에 미치는 효과 : 초등 사회과 4학년을 중심으로. 광주교육대학교 석사학위논문.

강희선(2002). 돈의 경제적 의미와 심리적 의미. 가톨릭대학교 석사학위논문.

계선자 · 전미영 · 이민주 · 박다정(2013). 초등학생의 과시소비성향 및 자원절약행동에 관한 연구. 한국가정관리학회 학술발표대회 자료집, 316.

고영복(2000). 사회학사전. 사회문화연구소.

고정자(2005). 부모의 감독정도와 청소년 자기통제력이 청소년의 문제행동에 미치는 영향. 대한가정학회지, 43(2). 1-17.

고주옥(2003). 소비자의 옵션 선택 결정에 대한 옵션 프레이밍 효과와 조절목적 및 상황적 차별성의 조절적 역할에 관한 연구. 서강대학교 석사학위논문.

곽보선 · 윤관호(2008). 정보원 속성에 따른 아동소비자의 상표태도와 구매의도에 관한 연구. 경영교육저널, 13, 1-24.

구승회(2011). 소비자의 소비성향과 명품브랜드 모조품(짝퉁) 구매 간의 관계에 관한 연구 : 자아존중감의 조절효과를 중심으로. 광고PR실학연구, 4(1), 85-107.

권미화(2000). 청소년소비자의 소비가치와 소비행동의 합리성. 서울대학교 박사학위논문.

권미화 · 이기춘(2000). 청소년소비자의 소비행동의 합리성에 영향을 미치는 요인. 한국가정관리학회지, 18(2), 175-190.

권민희(2008). 디지털미디어에 나타난 하위문화 패션 스타일 분석 및 디자인 개발 : 온라인 게임 캐릭터 의상, 대중가수 의상을 중심으로. 이화여자대학교 석사학위논문.

권유진(2010). 의복에 있어서의 취향, 자아, 개발된 성향과 문화자본. 아이오아 주립대학교 박사학위논문.

권유진 · 유태순(2005). 프리틴세대의 라이프스타일과 역할모델에 따른 패션상품 구매행동. 한국의류산업학회지, 7(3), 291-300.

김경민 · 최범준 · 이매창(2010). 조절동기와 평가모드가 구매후 후회에 미치는 영향. 마케팅관리연구, 15(4), 103-126.

김경아(2004). 만 12-14세 트윈세대 남학생의 의복착용 실태 밀 맞음새 연구. 패션비즈니스, 8(5), 85-99.

김경자(2001). 인터넷 재무상담 프로그램의 내용과 양식 개발에 관한 연구. 한국가정관리학회지, 19(6), 207-220 .
김광지 · 박기용(2007). 쿠폰 미지참 고객의 예상된 후회감이 구매연기의도에 미치는 영향: 패밀리레스토랑을 중심으로. 외식경영연구, 10(4), 133-150.
김기옥 · 유현정 · 남수정(2006). 자기결정성 이론에 근거한 구매동기 척도 개발. 한국가정관리학회지, 24(1). 71-82.
김난도(2003). 소비합리성의 개념에 대한 연구. 소비자학연구, 14(3), 85-106.
김난도 · 박상희(2005). 디지털폐인과 가상공간의 신소비문화: 포스트모더니즘의 시각에서, 소비자학연구 16(4), 81-102.
김다솜 · 황춘섭 · 황지현(2011). 대학생들의 사회적 자아개념에 따른 명품 브랜드 모조품 소비행동. 한국의류학회 학술대회 논문집, 152.
김도일(1999). 돈, 무엇을 어떻게 가르칠 것인가? 신학이해, 17, 98-110.
김미리 · 김시월(2011). 대학생 소비자의 금융 이해력 및 금융소비자교육 요구도 분석. 한국가정관리학회지, 29(4), 109-123.
김성혁 · 권상미(2005). 제휴카드와 쿠폰 미사용으로 인한 후회감이 구매후 행동에 미치는 영향: 패밀리 레스토랑이용객을 중심으로. 호텔경영학연구, 14(4), 235-256.
김시월(2008). 소비자교육 활성화를 위한 e-Learning 활용: 대학생 소비자의 학습태도, 만족도 및 요구도를 중심으로. 소비자학연구, 19(3), 93-120.
김아날리아 · 이수경 · 고애란(2006). 남녀 프리틴 세대의 외모관리행동 영향요인 : 미디어 관련, 신체만족, 자아존중감을 중심으로. 한국의류학회지, 30(11), 1538-1549.
김영숙 · 이신정(2005). 성인 소비자의 화폐태도 유형별 여가참여 및 만족에 관한 연구. 한국생활과학회지, 14(5), 771-783.
김영숙 · 이경옥(2009). 대학 소비자교육 교양강좌의 실태조사와 요구도 조사를 통한 교과모형개발. 한국생활과학회지, 18(2), 363-379.
김영신(2001). 대학생소비자의 화폐에 대한 태도에 따른 강박적 구매행동. 소비문화연구, 4(3), 41-66.
김영신(2005). 대학생소비자의 신용카드에 대한 태도 및 재무관리행동, 신용카드 사용행동의 합리성에 대한 인과분석. 한국가정관리학회지, 23(5), 15-26.
김은경 · 최혜선 · 강여선(2002). 트윈세대(Tween Generation) 아동복의 치수 적합성에 관한 연구 : 초등학교 5, 6학년, 중학교 1, 2학년을 중심으로. 한국의류학회지, 26(5), 691-702.
김은화 · 전인수(2006). 소비자 후회: 사후가정사고의 영향 및 후회해소노력이 구매후 행동에 미치는 영향. 마케팅연구, 21(4), 165-187.
김유미 · 성은주 · 김덕하(2002). 아동복 치수 인지도와 맞음새 조사 : 학령전기 아동을 대상으로. 대한가정학회지, 40(12), 119-129.
김재휘 · 이영아(2009). 광고가 구매 후 후회해소에 미치는 영향: 사회적지지 메시지의 광고효과. 한국심리학회지 : 소비자, 광고, 10(1), 35-54.
김정숙 · 조은진(2008). 체험 중심 경제교육 프로그램이 유아의 경제개념과 구매행동에 미치는 영향. 아동학회지, 29(4), 43-63.
김정현 · 최현자(2012). 우리나라 소비자의 재무관리역량. 소비자학연구, 23(1), 229-254.
김정훈(2002a). 여대생과 주부의 돈과 신용에 대한 태도. 대한가정학회지, 40(3), 165-175.
김정훈(2002b). 여대생들의 돈에 대한 태도와 경험 :한국, 일본 및 한국계, 일본계 미국 여대생 비교. 한국생활과학회지, 11(2), 169-175.
김정훈(2011). 대학생들의 개인적 특성과 돈에 대한 태도 유형이 기부에 대한 소비자태도에 미치는 영향. 한국생활과학회지, 20(4), 819-828.
김정훈 · 동환숙(2002). IMF 경제위기 전후 대학생의 돈에 대한 태도와 행동 차이. 한국생활과학회지, 11(3), 237-247.
김정훈 · 이은희(2002). 돈에 대한 태도와 가치관 유형에 따른 전라북도 대학생들의 소비가치, 물질주의 태도, 구매충동. 한국가정관리학회지, 20(6), 121-128.
김정훈 · 정혜정(1996). 돈에 대한 태도에 대한 시험적 연구 : MBBS 적용 및 비교문화적 연구. 원광대학교 논문집, 32(2), 521-535.
김정희 · 김미경(2004). 아동소비자의 소비자정보 이용에 관한 연구. 소비문화연구, 7(2), 23-45.
김찬주 · 김용주(2006). 트윈세대의 외모와 스타일에 대한 의식. 한국의류학회지, 30(6), 928-938.
김태은 · 한지수 · 양세정(2006). 사회교육으로서의 소비자교육프로그램 개발 II : 프로그램내용 및 운용방법에 대한 요구도 분석. 한국가족자원경영학회지, 10(4), 1-26
김학은(1994). 돈의 역사. 학민글방.
김학은(2002). 돈의 역사. 학민글밭.
김현숙(2014). 지역아동센터 교사를 위한 경제교육 프로그램 'Dream Economy' 개발. 원광대학교 석사학위논문.
김현진(2013). 직장 주부와 전업주부의 자녀가 사용하는 화장품 구매양상과 사용실태. 중앙대학교 석사학위논문.
김호경(2001). 컴퓨터 매개 커뮤니케이션에서 아바타에 대한 자아개념에 관한 연구. 연세대학교 석사학위논문.
김효진(2011). 만화를 활용한 초등학교 경제교육 수업 구성 및 적용. 한국교원대학교 석사학위논문.
김희선(2012). 전통문화에 기초한 유아경제교육 프로그램 개발 및 효과. 전남대학교 박사학위논문.
나준희(2004). 소비자의 조절적 동기가 구매후 후회에 미치는 영향. 한국심리학회지 : 소비자 · 광고, 5(1), 35-51.

남수정(2006). 소비에 대한 자기조절척도 개발. 한국가정관리학회지, 24(5), 175-189.

남수정(2007). 소비에 대한 자기조절이 소비생활 만족도에 미치는 영향. 소비자학연구, 18(3), 1-18.

남수정 · 박상미 · 이은희(2009). 성별에 따른 아동소비자의 자아개념이 비합리적 소비성향에 미치는 영향 : 온라인 아이템 구매를 중심으로. 한국생활과학연구, 18(2), 381-395.

남승규(2005a). 소비자 자기조절 모형과 충동구매행동. 한국심리학회지 : 소비자 · 광고, 16(3), 61-77.

남승규(2005b). 자기조절모형, 소비자 및 광고. 한국심리학회지 : 소비자 · 광고, 16(5), 145-157.

도모노 노리오(2006). 행동경제학, KODO KEIZAIGAKU: KEIZAI HA 'KANJO' DE UGOITEIRU(이명희 역). 지형출판사.

류미현(2002). 정보화 사회에서의 소비자문제에 따른 소비자정보요구 및 교육요구에 관한 연구 : 인터넷 상거래를 중심으로. 대한가정학회지, 40(12), 131-144.

류숙희(2003). 대학생의 자아개념, 의복태도, 구매행동간의 상관연구: 대구지역을 중심으로. 복식문화연구, 11(6), 913-924.

류숙희 · 이미경(2004). 대학생의 자아개념과 의복구매행동에 관한 연구. 과학논집, 30, 59-68.

문영주(2010). 어린이 색조화장품 사용실태 및 구매에 관한 연구. 건국대학교 석사학위논문.

문정숙(2008). 성격유형에 따른 아동의 소비생활에 대한 연구. 부산교육대학교 석사학위논문.

민수홍(2005). 낮은 자기통제력의 결과로서의 청소년비행과 학교에서의 징계경험. 청소년학연구, 12(2). 1-25.

문희강(2010). 프리틴 여아의 비만도와 신체이미지에 따른 프리틴 여아와 어머니의 의복구매특성과 의복선호이미지. 대한가정학회지, 48(10), 37-49.

박명숙(2012). 중 · 고등학생의 돈에 대한 태도와 과시소비성향이 비윤리적 소비행동에 미치는 영향. 한국가정과교육학회 2012년도 하계학술대회 발표논문집, 149-150.

박명호 · 장영혜(2012). 온라인 강박구매행동에 대한 감정적 · 행동적 반응. 한국산업경영학회 발표논문집, 288-307.

박미자(2008). 유아 경제개념 검사도구 개발연구. 전남대학교 박사학위논문.

박선아(2008). 프리틴 소비성향과 관련변인에 관한 연구. 계명대학교 대학원 석사학위논문.

박선애(2007). 학령기아동의 외모 및 신체만족도와 화장품사용 실태 조사. 서경대학교 석사학위논문.

박성수 · 김기진(2009). 쿠폰 북 쿠폰의 지각된 혜택과 사용성향이 쿠폰미사용 시 후회감과 구매 후 행동에 미치는 영향: 대구지역 쿠폰 북 쿠폰을 중심으로. 외식경영연구, 12(3), 7-32.

박소영 · 정기한 · 박귀정(2012). 소비자의 자아개념과 기업개성의 동일시가 브랜드 애착 및 충성도에 미치는 영향. 기업경영연구, 41, 25-40.

박송춘(2011). 초등학생의 합리적 소비습관과 경제이해력과의 관계 분석. 한국상업교육학회지, 25(4), 25-46.

박양우(2010). 축제이미지, 자아이미지 일치성이 관광객 만족 및 행동의도에 미치는 영향. 관광연구, 25(4), 201-225.

박영신 · 김이철(2009). 심리적, 관계적, 경제적 자원: 한국인의 행복에 어떠한 영향을 미치는가?, 한국심리학회지: 사회문제 15, 95-132.

박유진(2006). 청소년의 인터넷 아이템 이용동기가 아이템 소비행동 및 만족에 미치는 영향, 한국심리학회지: 소비자·광고 7(1), 75-92.

박유진(2007). 1인 미디어 이용자들의 자기개념과 꾸미기 아이템 이용 동기에 관한 연구, 한국심리학회지: 소비자 · 광고 8(2), 259-281.

박유진 · 채지영(2005). 온라인 음악 소비에 관한 연구-자아표현을 위한 온라인 음악소비를 중심으로. 한국심리학회지: 소비자 · 광고 6(2), 63-78.

박정숙(2001). 대학생 소비자의 돈에 대한 태도 유형별 의복구매행동. 이화여자대학교 석사학위논문.

박정화(2009). 경제적 지위와 화폐태도에 따른 소비성향 및 여행상품 선택속성의 차이에 관한 연구. 세종대학교 박사학위논문.

박종구 · 김주영 · 위승희(2014). 음식테라피 여가프로그램이 가진 학교폭력 예방의 기대효과. 관광학연구, 38(6), 57-84.

박찬옥 · 최순덕(2012). 유치원 기본과정 내실화를 위한 경제, 소비자교육 프로그램이 유아의 경제기본개념과 자기조절력에 미치는 영향. 유아교육학논집, 16(6), 265-290.

박한내, 남인우(2011). 소비자의 조절 초점 성향과 귀인 방향이 충동구매 후의 후회감에 미치는 영향에 대한 연구. 생산성논집, 25(4), 267-293.

백은영(1997). 돈에 대한 태도유형별 가계의 저축 및 지출행동. 이화여자대학교 석사학위논문.

백은영 · 정순희(1998). 도시가계의 화폐태도유형과 지출행동분석. 대한가정학회지, 36(3), 47-60.

서은국 · 구재선(2011). 단축형 행복 척도(COMOSWB) 개발 및 타당화. 한국심리학회지: 사회 및 성격, 25(1), 95-113.

서은숙 · 장윤옥(2008). 청소년의 소비자지식, 돈에 대한 태도 및 소비가치가 합리적 소비행동에 미치는 영향. 한국가정관리학회지, 26(5), 241-257.

서인주 · 박상미 · 이은희(2008). 초등학생의 자아개념 유형별 인터넷 아이템 구매행동 및 자기평가. 한국가정관리학회지, 1-14. 26(3), 1-14.
서정희(1998). 어머니와 교사의 학령전 아동소비자교육 요구분석: 울산시를 중심으로. 대한가정학회지, 36(1), 81-98.
서정희 · 허은정(2013). 울산 기혼여성소비자의 개인재무관리. UUP.
성상희 · 홍창희, 김귀에(2014). 자기조절능력 향상 프로그램이 남자 비행청소년의 자기통제력, 충동성 및 공격성에 미치는 효과. 한국심리학회지 : 사회 및 성격, 28(2), 157-178.
성영애(2012). 재무교육 및 재무상담에 대한 소비자요구와 선호분석. 소비자학연구, 23(2), 85-105.
손상희(2008). 아동소비자의 상품선호와 브랜드요구. 소비문화연구, 11(4), 147- 166.
손상희(2009). 아동의 물질주의적 소비문화에 대한 관여. 소비문화연구, 12(4), 5- 25.
손상희 · 천경희(2004). 십대 초반 청소년의 아바타 소비행위를 통해 본 소비의 상징적 의미 연구. 소비자학연구 15(4), 770102.
손이정(2006). 온라인 게임 캐릭터 패션이 대중 가수 패션에 미치는 영향 및 디자인 연구. 이화여자대학교 석사학위논문.
손주영(2008). 대학생의 소비자재무지식, 소비자 재무행동, 소비자재무교육 요구도. 한국가족자원경영학회지, 12(1), 141-157.
손준상(2011). 자아개념이 휴대폰 충동구매와 감정반응에 미치는 영향. 한국컴퓨터정보학회논문지, 16(7), 173-181.
손형전(2008). 키즈 포털의 이미지 스토리텔링연구. 인문콘텐츠학회지, 13, 91-112.
송미애 · 이승신(2004). 아동 소비자의 소비생활문제에 관한 연구. 대한가정학회지, 42(1), 81-97.
송인섭(1989). 인간 심리와 자아개념, 서울: 양서원.
신기영(2009). 트윈세대 여학생을 위한 슬렉스 패턴 연구. 한양대학교 석사학위논문.
신수경 · 최경남(2014). 유아의 자아개념 및 자기조절능력과 휴대폰중독 정도 간의 관계. 한국교육문제연구, 32(3), 91-111.
신응철(2009). 현대 문화와 돈 그리고 개인: 짐멜(G. Simmel)의 『돈의 철학』에 나타난 문화와 돈의 관계를 중심으로. 동서철학연구, 53, 113-135.
신재욱 · 신민철(2012). 녹색소비자 시장세분화연구: 자아개념과 녹색소비주의 변인들을 중심으로. 환경정책, 20(4), 1-36.
심미영(2004). 환경문제에 대한 소비자태도-행동 강화를 위한 소비자정보요구를 기초로 한 소비자 환경교육 프로그램 개발. 대한가정학회지, 42(8). 15-32.
심성욱 · 김대희 · 신일기(2008). 자아 개념에 따른 4가지 유형의 소비자 집단에 대한 비교 분석: 한국 신세대 소비자의 인구통계학, 광고 태도와 매체 활용을 중심으로.

한국방송학회 학술대회 논문집.
안서원 · 박수예 · 김범준(2012). 사람들은 돈이 어떤 변화를 가져온다고 생각하는가? 나와 타인의 차이. 한국심리학회지: 사회 및 성격, 26(3), 45-61.
안인용(2011). 디지잇셀프 소비층의 출현. 한겨레 21 제867호.
안중섭 · 장영배 · 조희연 역, Simmel 저(1983). 돈의 철학. 한길사.
오정현(2010). 프로젝트 학습 활동을 통한 초등학생의 경제의식 함양. 대구교육대학교 석사학위논문.
우석봉(2006). 돈에 대한 가치관 유형에 따른 금융기관 이용행동 및 태도. 한국 심리학회 학술발표 논문집, 522-523.
원명심(2010). 미국 어패럴업계의 니치마켓 전략 : 트윈세대 어패럴업체를 중심으로. 한국디자인포럼, 29, 7-20.
원승연(2011). 금융 투자상품 시장에서의 금융소비자 보호: 제한된 합리성 개념을 중심으로. 소비자학연구, 22(1), 35-67.
유성경 · 홍세희 · 최보윤(2004). 가정의 위험요소와 적응의 관계에서 자아 탄력성, 애착, 실존적 영성의 매개 효과 검증. 교육심리연구, 18(1), 393-408.
유수현 · 문숙재(2010). 화폐태도 관련 연구동향 분석. 한국가정관리학회지, 28(5), 197-208.
윤재영 · 이지은(2014). 제품의 추가기능 수에 따른 소비자의 제품가용성 지각: 자기조절 초점과 프리어나운싱의 시간적 거리에 따른 조절효과를 중심으로. 한국 심리학회지 : 소비자 · 광고, 15(2), 333-358.
유창조(2003). 아바타의 소비경험에 관한 탐색적 연구: 자아와 아바타의 관계를 중심으로, 마케팅관리연구 8(1), 79-98.
유현정(2012). 무엇이 소비를 후회스럽게 하는가? 소비자정책교육연구, 6(2), 103-129.
윤원경(2008). 영 마켓 세분화에 따른 프리틴 타겟 패키지디자인 개발전략: 프리틴 화장품 패키지 디자인을 중심으로. 이화여자대학교 석사학위논문.
윤주은 · 배지희(2012). 현장중심의 통합적 경제교육이 유아의 경제기본개념 및 정서지능에 미치는 영향. 아동교육, 21(1), 167-182.
이기춘(1989). 소비자교육학. 교문사.
이도흠(2008). 18～19세기 가사에서 상품화폐경제에 대한 태도 유형 분석. 고전문학연구, 34, 61-107.
이두송(1986). 화폐
이말남(2002). 화폐금융론. 형설출판사.
이상영(2012). 프리틴 세대를 위한 온라인 게임 캐릭터 의상 디자인 개발. 이화여자대학교 박사학위논문.
이선환(1989), 미시경제학이론과 합리성의 개념. 고시행정, 3, 29-41.
이세원(2006). 경제동화를 활용한 역할놀이와 토의활동이 유아의 경제기본개념 및 자기조절능력에 미치는 효과비교. 전남대학교 석사학위논문.

이수철 · 이은경(2009). 트렌드와 섬유패션제품디자인에 대한 소비자 가치의 변화. 한국디자인문화학회지, 15(4), 394-404

이유섭(2007). 돈과 돈의 사용에 관한 정신분석적 이해. 라깡과 현대정신분석, 9(1), 159-183.

이유재 · 김학균(2003). 쿠폰 미지참으로 인한 후회감이 구매행동에 미치는 영향에 관한 연구, 경영학연구, 32(1), 233-255.

이정수 · 김성민 · 이소정 · 이경옥(2007). 유아의 경제생활습관과 관련된 변인들 간의 구조모형 분석: 유아의 성별, 자기조절능력, 기본생활습관 및 부모의 경제교육행동을 중심으로. 유아교육연구, 27(5), 271-287.

이주연(2013). 어머니의 유아복 소비가치, 구매만족, 브랜드 충성도 간의 관계연구 : 유아복 관여 및 패션성향의 조절효과를 중심으로. 성신여자대학교 박사학위논문.

이지연(2004). 의사결정능력 향상을 위한 초등 사회과 경제교육 시뮬레이션 학습 프로그램 개발. 이화여자대학교 석사학위논문.

이지연(2006). 프리틴(Preteen) 세대의 화장에 대한 태도에 관한 연구. 한성대학교 석사학위논문.

이지은 · 유동호(2010). 가격 변화가 소비자의 공정성 지각에 미치는 영향: 가격 변화 유형과 자기조절초점을 중심으로. 한국 심리학회지 : 소비자 · 광고, 11(2), 349-374.

이진희 · 전명숙(2006). 트윈세대의 의복 치수적합성에 관한 연구. 대한가정학회지, 44(10), 145-154.

이필수(2014). 자기효능감이 돈에 대한 태도 및 은퇴준비저축 가입의도에 미치는 영향에 관한 연구. 세종대학교 박사학위논문.

이홍균(2005). 미드와 뚜렌의 ‘자아’ 이론 비교 : 행위의 일반 이론 구성을 위한 시도. 현상과 인식, 29(3), 136-159.

이희자 · 김수진(2000). 유아교사의 특성에 따른 유아소비자교육 요구분석. 한국생활과학회지, 9(2), 189-203.

임선아(2014). (구조관계모형 검증을 통한) 부모의 민주적, 비민주적 양육태도가 초등학교 아동의 자기조절능력과 학교적응력 및 학업성취에 미치는 영향 분석. 초등교육연구, 27(2), 73-93.

임성민 · 김미숙(2001). 초등학교 고학년 아동과 어머니의 아동복 구매의사결정. 복식문화연구, 9(4), 562-573.

장안나 · 이연숙(2000). 초등학교 교상의 소비자 교육에 관한 필요도-요구도와 관련변수. 한국가정과교육학회지, 12(2), 15-28.

장자문 · 김효숙 · 강인애(2011). 11-12세 여아의 체형특성과 유형분석. 한국디자인포럼, 33, 7-15.

장재윤(2002). 직무특성의 직무관여 및 조직몰입간의 관계: 돈에 대한 태도 및 내외동기 지향성의 조절 효과. 한국심리학회지: 산업 및 조직, 15(3), 1-22.

전종근 · 이태민 · 박철(2013). 모바일 상거래 서비스 특성이 충동구매와 후회에 미치는 영향: 소비자 지식의 조절효과를 중심으로. 소비자학연구, 24(1), 179-196 .

전희원(2011). 청소년의 소비자의식과 돈에 대한 태도가 소비성향에 미치는 영향. 동아대학교 석사학위논문.

정문성(2001). 초등학생의 현시적 소비 성향에 관한 연구. 교육논총, 18, 257-269.

정성광 · 양재호(2013). 키오스크 서비스 이용자의 지각된 관계혜택이 만족과 충성도에 미치는 영향: 소비자 혁신성과 합리성의 조절효과를 중심으로. 마케팅관리연구, 18(2), 47-72.

정성훈(2011). 사람을 움직이는 100가지 심리법칙. 케이엔제이.

정오현 · 고동완(2011). 관광객 소비지출 의사결정의 합리성: 제주도 관광객을 사례로. 관광학연구, 35(7), 31-50.

정운영 · 황덕순(2006). 대학생을 위한 재무관리교육 프로그램 개발 및 평가. 한국생활과학회지 15(6), 999-1014.

정준(1997), 소비사회의 실상과 바람직한 소비문화의 모색. 한국소비자보호원.

정형식, 김영심(2006). 소비자 비만관리 행동에 있어 자아개념과 주관적 규범의 영향 및 자기통제감의 조절 변수적 영향. 한국마케팅저널, 8(3), 41-74.

정화연 · 서미아(2003). 트윈 세대(만11~14세)의 의복 맞음새 정도와 불만족 실태. 한국생활과학연구, 22, 5-26.

조남혜 · 박수경(2012). 패션제품 구매 후 경험하는 '후회' 감정에 대한 탐색적 연구. 한국패션디자인학회지, 12(2), 1-16.

조진기(2001). 리얼리즘소설과 돈의 의미. 현대소설연구, 14, 71-89.

주선희(2012). 세 가지 차원의 무형적 속성이 소비자의 불확실성, 위험지각과 구매 후의 감정에 미치는 영향. 소비문화연구, 15(2), 143-169.

주소현 · 김정현(2011). 세대별 개인재무관리 관련 태도 및 행동 분석: N, X, 베이비부머, 전쟁세대를 중심으로. 소비자정책교육연구, 7(3), 123-146.

주우진 · 황희중(2008). 후회경험과 예상후회가 구매의사결정에 미치는 영향: 후회의 감정을 최소화하기 위한 소비자의 의사결정고려요인과 거래경험의 조절적 역할을 중심으로. 소비자학연구, 19(2), 215-246 .

주현경(2007). 방과후 학교에서의 경제교육 프로그램: 초등학생을 중심으로. 방과후 아동지도연구, 4(1), 1-18 .

지미화(2013). 아동소비자의 유료인터넷콘텐츠 사용 특성에 따른 금전태도 연구. 숙명여자대학교 석사학위논문.

지정현 (1998), 소비자능력이 합리적 소비생활에 미치는 영향에 관한 연구. 공주대학교 석사학위논문.
진선규(2006). 세계문화적 포지셔닝 광고에 함축된 이지적 상표개성과 소비자의 자아개념 및 관여도의 상호작용효과. 소비자학연구, 17(2), 133-154.
진효찬(2014). 공정무역제품 구매의도와 공정무역 소비자교육 요구 : 한·중소비자를 대상으로. 건국대학교 석사학위논문.
최낙완 · 이창원(2007). 개인 커뮤니티 몰입에 대한 자아표현 및 동일시의 역할. 한국마케팅저널, 9(3), 117-138.
최소영(2005). 트윈세대 아동의 바디스 원형 설계. 한복문화, 8(1), 11-18.
최은섭(2005). 아동층 인쇄매체 광고 내용분석: 소비자 정보 및 성유형화를 중심으로. 언론과학연구, 5(1), 380~414.
하선정(2001). 초등학교 아동의 자아개념과 성별 및 학년에 따른 의복행동에 관한 연구. 대구대학교 교육대학원 석사학위논문.
하환호 · 임충혁(2011). 긍정적 인지 편향과 지각된 위험, 예상된 후회감이 구매연기의도에 미치는 영향. 대한경영학회지, 24(6), 3633-3653.
한기향(2012). 트윈세대의 패션브랜드 소비태도 : 브랜드 충성도에 미치는 영향을 중심으로. 건국대학교 박사학위논문.
허균(2013). 고차잠재성장모형을 적용한 휴대폰 의존도 변화와 자기조절능력 및 주의집중의 구조관계 연구. 교육정보미디어연구, 19(4), 861-879.
허남경 · 김소라(2006). 트윈세대 여학생을 위한 토르소 원형의 개발에 관한 연구: 초등학교 5, 6학년을 중심으로. 복식문화연구, 14(3), 387-403.
허종호(2007). 쿠폰유형 및 조절적 동기가 쿠폰이용의도에 미치는 효과. 광고연구, 74, 167-189.
홍은실(2004). 중, 고, 대학생의 돈에 대한 태도와 소비행동에 관한 연구: 성과 연령별 비교. 전남대학교 연구보고서.
홍은실(2005). 중, 고, 대학생의 돈에 대한 태도와 소비행동에 관한 연구. 한국가정관리학회지, 23(5), 113-121.
홍정림(2014). 돈에 대한 태도가 저축과 소비행동에 미치는 효과. 가톨릭대학교 석사학위논문.
홍지연 · 조영현(2014). 구매후회와 포기후회가 사용의사와 재구매 의사에 미치는 영향-호텔 쿠폰 패키지 구매에 따른 매몰비용 효과를 대상으로. 관광학연구, 38(6), 79-102.
홍향숙, 이기춘(1997). 기혼여성의 재무관리교육에 대한 요구분석. 한국가정관리학회지 33, 53-69.
Ahuvia, A.(2008). If money doesn't make us happy, why do we act as if it does? Journal of Economic Psychology, 29, 491-507.

Anderson, C. J.(2003). The psychology of doing nothing: Forms of decision avoidance result from reason and emotion. Psychological Bulletin, 129(3), 139-167.

Anue, R., & Aune, K. S.(1994). The influence of culture, gender, and relational status on appearance management. Journal of Cross-Cultural Psychology, 25(2), 258-272.

Atman, B. & Ulengin, B.(2003). A note on the effect of brand imaging on sales. Journal of Product and Brand Management, 12(4), 237-250.

Baumeister, R. F., 1998, The self, The Hand Book of Social Psychology, 4th ed., New York: McGraw-Hill, 680-740.

Belk, R.W., Wallendorf, M.(1990). The sacred meaning of money. Journal of Economic Psychology, 11, 35-67.

Bem, D. J.(1972). Self-perception theory. In Berkowitz, L. Eds. New York: Academic Press. Advances In Experimental Social Psychology, 6, 1-62.

Bronson, J.(2000). Self-regulation in early childhood: nature and nurture. N. Y.: the Guilford Press.

Brown, G. L., Mangelsdorf, S. C., Neff, C., Schoppe-Sullivan, S. J., & Frosch, C. A. (2009). Young children's self-concepts: associations with child temperament, mothers' and fathers' parenting, and triadic family interaction. Merrill-Palmer Quarterly, 55(2), 184-216.

Brownell, C., Etheridge, W. & Hugerford, A(1997). Socialization of self-regulation: continuity and discontinuity over age and context. Paper presented at the Biennial Meeting on the Society for Research in Child Development.

Byrness, J. P.(1998). The Nature and Development of Decision-making: a Self- regulation Model, Hildale, N.J.: Erlbaum.

Cesario. J., Grant. H., & Tory, H. E.(2004). Regulatory fit and persuasion: transfer from feeling right. Journal of Personality and Social Psychology, 86, 388-404.

Chapple, C. L.(2005). Self-control, peer relation and delinquency. Justice Quarterly, 22(1), 89-106.

Christopher, A. N., & Schlenker, B. R. (2004). Materialism and affect: the role of self-presentational concerns. Journal of Social and Clinical Psychology, 23(2), 260-272.

Coffey, T., Siegel, D. and Livington, G.(2006). Marketing to the New Super Consumer Mom & Kid. Ithaca, NY: Paramount Market Publishing.

Costello, B. J., Anderson, B. J. & Stein, M. D.(2006). Heavy episodic drinking among adolescents: a test of hypotheses derived from control theory. Journal of Alcohol & Drug Education, 50(1), 35-33.

Festinger, L.(1954). A theory of social comparison processes. Human Relations, 7(2), 117-140.

Furnham, A. (1984). Many sides of the coin: the psychology of money usage. Personality and Individual Differences, 5(5), 501-509.

Gilovich, T., Kahneman, D., & Medvec V. H.(1998). Varieties of regret: a debate and partial resolution, Psychological Review, 105(3), 602-605.

Gottfredson, M. & Hirschi, T.(1990). A General theory of crime, Palo Alto, CA: Stanford University Press.

Graeff, T.R.(1996). Image congruence effects on product evaluation: the role of the self monitering and public/private consumption. Psychology and Marketing, 13(8), 481-499.

Hallowell, E. M., & Grace Jr, W. J. (1991). Money styles. In Money and mind (pp. 15-26). Springer US.

Helgeson, J.G. Magne, S.(2004). A conceptual and measurement comparison of self- congruity and brand personality. International Journal of Market Research, 46(2), 205-233.

Higgins, E.T.(1987). Self-discrepancy: a theory relating self and affect. Psychological Review, 94, 319-340.

Higgins, E. T., Idson, L. C., Freitas, A. L., Spiegel, S., & Molden, D. C.(2003). Transfer of value from fit. Journal of Personality and Social Psychology, 84, 1140-1153.

Higgins, E.T., Klein, R., & Strauman, T.(1985). Self-concept discrepancy theory: a psychological model for distinguishing among different aspects of depression and Anxiety. Social Cognition, 3, 51-76.

Hoch, S. J. & Loewensteim, G. F.(1991). Time-inconsistent preference and consumer self-control. Journal of Consumer Research, 17 (March), 492-507.

Inman, J. Jeffery & McAlister, Leigh(1994). Do coupon expiration dates affect consumer behavior? Journal of Marketing Research, 31(Aug), 423-428.

Inman, J. Jeffery & Zeelenberg, M.(2002). Regret in repeat purchase versus switching decisions: The attenuation role of decision justifiability. Journal of Consumer Research, 29(June), 116-128.

James, W.(1980) Principles of Psychology, New York: Henry Holt.

Kahneman, D., & Tversky, A. (1979). Prospect theory: An analysis of decision under risk. Econometrica, 47(2), 263-291.

Kahneman, D., & Tversky, A.(1982). The psychology of preferences. Scientific American, 246(1), 160-173.

Kahneman, D., & Tversky, A. (1984). Choices, values, and frames. American Psychologist, 39(4), 341.

Kopp, C. B.(1982). Antecedent of selfregulation: A developmental perspective. Developmental Psychology, 18(2), 199-214.

Landman, J. and Mannis, J. D.(1992). What might have been: counter-factual thought Concerning Personal Decisions. British Journal of Psychology, 83, 473-477.

Landman, J.(1987). Regret and elation following action and inaction. Personality and Social Psychology. 13(4), 524-536.

Markus, Hazel R. & Kitayama, Shinobu(1991). Culture and the self: implication for cognition, emotion, and motivation. Psychological Review, 98(2), 224-253.

Mitchell, T.R. & Mickel, A.E.(1999). The meaning of money: an individual- difference perspective. The Academy of Management Review, 24, 568-578.

Myers, D. G.(2000). The funds, friends, and faith of happy people. American Psychologist, 55, 56-67.

Myers, D. G. & Diener, E. D.(1995). Who is happy? Psychological Science, 6(1), 10-19.

Perry, N. E.(2001). Promoting nonviolent behavior in children. Scholastic Early Childhood Today, 16, 26-29.

Pintrich, P. R., Smith, D.A.F., Garcia, T. & Mckeachie, W. J.(1993). Reliability and predictive validity of the motivated strategies for learning questionnaire. Educational and Psychological Measurement, 53, 801-813.

Piron, F.(1991). Defining impulse purchasing. Advances in Consumer Research, 18, 509-514.

Purkey, W. W.(1970). Self-concept and School Achievement. Englewood Cliffs, New York: Prentice-Hall.

Roberts, J. A., & Jones, E. (2001). Money attitudes, credit card use, and compulsive buying among American college students. Journal of Consumer Affairs, 35(2), 213-240.

Roseman, I. J., Wiest, C. and Swartz, T. S.(1994), Phenomenology, behaviors and goals differentiate discrete emotions. Journal of Personality and Social Psychology, 67(2), 206-221.

Rosenberg, M.(1979). Conceiving the self. N.Y.: Basic Books.

Shiri, S., Christine, C. & Laura, H. G.(2000). High and low perceived self-control of epileptic seizures. Epilepsia, 42(2), 556-564.

Shunk, D. H. & Zimmerman, B. J.(1994). Self-regulation of Learning and Performances Issue and Educational Application, Hilsdale, N. J.: Erlbaum.

Simoson, I.(1992). The influence of anticipating regret and responsibility on purchase decision. Journal of Consumer Research, 19(Jun), 105-118.

Sirgy, M.J.(1982). Self-concept in consumer behavior: a critical review. Journal of Consumer Research, 9, 287-300.

Tang, T. L. P. (1993). The meaning of money: Extension and exploration of the money ethic scale in a sample of university students in Taiwan. Journal of Organizational Behavior, 14(1), 93-99.

Tang, T. L. P. (1995). The development of a short money ethic scale: Attitudes toward money and pay satisfaction revisited. Personality and individual differences, 19(6), 809-816.

Tang, T.L.P.(1995). The development of a short money ethic scale: attitudes toward money and pay satisfaction revisited. Personality and Individual Differences, 19, 809-816.

Tesser, A.(1980). Toward a self-evaluation maintenance model of social behavior. In In Berkowitz, L. Eds. New York: Academic Press. Advances In Experimental Social Psychology 21, 1-50.

Tittle, C. R., Ward, D. A. & Grasmick, H. G.(2004). Capacity for self-control and individuals's interest in exercising self-control. Journal of Quantitative Criminology, 20(2), 143-172.

Triandis, H. C. (1994). Culture and social Behavior. New York: McGraw-Hill.

Triandis, H. C., Bontempo, R., Villareal, M. J., Asai, M. & Lucca, N.(1988). Individualism and collectivism: cross-cultural perspectives on self-group relationships. Journal of Personality and Social Psychology, 54(2), 323-338.

Tsiros, M. and Mittal, V.(2000). Regret: A Model of Its Antecedents and Consequences in Consumer Decision Making. Journal Of Consumer Research, Vol.26 No.4, pp.401-417.

Yamauchi, K.T. & Temper, D.I.(1982). The development of a money attitude scale. Journal of Personality Assessment, 46, 522-528.

Vazsonyi, A. T., Pickering, L. E., Junger, M. & Hessing, D.(2001). An empirical test of a general theory of crime: A four-nation comparative study of self-control and the prediction of deviance. Journal of research in Crime & Delinquency, 38(2), 91-131.

Wilhelm, M. S., Varcoe, K., & Fridrich, A. H. (1993). Financial satisfaction and assessment of financial progress: importance of money attitudes. Financial Counseling and Planning, 4(1), 181-198.